# Ueber die
# Appellation
## und andere
# Impugnativ-Mittel
## gegen
# richterliche Erkenntnisse
## besonders
## in Rücksicht auf
# Schwedisch Pommern und Mecklenburg

von

**F. A. Mehlen,**

B. R. D. und Adjunct der JuristenFacultät
zu Greifswald.

---

Berlin und Stralsund,
bei Gottlieb August Lange.
1791.

Dem

Durchlauchtigsten Fürsten und Herrn

Herrn

# Friedrich Wilhelm

Fürsten von Hessenstein

Seiner Königlichen Majestät von Schweden

und des Reichs Rath,

General Gouverneur über Pommern und Rügen,

Feldmarschall,

der Königlichen Academie zu Greifswald

Canzler,

Ritter und Commandeur der Königlichen Orden,

des heiligen Römischen Reichs

Fürsten

Seinem gnädigsten Fürsten und Herrn

widmet

gegenwärtige Abhandlung

zur

Bezeugung seiner unterthänigsten Devotion

der Verfasser.

# Vorrede.

Die Lehre von der Appellation und andern Anfechtungs=Mitteln gegen richterliche Erkenntnisse scheinet es vorzüglich zu verdienen, etwas ausführlicher als es in einem Handbuch über den Proceß oder über die Pande-

 cten

eten geschehen kann, vorgetragen und mit Mustern erläutert zu werden.

Eine zweckmässige Schrift über diese practische und bey den Gerichten täglich vorkommende Materie in Rücksicht auf Schwedisch-Pommern fehlet indessen meines Wissens gänzlich.

Dies veranlaßte den gegenwärtigen Versuch, worin insonderheit auf hiesige Landes-Gesetze und Verordnungen, zugleich aber auch auf die gemeinen und Reichs-Gesetze um so mehr einige Rücksicht genommen worden, als hiesige Landes-Gerichte auf selbige verwiesen und hiesige Gerichts-Ordnungen aus den gemeinen und Reichs-Gesetzen nicht nur eine nähere Erläuterung erhalten, sondern auch aus selbigen suppliret und interpretiret werden müssen.

Zur

# Vorrede.

Zur weitern Nachlese und Bestärkung der vorgetragenen Sätze, besonders des gemeinen Rechts, sind die vorzüglichsten hiebey zu Rath gezogenen Sammlungen von Decisionen und Observationen nebst andern dahin gehörigen einzelnen Abhandlungen getreulich angezeiget worden.

Wegen des häufigen und wechselseitigen Verkehrs zwischen den hiesigen und den benachbarten Mecklenburgschen Landen und da nicht selten hiesige Einwohner bey dortigen Landes-Gerichten, so wie Mecklenburger und andere Auswärtige bey hiesigen Gerichten, ihre Angelegenheiten zu betreiben haben, schien es nicht überflüssig zu seyn, auch in Rücksicht auf Mecklenburg die wesentlichsten Sätze von den Impugnativ-Mitteln hinzuzufügen.

)( 4 Die

# Vorrede.

Die neuern und den Gerichtsordnungen nicht beygefügten gemeinen Bescheide des Königlichen hohen Tribunals und Hofgerichts nebst andern besondern Verordnungen, welche zur Erläuterung und Bestätigung der vorgetragenen Sätze nicht wenig beytragen jedoch in wenigen Händen seyn dürften, sind nebst einigen nöthigen Mustern und Actenstücken im Anhange befindlich.

Greifswald den 6ten März. 1791.

Inhalt.

# Inhalt.



9) V.

Inhalt.



---

Anhang.

# Anhang.



V) Inti-

# Anhang.

Ueber die

# Appellation und andere Rechtsmittel

gegen

## richterliche Erkenntnisse.

Besonders in Rücksicht auf Schwedisch Pommern und Mecklenburg.

---

## Vorbericht.

§. 1.

Die Quellen der Lehre von den Rechtsmitteln gegen richterliche Erkenntnisse sind die Natur der Rechtsmittel selbst, die Gesetze und der Gerichts-Gebrauch. Die Gesetze sind rc

1) gemeine in Deutschland geltende Rechte *a*), sowohl

A) fremde und angenommene Hülfsrechte: das Römische *b*) und canonische; als auch

B) einheimische gemeine deutsche Rechte: die ReichsAbschiede, c) und andere Reichs-Constitutionen;

2) besondere LandesGesetze: zu welchen die Landes-Gerichts- und ProceßOrdnungen gehören.

a) Sowohl das ReichsCammerGericht, als auch die LandesGerichte sind in den Gerichts- und ProzeßOrdnungen auf des Reichs gemeine Rechte, Constitutionen u. Abschiede verwiesen. S. z. B. Greifswaldsche Hofger. Ordn. P. 1. Tit. 3. §. 3. Vorrede zur Güstrowschen CanzleyOrdn. „Nach Anleitung der gemeinen Rechte. ꝛc.“ it. P. 1. Tit. 1. §. 1. Land u. Hofger. Ordn. P. 1. Tit. 4. §. 5. P. 2. Tit. 16. §. 2.

b) Von der Vortreflichkeit und Unentbehrlichkeit des Römischen Rechts, welches in der Ausübung nicht nur das allgemeinste, und sonst mit vielen Vorzügen begabt ist, sondern auch zu den mehrsten heutiges Tages in Deutschland üblichen Rechten Begriffe und Grundsätze hergiebt. S. das civilistische Magazin des H. Professors Hugo zu Göttingen. 1. B. 1. Heft. S. 35.

c) Besonders der J. R. A. von 1654; dessen Verfasser eigentlich der Chur-Maynzische Canzler Joh. Jac. von Lasser seyn soll S. Schmaußens Corpus I. publici S. R. imperii, Leipz. 1774. S. 954.

§. 2.

Die Schwedisch Pommerschen Gerichts- und ProceßOrdnungen sind insonderheit:

1) Die

1) Die Königliche TribunalsOrdnung von 1657., welche mit dem confirmirten VisitationsAbschied des Königl. hohen Tribunals von 1692. und den gemeinen Bescheiden seit den 12. April 1654. bis den 2. April 1715., an der Zahl 27., zu Stralsund 1739. in Folio zusammengedruckt sind. Diesen würden noch die neuern Gem. Bescheide hinzuzufügen seyn *a*).

2) Die Königliche HofgerichtsOrdnung von 1672., welche mit den VisitationsAbschieden von 1707., 1737., und 1774., nebst den angehängten gemeinen Bescheiden, (von welchen der letzte den 27. April 1761. publiciret ist,) zu Stralsund 1774. in Folio zusammengedruckt worden. Diesen sind gleichfalls die neuern Gem. Bescheide hinzuzufügen.

3) Die Königliche Greifswaldsche ConsistorialInstruction, publiciret 1681., welche mit den VisitationsAbschieden von 1705; (1703.) und 1775., jedoch ohne gemeine Bescheide, zu Stralsund 1775. in Folio, zusammen gedruckt ist, die letztern gemeinen Bescheide des K. Consistoriums sind vom 15. Jun. 1747. u. vom 20. Novemb. 1748.

Wobey auch noch die Königl. Schwedische KirchenOrdnung von 1686. zu bemerken, nach welcher bey dem K. Consistorium, die MilitairPersonen und FeldPrediger gerichtet werden sollen. Der Titel derselben ist: „Schwedisches KirchenGesetz und Ordnung, von 1686; gedruckt und publiciret 1687; auf Königl. Befehl ins Teutsche übersetzet. Stockholm.“ (189 Seiten in 4.). Die neueste SchwedischeKirchenOrdnung, in Schwedischer Sprache, ist von 1736. 4.

Sonsten sind noch hauptsächlich zu bemerken:

4) MedicinalOrdnung für Schwedisch Pommern u. Rügen von 7. Dec. 1779. 4.

5) Ordnung für die LicentGerichte, von 1688. 1733.

6) Ordnung für die Accise und Consumtions-Gerichte von 1721. 1734.

7) Ordnung für die PostGerichte von 1699. 1707. 1709.

8) K. Instruction für die Amtleute von 1701. (ist gedruckt in des H. Professors Dähnert Saml. der LandesConstitutionen) und die revidirte von 1732.

9) Schwedische KriegsArtikel und KriegsGerichtsOrdnung von 1682.

10) Der Stadt Stralsund revidirte GerichtsOrdnung, publiciret den 7. Oct. 1670; aufs neue mit den gemeinen Bescheiden, bis 1720., zu Stralsund gedruckt. 4. welchem die neuern Gemeinen Bescheide bis

bis 1788. beyzufügen. Ferner E. E. Raths der Stadt Stralsund revidirte Canzley-Ordnung, gedruckt zu Stralsund 1720. 4. u. die Stralsundische ConsistorialOrdnung von 1608., so in des H. VicePräsidenten von Balthasars Anm. über die Pomm. KirchenOrdnung 2. Theil. S. 682. gedruckt ist.

Vorzüglich aber ist hiebey der merkwürdige Erbvertrag vom 11. Julius 1615. anzuführen, welcher gleichfalls zu Stralsund 1720. in 4. gedruckt ist, und worin S. 18 u. folg. von den Appellationen an das K. Hofgericht zu Greifswald gehandelt wird.

11) Renovirte GerichtsOrdnung der Stadt Greifswald, publiciret 1707. 4. (36. S.)

Die übrigen Städte dieses Landes sind bis jetzt mit keiner besondern GerichtsOrdnung versehen, und richten sich, in Ermangelung besonderer Vorschriften, nach der Königl. Hofgerichts-Ordnung *b*).

Auch könnten hier übrigens noch insonderheit

12) die Landes Patente vom Gebrauch des Stempelpapiers von 1690. u. 1697., hinzugefüget werden.

*a*) Diese der Ordnung nicht beygefügten gemeinen Bescheide des K. H. Tribunals, des K. Hofgerichts u. des K. Consistoriums, welche zum

 Theil

Theil in wenigen Händen seyn dürften, sind im Anhange dieser Abhandlung befindlich. —

Von den gemeinen Bescheiden überhaupt, deren Abfassung und Nutzen ist besonders nachzusehen; *H. C. S.* (von Senckenberg) meditatio de communibus decretis summorum imperii dicasteriorum, vulgo gemeinen Bescheiden. Sie steht in den Parergis Göttingensibus 1738. 8. p. 123. Tom. 1. Lib. 2. „Wer den Proceß dirigiren soll, muß auch den modum procedendi besser und zweckmäßiger bestimmen können ꝛc." add. Riccius von Stadt-Gesetzen. p. 403. f. Reinharth ad *Christin.* Vol. I. obs. 4. *Haltaus* de Jure publico certo in medio aevo. sect. 3. *Cramer* obs. 1387. dessen W. Nebst. P. 77. p. 153. P. 76. p. 17. P. 78. p. 99. §. 6.

b) Von einer allgemeinen GerichtsOrdnung für gesammte nachsitzende Städte, S. Dähnerts L. C. IV. S. 1222. n. 5.

## §. 3.

Von der angeführten Königl. H. Tribunals u. HofgerichtsOrdnung, wie auch von der Königl. ConsistorialInstruction, ist zum bessern Verständniß derselben, vorzüglich folgendes zu bemerken.

Die Königl. TribunalsOrdnung ist bereits im Jahr 1653., mithin schon vor dem Jüngsten ReichsAbschied von 1654., ausgefertiget gewesen. Allein sie ward hierauf vor

ihrer

ihrer Publication, dem H. VicePräsidenten Mevius zur Revision zugestellet, und in dieser verbesserten Gestalt den 28. Januar 1657. zu Wismar publiciret. Und diese revidirte GerichtsOrdnung, die von einem sehr berühmten Cameralisten *a*) für ein Muster guter Proceß-Ordnungen gehalten wird, stimmt mit der Reichs-CammerGerichtsOrdnung von 1555., und mit den weitern Verfügungen des J. R. Abschiedes von 1654. (welche mit dem Visit. Abschiede des K. C. G. von 1713., als Reichs-Proceß Ordnungen anzusehen sind *b*), in vielen Puncten überein *c*) und erhält aus selbigen manche nähere Erläuterung, so wie sie auch, insofern sie nichts neues festsetzet, daraus zu suppliren und zu interpretiren ist *d*). Daher ohne Kenntniß des gemeinen und ReichsProcesses eine gründliche Einsicht dieser und andrer Landes GerichtsOrdnungen nicht zu erreichen stehet *e*).

Von der K. TribunalsOrdnung sind 3. gleichlautende Auflagen in Folio vorhanden. Indessen hat die erste Auflage, welche nach der OriginalHandschrift (die vielleicht nicht mehr existiret) zu Wismar 1657. sehr sauber abgedruckt worden, in Ansehung des correcten Abdrucks manche Vorzüge vor den beyden übrigen. Wenigstens ist die zweyte Auflage weit weniger correct und daher zuweilen unverständlich; sie ist überdies auf dem schlechtesten Papier, auch mit

mit kleinern, schlechten Lettern, auf 129. Seiten, ohne Jahrzahl u. Benennung des Druckorts gedruckt *f*); auch sind derselben so wenig die gemeinen Bescheide, als der VisitationsAbschied von 1692. beygefüget worden. Die dritte Auflage scheinet fast ein bloßer Abdruck der zweyten zu seyn und ist zu Stralsund 1739. auf 134. Seiten, mit den gemeinen Bescheiden, (jedoch nur bis 1715.) und mit dem VisitationsAbschied gedruckt worden.

Die ältere Pommersche HofgerichtsOrdnung ist von 1566., mit Kayserlicher Confirmation von 1568. Sie ward von dem VicePräsidenten Mevius gleichfalls umgearbeitet und der Königl. hohen TribunalsOrdnung, (aus welcher sie auch zu suppliren, zu interpretiren, und zu extendiren ist; (Visit. Absch. des K. Hofger. von 1737. §. 54. ad P. 2. tit. 20. §. 5) — gleichförmiger gemacht; hierauf aber in dieser verbeßerten Gestalt zu Stettin 1673. in Folio sehr correct abgedruckt. *g*) Die zweyte Auflage erschien zu Stralsund 1739; und die dritte mit den drey VisitationsAbschieden, (deren Abschnitte bey jedem Titel der Ordnung gehörigen Orts eingeschaltet sind) nebst angehängten gemeinen Bescheiden bis 1761. zu Stralsund 1774. in Folio.

Die ältere Pommersche ConsistorialInstruction ist von 1569. Diese ist gleichfalls von dem H. VicePräsidenten Mevius ganz umgearbeigearbeitet und 1681. publiciret; hienächst 1739; und endlich 1775. zu Stralsund, mit den gehörigen Orts eingeschalteten VisitationsAbschieden, jedoch ohne die gemeinen Bescheide des K. Consistoriums, in Folio gedruckt worden.

Die Absicht dieser GerichtsOrdnungen geht dahin, daß die Processe, so viel thunlich, ohne große Weitläuftigkeit, Kosten und Beschwerden geführet, und was Recht ist, erkannt werde *h*).

Sie erhalten übrigens insgesammt aus den Decisionen des K. H. Tribunals *i*), und den übrigen Schriften ihres Verfassers, des VicePräsidenten Mevius, in manchen Puncten nähere Erläuterung.

*a*) Deckher de cultu I. Cam. c. 7. in fine.

*b*) H. Geh. JustizRath Pütter im T. StaatsRecht §. 159. u. in dessen Institut I. publ. §. 264.

*c*) Von Engelbrechts delineatio status Pomeraniae Suethicae. Greifswald 1741. pag. 171. Ueberhaupt hat man bey diesem höchsten Tribunal, da es an die Stelle der beyden höchsten ReichsGerichte tritt, sich nicht leicht und ohne wichtige Ursache von der ReichsCammergerichtlichen Praxis entfernt; wie *Mev.* 1. D. bezeuget.

*d*) K. Trib. O. 3. XI. §. 9.

*e*) Pütter de necessaria cultura rei judiciariae imperii. Sieber v. d. Nutzbarkeit der Erlernung des Cammergerichtlichen Processes, aus verschiedenen Hof u. GerichtsOrdnungen gezeiget.

*f*) Vielleicht ist durch diese schlechtere Ausgabe, die von einem berühmten Schriftsteller gemachte Bemerkung: „daß gedachte Ordnung, in einer dunckeln Schreibart abgefaßt sey;" mit veranlasset worden.

*g*) Die Brem- u. Vehrdische HofgerichtsOrdnung erläutert die Pomm. H. G. O. in manchen Puncten. Beyde sind zu Stockholm 1672. im December confirmiret.

*h*) K. Confirmation der T. O. S. 4. T. O. 2. 3. §. 7; 2. 7. §. 1. u. 3; 2. 1. §. fin. Hofger. O. 1. 15. §. 1; 2. 3. §. 1. sq. Haupt CommissionsReceß vom 5. Sept. 1663. §. 4.

*i*) Die beste Ausgabe der von dem unsterblichen Mevius veranstalteten Sammlung der Decisionen des K. H. Tribunals ist die von Justus Henning Böhmer. Leipz. 1740. fol. Zum bessern Verständniß dieser Decisionen wird Scharnhorsts conciliatio Decisionum Mevianarum apparenter contrariarum. (Hamburg 1699. 4.) dienen. Der Verfasser war Syndicus zu Bremen und nachgehends ViceCanzley-Director zu Stade, wo er den 4. Oct. 1736. gestorben. S. von Engelbrechts Vorrede zu seinen Observat. p. 5. not. 4. Die 6 ersten Theile der Decisionen, hat Mevius selber ediret. Der 7te Theil erschien bald nach seinem Tode. Der 8 und 9te Theil aber ist von Friedrich Gerdes, seinem SchwesterSohn, (Prof. zu Greifswald) zum Druck befördert worden. — Die eigenhändige Meviussche Handschrift des 6. u. 7ten Theils

Theils der Decisionen, ist in die Bibliothek des K. H. Tribunals gekommen.

§. 4.

Eine theoretisch practische Abhandlung über die Appellationen und andere ImpugnativMittel, besonders in Rücksicht auf den gegenwärtigen GerichtsGebrauch in Schwedisch Pommern, mit beygefügten Mustern u. Actenstücken, ist bis jetzt noch nicht vorhanden, obgleich diese nicht wenig interessante Materie in verschiedenen ältern Schriften einheimischer Rechts-Gelehrten, beyläufig mit vorgetragen worden.

Die hieher gehörigen Werke sind vorzüglich:

1) Conrad Friedlieb von Friedensbergs (Professor zu Greifswald) practica forensis, *ad S. R. imperii cameram, et judicium aulicum caesareum*, potissimun *ad S. R. Maj. Sueciae judicia* in provinciis Germaniae, tum *ad judicia Megapolensia* simul directa. Greifswald 1673. in 4. 78. Seiten, vermehrter zu Leipzig 1709. fol. 199 S; die angehängten Formeln betragen 957 Seiten.

2) Joachim Christian Cochs, (Professoris extraord. zu Greifswald, hernach Assessor des K. H Trib. zu Wismar) praxis fori Germanici — opus ad normam — *judicii camerae imperialis, S. R, Tribunalis Wismar,* aliorum-

aliorumque Germaniae judiciorum — concinnatum. Leipzig 1685. 4. Sehr schätzbare Anmerkungen u. Zusätze zu diesem Werk hat der hiesige Professor *Phil. Balth. Gerdes*, u. der Prof. *Ioach. Andr. Helwig* im Manuscript hinterlassen.

3) **Friedrich Gerdes** (Professor zu Greifswald, gest. 1695.) collegium practicum. in oper. Tom. I. p. 699. nebst einigen andern kleinern Abhandlungen, die in seinen von Aug. von **Balthasar** edirten Werken zu finden sind.

4) **Johann Schack**, (Professor zu Greifswald,) theses juridicae ad Libr. 49. Tit. I. sqq. de appellationibus. Gryph. 1705. (4. Bogen.)

5) **Augustin von Balthasars** (Professors zu Greifswald nachgehends VicePräsident des K. H. Tribunals zu Wismar) verschiedene kleine Aufsätze von den Impugnativ Mitteln, in dem Greifswaldschen Wochenblatt von 1743; und dessen Dissertation de terminis ac fatalibus judicialibus. Greifswald 1746. u. 1748.

In diesen angeführten Schriften hat indessen weder auf die erst in der Folge publicirten VisitationsAbschiede und andere neuere Verordnungen, wodurch manches eine nähere Bestimmung erhalten, noch auf den gegenwärtigen Gerichts-

Gerichtsgebrauch, Rücksicht genommen werden können. Daher eine besondere Abhandlung über die Appellation und andere Impugnativmittel wohl um so weniger für überflüßig erachtet werden möchte, als der richtige Gebrauch dieser Anfechtungsmittel, unstreitig eine genaue und richtige Kenntniß derselben, nebst deren gesetzlichen Erfordernissen voraussetzet; so wie deren ungebührlicher Gebrauch und dessen nachtheiligen Folgen auch wohl nur zum öftern dem Mangel einer gründlichen Kenntniß von den dahin gehörigen Grundsätzen, zuzuschreiben seyn dürfte.

---

# Abhandlung.

## 1. Von den Rechtsmitteln gegen richterliche Erkenntnisse überhaupt.

### §. 5.

Der Nachtheil, welcher Jemanden durch ein richterliches Erkenntniß zugefüget wird, heißt eine Beschwerde, und die Mittel, welche eine beschwerte Partey gebrauchen kann, um die Abänderung eines beschwerlichen und nachtheiligen Erkenntnisses zu bewürken, werden Rechtsmittel gegen richterliche Erkenntnisse genannt. Sie heißen Rechtsmittel, weil die Gesetze selbst, solche zum besten einer beschwerten Parthey verordnet und zu gebrauchen verstattet haben *a*). Sie setzen allemahl eine Beschwerde voraus, und die Beschwerde, oder die Verletzung einer Partey an ihren Gerechtsamen ist der einzige wahre uud zureichende Grund, weshalb eine Partey ein solches Rechtsmittel zur Hand nehmen kann. Ist also keine Beschwerde vorhanden, oder ist sie schon wieder gehoben worden, so fehlet der Grund, ein richterliches Erkennt-

Erkenntniß, als beschwerend, anzufechten, mithin auch die Befugniß, dergleichen Rechtsmittel zu gebrauchen *b*).

*a*) G. E. Oeltze Anleitung zur gerichtl. Praxis. Jena 1782. §. 291. f. G. L. Böhmer de remedio revisionis. Götting 1774. §. 1. sqq. Hellfelds Pandecten §. 2106. f.

*b*) G. L. Böhmer. a. a. O. §. 2.

## §. 6.

Die Rechtsmittel gegen richterliche Erkenntnisse sind von zweyerley Art. Es giebt nemlich

1) ordentliche oder suspensivische Rechtsmittel, welche die Rechtskraft einer Sentenz aufhalten und innerhalb der zehntägigen Nothfrist der rechtskräftigen Sentenz (intra fatale rei judicatae) oder binnen der in den Gesetzen bestimmten Nothfrist eingewandt werden müssen *a*). Wird eine Sentenz nicht vor dem Ablauf des fatalis rei judicatae mittelst eines zuläßigen Suspensivmittels angefochten, so wird sie rechtskräftig, d. h. der Inhalt derselben wird für eine unumstößliche Wahrheit angenommen *b*). Wird hingegen die Sentenz vor Ablauf des fatalis rei judicatae gehörig angefochten, so wird sie nicht rechtskräftig, sie ist suspendiret, und die Sache muß von neuem untersucht und über das eingewandte Rechtsmittel eine neue Sentenz gesprochen werden.

Diese

Diese Suspensivmittel sind aber wiederum zweyerley. Denn durch selbige soll die streitige Sache

A) entweder an einen Oberrichter gebracht werden, und diese Rechtsmittel heißen Devolutivmittel, dahin gehöret die Appellation;

B) oder es soll die Sache bey eben demselben Gericht, welches die beschwerende Sentenz gesprochen hat, bleiben. Dies sind blos suspensivische Rechtsmittel, dahin gehöret das ordentliche Rechtsmittel der Wiedereinsetzung in den vorigen Stand und der Deductionis nullitatis.

2) Es giebt auch ausserordentliche, oder Nicht suspensivische Rechtsmittel gegen richterliche Erkenntnisse; d. h. solche, welche nicht in der Absicht eingewandt werden, um die Rechtskraft einer Sentenz aufzuhalten. Sie werden auch rescissorische Rechtsmittel genannt, insofern dadurch eine schon rechtskräftig gewordne Sentenz wiederum aufgehoben werden soll. Dahin gehöret das ausserordentliche Rechtsmittel der Restitutionis in integrum, welches nach Ablauf des fatalis rei judicatae zur Handgenommen wird.

a) Oeltze a. a. O. §. 292. n. 1. u. §. 300. n. 5. Hellfelds Pandecten §. 1792. n. 2109. n. 1. G. L. Böhmer I. Can. §. 823.

Be-

Besondere Landes-Gesetze können übrigens ein kürzeres oder längeres fatale festsetzen. S. *Lundii* D. de sententia et re judicata. Upsal. 1703. c. 3. thes. 1. p. 132.

b) *L. 207. de R. I. L. fin. C. quomodo et quando Iudex sententiam proferre debeat. Nov.* 23. c. 1. Eichrodt de vi rei judicatae. Gotting. 1775. §. 6. folg.

§. 7.

Zu den angeführten eigentlichen Rechtsmitteln gegen richterliche Erkenntnisse kann

1) das Gesuch um Erklärung eines richterlichen Erkenntnisses,
2) die blos gegen Versäumniß und gegen Ablauf der Fatalien gesuchte Restitution,
3) die Vorstellung gegen richterliche Erkenntnisse, welche keine Urthel sind, wohin die Einrede der Sub- und Obreptio gehöret,
4) die bloße Protestation gegen richterliche Erkenntnisse,
5) die Syndicatsklage, und
6) die Querel über versagte und verzögerte Justiz, nicht gerechnet werden.

## II. Von der Appellation überhaupt, deren Eintheilung und Würkung.

§. 8.

Die Appellation in der eigentlichen Bedeutung, ist ein devolutivisches Rechtsmittel,

 oder

oder eine Berufung an den Oberrichter, damit dieser die von dem Unterrichter zugefügte Beschwerde abändere. *a*)

Derjenige, der sich dieses Rechtsmittels bedienet, oder der Appellant, ist als Kläger anzusehen *b*.) und muß nicht nur vor Ablauf der 10. tägigen Nothfrist die Appellation einwenden, d. h. erklären, daß er sich der Appellation bedienen wolle, sondern er muß auch hienächst solche bey dem Oberrichter zu gehöriger Zeit einführen und rechtfertigen, hiefolglich seine AppellationsKlage, oder AppellationsLibell, worin die Beschwerden an und ausgeführet sind, dem Oberrichter überreichen.

Die Appellation setzt überhaupt als ein RechtsMittel gegen richterliche Erkenntnisse, eine Beschwerde voraus. *c*) Ist keine Beschwerde vorhanden, oder ist solche wieder gehoben, so ist auch keine Appellation zulässig. *d*.)

Sie ist ferner, ihrem Wesen nach, ein devolutivisches RechtsMittel, und durch die Einwendung desselben wird die RechtsKraft einer Sentenz so lange aufgeschoben, bis der Oberrichter über die ihm vorgetragene Beschwerde erkannt hat. *e*)

Da übrigens die Appellation eine Art der Vertheidigung ist, so darf auch kein Richter einer beschwerten Partey den Gebrauch dieses VertheidigungsMittels untersagen, wofern nicht

die

die Gesetze selbst den Gebrauch desselben eingeschränckt haben.

*a*) Oelze a. a. O. §. 293. — *b*) *Mev*. 5. D. 289. n. 3. *c*) *G. L. Böhmer* princ. I. Can. §. 828. — *d*) *Mev*. 4. D. 335. n. 3. P. 8. D. 4. P. 4 D. 203. n. 2. *Consil. Halens*. Tom. 2. p. 1884. *Tasinger* Institut. Ipd. cameral. §. 677.
*e*) Pütters Rechtsfälle 2. B. S. 751. —
*f*) Oeltze a. a. O. §. 292. n. 3. von Engelbrecht obs. 44. §. 8. n. 7. von Cramers Obs. 1332. Leyser in med. ad Pand. Vol. 12. P. 2. p. 478.

§. 9.

Nach den Grundsätzen des Canonischen Rechts ist die Appellation

1) entweder eine gerichtliche, welche wegen einer Beschwerde, die durch ein Urthel zugefüget worden, eingewandt wird, es mag Jemand durch ein End- oder Beyurthel beschweret seyn.

2) Oder eine aussergerichtliche, welche gebraucht werden kann, wenn Jemand nicht durch ein Urthel, sondern auf eine andere Weise vom Unterrichter beschweret ist. *a*)

*a*) G. L. Böhmer I. Can. §. 830. *Reinhard* ad Christinaeum Vol. I. obs. 18. pag. 44. *Schack* ad Lib. 49. Pandectar. thes. 2. „Usu Germaniae, omne illud *extrajudiciale* dicitur, quod judex decernit ad unius partis instantiam, non citata, vel non audita altera parte."
*Tasinger* Institut. Ipd. cameral. §. 628.

§. 10.

Von der ebengedachten aussergerichtlichen Appellation ist die aussergerichtliche Appellation in uneigentlichen Verstande verschieden. Denn diese ist nichts anders, als eine Klage, welche wegen einer ausser dem Proceß unternommenen nachtheiligen Handlung, nicht bey dem Oberrichter, sondern bey dem ordentlichen Richter erster Instanz angebracht wird, und blos die Form der Appellation erhält.

Es ist hier kein Unterrichter, welcher eine Beschwerde zufüget, und es wird diese Imploration des ordentlichen Richters erster Instanz, selbst in dem Canonischen Rechte keine Appellation, sondern blos eine *Provocatio ad causam* (i. e. ad judicium) genannt.

a) *G. L. Böhmer* princ. I. Can. §. 844. *I. H. Böhmer* in I. E. P. Lib. 2. Tit. 28. §. 2. sqq. *Lyncker* de gravamine extrajudiciali, et quatenus ab illo provocare liceat. Edit. 3 tia. Ienae 1737. 8. Claproths Einleitung in den ordentlichen bürgerl. Proceß. 1. Theil. §. 372. *Strauss* de appellationibus extrajudicialibus. Wittenberg. 1691.

*Io. Casp. Barthel* de appellationibus extrajudicialibus. in opusc. Tom. I. n. 9. p. 583. Frfrt. et Lips. 1756. 4.

Joh. Andr. Hofmans Tr. ReichsPraxis §. 943. folg.

§. 11.

§. 11.

Die gerichtliche Appellation hat I. als ein SuspensivMittel, eine SuspensivWürkung, wenn sie binnen 10. Tagen, oder vor Ablauf des fatalis rei judicatae, von einer oder der andern Parten gehörig eingewandt worden ist.

Sie suspendiret nicht nur A. die Rechts-Kraft, sondern in der Regel auch B. die Vollziehung der beschwerlichen Sentenz, und es ist so gut, als wenn der Richter erster Instanz keine Sentenz gesprochen hätte.

Wobey die Frage entsteht, ob durch die Appellation die ganze Sentenz, oder nur ein und der andre Punct derselben von der Rechts-Kraft suspendiret werde? — Wenn 1) schlechthin und überhaupt, (simpliciter, et indefinite) von der ganzen Sentenz appelliret ist, so wird auch die ganze Sentenz von der RechtsKraft suspendiret; wenn gleich der Appellant in der Folge in seinem AppellationsLibell nur einen oder den andern Punct der Sentenz, als beschwerend anfechten möchte. *b*) Wenn hingegen 2) nur von einem, oder einigen Puncten der Sentenz appelliret worden, so wird auch nur der angefochtene Punct von der RechtsKraft abgehalten, und der Richter darf in Ansehung des angefochtenen Puncts nicht weiter verfahren, hiefolglich in der Regel auch nicht zur Execution schreiten; sondern er muß vielmehr alles in dem

Zustand lassen, worin es zur Zeit der gesprochenen Sentenz gewesen, weil er sonst ein Attentatum begehen würde. Der Appellant kann sich daher auch der Execution widersetzen *c*). Die übrigen Puncte der Sentenz, welche nicht angefochten worden, und mit den angefochtenen nicht verbunden sind, hiefolglich sich von denselben trennen lassen, werden rechtskräftig und der Unterrichter kann darinn weiter verfahren, *d*).

In der Regel wird durch die Appellation auch die Vollziehung der Sentenz aufgeschoben, wiewohl dieses in denjenigen Fällen, wo der Aufschub der Vollziehung der Urthel nachtheilig ist und Gefahr bey sich führet, (z. B. in Alimenten Sachen) - eine Ausnahme leidet, und daher, ungeachtet der eingewandten Appellation zur Vollziehung der Sentenz geschritten werden muß. *e*) Von denjenigen Appellationen, welche die Vollziehung der Sentenz nicht suspendiren, sagt man, daß sie keine Suspensiv-, sondern nur eine Devolutiv Würkung haben. *f*)

*a*) *Mev.* 7. D. 271. n. I.

*b*) *Carpzov* P. I. Constitut. 19. Defin. 10. p. 184. *Stryck* de communione appellationis. cap. 3. n. 60. pag. 33.

*Hoffmann* de adhaesione et communione appellationis §. 3. sqq.

*c*) *Mev.* 4. D. 369. *Coch.* prax. p. 132.

d) *Hoffmann* c. l. §. 6. *Cramer* obs. 1420. *Schuberth* de adhaesione appellat. §. 9.

*e*) *Mev.*

e) *Mev.* 3. D. 405. P. 3. D. 163. add. P. 4. D. 347.

f) *Mev.* 7. D. 240. n. 3.

*I. H. Böhmer* de executione, pendente appellatione, valide facienda. Halae. 1734.

§. 12.

Die gerichtliche Appellation hat II. als ein Devolutiv-Mittel, auch eine Devolutiv-Würkung, so bald selbige bey dem Oberrichter eingeführet ist, und sie äussert sich völlig, wenn die Beschwerden gerechtfertiget und die Appellations-Processe erkannt worden *a*).

Diese DevolutivWürkung bestehet darin, daß durch die Appellation der RechtsStreit entweder ganz, oder nur in Ansehung eines oder des andern Puncts, von welchem appelliret ist, der Jurisdiction des Unterrichters entzogen und dagegen an den Oberrichter gebracht wird, so daß dieser nunmehr das Recht erhält, die ihm vorgetragenen Beschwerden zu untersuchen und darüber zu erkennen *b*).

Die aussergerichtliche Appellation hat übrigens gleichfals eine Suspensiv- und Devolutiv-Wirkung. *c*)

a) Seyfarts ReichsProceß cap. 27. §. 29. und §. 46. *Schorch* de appellationis effectu, tam suspensivo, quam devolutivo. Erf. 1748. *Sorber* de natura et indole remedii devolutivi appellationis in Germania. Ienae 1746.

 b) *Mev.*

b) *Mev.* 2. D. 7; P. 7. D. 209; P. 5. D. 141; P. 4. D. 203. n. ult. et D. 268. cf. P. 6. D. 137. it. P. 5. D. 58. P. 3. D. 106. et 116. it. D. 223.

c) Pütters Rechts-Fälle 1. Band. S. 346. von Cramer Obs. 73.

§. 13.

Die Appellation ist III. eine gemeinschaftliche Rechtswohlthat für beyde Partheyen. (effectus communicativus.)

Nach dem ältern Römischen Rechte mußte jede Parthey, wenn sie sich beschweret erachtete, und eine bessere Sentenz verlangte, besonders appelliren. Hatte nur eine von den streitenden Partheyen appelliret, so konnte auch nur sie allein, eine Abänderung ihrer Beschwerden erwarten. Der NichtAppellant mußte, wenn er gleich beschweret war, sich dem richterlichen Ausspruch, welcher von ihm nicht angefochten, und in Ansehung seiner rechtskräftig worden war, unterwerfen.

Allein Justinian verbesserte dieses ältere Recht, und verordnete, daß, sobald der Appellant bey dem Oberrichter seine AppellationsKlage angebracht, und seine Beschwerden vorgetragen hätte, mithin die Sache an das Obergericht devolviret seyn würde, auch der nichtappellirende Theil sodann, wenn er in dem Obergericht gegenwärtig wäre, das Recht haben solle,

solle, seine Beschwerden gleichfals vorzutragen, und um deren Abstellung zu bitten. Auf die Gerechtsame eines abwesenden Appellaten aber, und auf die Aufhebung seiner Beschwerden, wenn solche etwa aus den Acten klar seyn möchten, solle der Oberrichter von Amtswegen Rücksicht nehmen *a*).

In diesem Betracht wird also durch die Appellation, die Sentenz von der Rechtskraft, nicht nur in Ansehung des appellirenden, sondern auch in Ansehung des nichtappellirenden Theils, suspendiret *b*).

Der Oberrichter kann daher, so bald die Sache durch die Appellation devolviret ist, die angefochtene und nicht rechtskräftig gewordene Sentenz auch zum besten des nicht-appellirenden Theils abändern und den Appellanten zur Bezahlung einer größern Summe, als wozu derselbe in der vorigen angefochtenen Sentenz condemniret worden, verurtheilen *c*).

Wenn also mein Gegner condemniret ist, an mich 50. Rthlr. zu bezahlen, und deshalb appelliret hat; ich aber dazu stillgeschwiegen, und hienächst, nachdem die Sache an den Oberrichter devolviret worden, in der Appellations-Instanz die von mir bey dem Untergericht eingeklagten 100. Rthlr., nebst Zinsen und Kosten, welche in der vorigen, von meinem Gegner angefochtenen Sentenz übergangen worden, gefordert habe, der Oberrichter auch aus den Acten ersiehet, daß mir zu nahe geschehen und daß mir die eingeklagten 100. Rthlr., nebst Zinsen und Kosten gebühren; so kann er auch die vorige, blos von meinem Gegner angefochtene Sentenz zu meinem Vortheil abändern und meinen Gegner in 100. Rrthlr., nebst Zinsen und Kosten verurtheilen, obgleich ich nicht binnen 10. Tagen appelliret habe. Denn die Appellation ist, sobald durch sie die Sache an das Obergericht devolviret worden *d*) beyden Parteyen gemein, und eine jede Partey kann ihre Beschwerden vortragen, um eine bessere Sentenz zu erhalten. So wie der Oberrichter auch von Amtswegen, die gegründeten Beschwerden eines abwesenden Appellaten aufheben muß.

Dieser Satz, daß der Oberrichter auch zum besten des NichtAppellanten, die angefochtene Sentenz abändern könne, ist von einigen in Zweifel gezogen worden, weil der nichtappellirende Theil durch sein Stillschweigen die Sentenz genehmiget hätte, die Sentenz hiefolglich in Ansehung desselben, zu seinem Vortheil nicht abgeändert werden könne. Allein diese stillschweigende Genehmigung läßt sich bey einer Partey, welche den Proceß gewonnen, indessen doch auch in einem oder dem andern Punct beschweret ist, nicht annehmen, wenigstens würde diese Genehmigung nicht weiter angenommen werden können, als insofern auch der Gegner sich bey der Sen-

tenz

tenz beruhiget e). Wenn dieser sich also nicht beruhiget, sondern sich an den Oberrichter wendet, und demselben seine Beschwerden vorgetragen hat, so ist die Appellation nunmehr nach den Gesetzen (ipso jure) für beyde Partheyen eine gemeinschaftliche Rechtswohlthat, und der Oberrichter muß nunmehr auf die Beschwerden beyder Theile Rücksicht nehmen.

a) *L. ult. pr. C. de appellat.* (7. 62.) „Ampliorem providentiam subjectis conferentes, quam forsitan ipsi vigilantes inveniunt, *antiquam observationem emendamus*: cum in appellationum auditoriis, *is solus* post sententiam judicis *emendationem meruerat; qui ad provocationis provolasset auxilium*, altera parte, quae hoc non fecisset, sententiam sequi, (qualiscunque fuisset) compellenda.“

„Sancimus itaqe, si appellator semel in judicium venerit, *et causas appellationis suae proposuerit*, habere licentiam et adversarium ejus, *si quid judicatis opponere maluerit*, si *praesto* fuerit, hoc facere, et judiciale mereri praesidium, sin autem *absens* fuerit, nihilominus judicem, *per suum vigorem* (i. e. ex officio), ejus partes adimplere.“ *Pufendorf* 2. obs. 119. *Brunnemann* ad. h. L.

*Mev.* 4. Decis. 51. P. 5. D. 215. P. 3 D. 106.

*Stryck* de communione appellationis, occasione Legis ultimae C. de appellat. Frfrt. 1687.

*Pütteri* opuscula. p. 483. sqq.

*Godofred. Dan. Hoffmann* de adhaesione et communione appellationis Tubing. 1769.

b) *Hoffmann* c. l. §. 49.

c) *Mev.* 3. D. 106.

d) Hofmanns T. R. Proc. §. 1018. not. c.

e) *Boerii* Decis. 73. p. 156. *G. D. Hoffmann* c. l.

Uebrigens wird der gemeinschaftlichen Rechtswohlthat der Appellation, auch gedacht in dem Concept der ReichsCammerGerichtsOrdnung 3. 34. §. 15; 3. 53. §. 2. „So sich der Appellat der Appellation behelfen (d. h. bedienen) wollte. rc.“ desgleichen in dem Reichs-Absch. von 1594. §. 96.

## §. 14.

Eine und eben dieselbe Sentenz kann für beyde Partheyen beschwerend seyn

1) wenn die Sentenz nur einen Punct enthält, z. B. wenn zwar der Beklagte condemniret worden, aber nicht in so viel, als der Kläger verlangte; oder wenn dem Kläger der Beweis auferleget worden, der Beklagte aber behauptet, daß er sofort von der Klage gänzlich hätte entbunden werden sollen

2) wenn die Sentenz mehrere Puncte enthält, und der Beklagte in dem einen, der Kläger in dem andern Puncte sich beschweret findet. Mehrere Puncte können aber

A) entweder genau mit einander verbunden seyn, (connexa), so daß sie sich nicht trennen lassen und wegen ihrer Verbindung, als ein einziger Punct angesehen, auch aus einem

einem und ebendemselben Grunde entschieden werden müssen; und zwar

1) entweder so, daß die Entscheidung des einen Puncts, von der Entscheidung des andern zuvor zu entscheidenden Puncts, (welcher der Hauptpunct, jener aber nur ein Accessorium ist, abhängt;

2) oder so, daß zwar die Entscheidung beyder Puncte im Zusammenhange stehet, jeder Punct jedoch als ein besonderer Hauptpunct (aeque principale) angesehen werden muß.

B) oder mehrere Puncte sind von einander ganz verschieden, und nicht mit einander verbunden, (diversa sententiae capita, non connexa) so daß hier kein gemeinschaftlicher EntscheidungsGrund vorhanden, und kein Punct von dem andern abhängt. z. B. wenn zwey, oder mehrere verschiedene Klagen, eine aus dem Pacht-Contract, die andre aus dem Anlehn, zugleich in einer Klagschrift verbunden und cumuliret worden. Hier ist es so gut, als wenn mehrere Klagschriften überreicht, und mehrere verschiedene Sentenzen gesprochen worden wären, obgleich nur eine einzige Sentenz, welche mehrere Puncte enthält, gesprochen ist.

Wenn

Wenn man nun auf die Justinianische Verordnung, nach welcher die Appellation eine gemeinschaftliche Rechtswohlthat für beyde Partenen seyn soll, Rücksicht nimmt; so ist sie so allgemein abgefaßt, daß nach dem Sinn derselben, ohne Unterschied, und ohne Rücksicht darauf zu nehmen, ob die Sentenz einen, oder mehrere Puncte enthalten und ob ein einziger, oder mehrere, verbundene, oder nicht verbundene Puncte der Sentenz, angefochten worden, — der gegenwärtige Appellant in allen Fällen befugt seyn solle, nach geschehener Einführung und Rechtfertigung der Appellation, seine Beschwerden gleichfalls vorzutragen.

Allein, nach dem allgemeinen Gerichtsgebrauch, wird die angeführte Justinianeische Verordnung, (L. ult. 6. de appellat.) eingeschränckter erkläret; und die Gemeinschaft der Appellation kann nur insofern eintreten, als die Sentenz durch die Appellation angefochten und von der Rechtskraft suspendiret worden. Diejenigen Puncte der Sentenz also, von welchen nicht appelliret ist, und die Rechtskraft erhalten haben, sind keiner weitern Abänderung fähig *a*).

*a*) *Pütter* c. l. p. 491. *Mev.* 3. D. 106. *Hoffmann* c. l. §. 37. 281. *Brunnemann* ad cit. L. fin. C. *Boerius* in Decis. 73. *Soaccia* de appellat. qu. 10. art. 2. n. 7. sq. p. 112.

§. 15.

In Gemäßheit vorgedachter usual Interpretation muß man also darauf Rücksicht nehmen:

1) ob eine Sentenz mehrere ganz verschiedene, und nicht mit einander verbundene Puncte enthält. Hier kömmt es darauf an:

A) ob der Appellant die ganze Sentenz mittelst der Appellation von der Rechtskraft suspendiret habe? — dies ist eine allgemeine Appellation (appellatio simpliciter interposita), und in diesem Fall hat eine allgemeine Appellations-Gemeinschaft statt.

B) oder, ob der Appellant nur von einem oder dem andern bestimmten Punct der Sentenz appelliret habe. Dies ist eine eingeschränckte, particulaire Appellation. (Appellatio limitata s. definita). In diesem Fall tritt die Gemeinschaft blos in Ansehung desjenigen Puncts ein, von welchem appelliret ist. Findet sich also der Appellat in Ansehung eines andern, nicht angefochtenen, Punkts beschweret, so muß er von diesem, für ihn allein nachtheiligen Punct besonders appelliren und seine eigene und besondere Appellation binnen 10. Tagen einwenden, auch gehörig fortsetzen.

2) ob eine Sentenz nur einen einzigen, oder mehrere mit einander genau verbundene Puncte in sich fasset. Hier findet eine allgemeine

meine Gemeinschaft der Appellation statt, wenn gleich der Appellant nur einen einzigen von mehrern verbundenen Puncten angefochten hätte. Denn mehrere mit einander verbundene Puncte sind als ein einziger Punct anzusehen. Indessen gilt dieses nur in dem Fall, wenn die verbundenen Puncte insgesammt Hauptpuncte (aeque principales) sind. Wenn also beyde Parteyen in der HauptSache beschweret sind, und ich z. B. auf 100. Rthlr. geklagt habe, mein Gegner aber nur in 50. condemniret ist, und deshalb appelliret, auch seine Beschwerden dem Oberrichter vorgetragen hat, so stehet es mir gleichfalls frey, dem Oberrichter meine Beschwerden vorzutragen und ich kann auch in Ansehung der übrigen 50. Rthlr. eine bessere Sentenz erhalten, obgleich ich nicht appelliret habe. Es ist hier eine connexitas summae vorhanden. Wenn hingegen der eine von den verbundenen Puncten ein blosses Accessorium ist, und der Appellant blos von diesem NebenPunct appelliret hat, so kann auch diese Appellation dem Appellaten nicht in der HauptSache zu statten kommen, denn die HauptSache ziehet zwar das Accessorium an sich; aber nicht umgekehrt. Wenn ich also blos wegen der Kosten appelliret habe, so kann meine Appellation doch dem Gegner nichts in der HauptSache helfen *a*).

§. 16.

*a*) *Pütter* c. l.

## §. 16.

Die Appellation wird aber nicht eher eine gemeinschaftliche Rechtswohlthat für beyde Parteyen, als bis der Appellant die eingewandte Appellation bey dem Oberrichter eingeführet und seine Beschwerden vorgetragen, mithin seinen AppellationsLibell überreicht hat. Blos in diesem Fall kann der gegenwärtige Appellat, vermöge der gesetzlichen Gemeinschaft der Berufung, seine Beschwerden vortragen, eben so, als wenn er selber appelliret hätte. So wie auch der Oberrichter nur nach geschehener Einführung und Rechtfertigung der Appellation, von Amtswegen auf die Gerechtsame des abwesenden Appellaten Rücksicht nehmen muß *a*)

Diese AppellationsGemeinschaft unter beyden Parteyen kann auch nicht einseitig, folglich auch nicht vom Appellanten durch eine Renunciation der Appellation, zum Nachtheil des Appellaten, wenn er eine bessere Sentenz zu hoffen hat, aufgehoben werden *b*).

Vor der Einführung und Rechtfertigung der eingewandten Appellation hingegen, ist unter den Porteyen keine Gemeinschaft dieses Rechtsmittels vorhanden, und der Appellant kann sich der Appellation begeben. Begiebt er sich aber der Appellation, und fällt solche weg, so wird die Sentenz von welcher appelliret war, rechtskräftig, und zwar sowohl in Ansehung des Appellanten, als Appellaten. Dieser kann auch ohnehin nicht weiter appelliren, wenn die 10 tägige Nothfrist verflossen ist.

Wenn ich also den Proceß zwar gewonnen habe, jedoch in einem, oder dem andern Punct beschweret bin, und die Beschwerde abgeändert wissen will, dabey ungewiß bin, ob mein Gegner appelliret habe, (welches ich freilich nicht wissen kann, wenn er aussergerichtlich vor einem Notar und Zeugen appelliret und die Appellation nicht intimiret hat), oder ob er die eingewandte Appellation bey dem Oberrichter einführen und rechtfertigen werde, desgleichen, wenn verschiedene, nicht verbundene Beschwerden vorhanden sind, so ist es rathsam, oder vielmehr nothwendig, daß ich selber appellire, und es nicht darauf ankommen lasse, ob der Gegner appelliren, und seine Appellation bey dem Obergericht einführen und rechtfertigen werde *c*).

*a*) *Mev.* 5 D. 215.

*b*) Nach den ältern Gesetzen war die Reunciation zu jeder Zeit, auch selbst nach überreichtem Appellations-Libell, erlaubt. *L.* 28. *C. de appellat. Hoffmann* c. l. §. 28.

(*c* *Hoffmann* c. l. *Pütter* c. l.

## §. 17.

Die Appellation ist ferner eine gemeinschaftliche Rechtswohlthat für mehrere Streitgenossen (Litis consortes) z. B. für mehrere Mit-

Mitbürgen und Mitvormünder, welche in einer und eben derselben Sentenz, aus einem und eben demselben Grunde condemniret sind; in welchem Fall die eingewandte und fortgesetzte Appellation eines Streitgenossen, auch den übrigen zu gute kömmt, obgleich sie nicht appelliret haben *a*). Haben beyde LitisConsorten die Appellation eingewandt, und der eine setzt sie nicht fort, so kömmt demohngeachtet die fortgesetzte Appellation des einen, dem andern zu statten *b*). Wenn hingegen nur ein Streitgenosse appelliret, und die übrigen sich bey der Sentenz beruhiget und solche genehmiget haben, so hilft ihnen die vortheilhaftere AppellationsSentenz nichts *c*) Die Condemnation schadet übrigens nur dem appellirenden Streitgenossen, nicht den übrigen *d*), denn diese können andere Gründe der Vertheidigung haben *e*).

Sind mehrere Streitgenossen aus verschiedenen Gründen condemniret, so muß ein jeder von denselben besonders appelliren und die AppellationsFatalien beobachten *f*).

*a*) L. 1. et. 2. C. si unus ex pluribus. L. 10. §. 4. de appellat. L. 1. C. de divers. rescript. c. 72. x. de appellat.

*b*) *Mev.* 8. D. 105. *Stryck* de communione appellationis. c. 3. n. 36.

*c*) *Friderus* ((Mindanus) de continentia causarum, c. 16. n. 5. p. 176. *Brunnemann* ad L. 10. §. 4. de appellat, *Stryck* c. l. cap. 2. n. 42.

C 2 *d*)

d) L. 3. §. 2. de appellat. et relat. — e) *Schack* c. l. thes. 4. f) *Pütter* c. l.

§. 18.

Die Appellation ist endlich auch eine gemeinschaftliche Rechtswohlthat in Ansehung eines dritten, der an dem bisherigen Streite keinen Theil genommen, dem aber daran gelegen ist, daß die Sentenz abgeändert werde *a*). Diese Gemeinschaft in Ansehung eines dritten ist indessen eigentlich nichts anders, als eine Intervention in der AppellationsInstanz *b*). Er kann deshalb mittelst der principal Intervention sein besonderes und eigenes Recht ausführen *c*). Ein solcher principal Intervenient ist ein wahrer Appellant und muß seine Appellation binnen 10 Tagen, von Zeit erhaltener Wissenschaft einwenden, auch hienächst gehörig fortsetzen *d*). Es kann aber auch ein dritter sich in einen Proceß mischen, um einem von den streitenden Theilen beyzustehen. Dies ist eine accessorische Intervention *e*). Ein solcher Intervenient ist mit dem einen streitenden Theile, welchem er zu Hülfe kommen will, als eine Person anzusehen, und hat keine Appellations Fatalien zu beobachten *f*).

*a*) *Stryck* de communione appellationis, cap. 4.
*b*) *Hoffmann* c. l. §. 108. add. Knorrens Proceß S. 395.
*c*) z. B. zwey streiten sich wägen der Erbschaft; jetzt nimmt sie ein dritter in Anspruch.

(d

d) *Hoffmann* c. l. *Mev.* 1. D. 159. not. 4. *Gail* 1. obs. 122. n. 8.

e) z. B. der Bürge war belangt und zur Zahlung verurtheilt. Der HauptSchuldner, welcher die Schuld schon längst bezahlet hatte, sucht ihm jetzt beyzustehen.

f) *Hoffmann* c. l. *Mev.* 1. D. 158. n. 3.

## §. 19.

Die Gemeinschaft der Appellation findet nach den Gesetzen von selbst statt, und es bedarf deshalb keiner Erklärung des Appellaten *a*). Von dieser Gemeinschaft ist die Adhäsion verschieden *b*). Denn diese ist eine ausdrückliche und zwar gerichtliche Erklärung, daß man eben dasselbe SuspensivMittel, *c*) welches ein Andrer eingewandt hat, gebrauchen wolle *d*). Die Erklärung selbst kann schriftlich und mündlich *e*) geschehen.

a) *Hoffmann* c. l. §. 58.

b) *Schuberth* de adhaesione appellationis, ab alio interpositae. §. 25.

c) z. B. die Appellation, Restitution, Deduction, Revision, Leuterung. *Sturm* de adhaesione minus principali. §. 40. H. G. O. 3. 4. §. fin. ibique *Recess. Visitat.* §. 115.

d) Oeltze Proc. §. 302. *Sturm*. c. l. §. 38. sqq.

e) Auch schon durch das Wort: "ich adhaerire." *Schuberth* c. l. §. 6. *Textor* de beneficio adhaerendi ꝛc. (in Dissertat. academic select. 37). §. 23. Seyfarts R. Proc. c. 27. §. 49.

Uebrigens kommt der Ausdruck: „Adhäsion,“ nur beiläufig in dem *capit.* 4. *de appellat. in* 6. vor.

## §. 20.

Die Erklärung geschiehet ferner entweder vor Ablauf der 10 tägigen Nothfrist des rechtskräftigen Erkenntnisses, oder nach Ablauf dieser Frist. Jene heißt eine PrincipalAdhäsion, (adhaesio principalis), diese eine accessorische Adhäsion (accessoria s. minus principalis) *a*).

Die Principal Adhäsion geschiehet allemahl vor Ablauf des fatalis rei judicatae und bestehet gleich vom Anfange für sich. Sie ist daher ein eigenes besonderes Rechtsmittel, welches der Gegner ebenfalls eingewendet hat, und verdienet kaum eine Adhäsion genannt zu werden. Bey der Appellation, wovon hier eigentlich die Rede ist, ist also der PrincipalAdhärent, als ein besonderer Appellant anzusehen, und kann sowohl gemeine, als eigene und besondere Beschwerden an und ausführen; *b*) auch muß er alle Fatalien beobachten, die jeder andrer Appellant zu beobachten hat. Er kann auch seine eingewandte Appellation, fortsetzen, wenn gleich der Gegner die seinige nicht fortsetzet, und derselben sich begeben hat, oder solche desert werden lassen; weil die PrincipalAdhäsion als ein eigenes, für sich selbst bestehendes ImpugnativMittel anzusehen ist *c*).

*a*)

a) Oeltze a. a. O. §. 302. E. G. Schmidts Theorie des ordentl. Processes. (Leipzig 1790). §. 279.

b) *Stryck* introduct. ad prax. c. 23. §. 19. in fine. *Sturm* c. l. §. 41.

c) *Mev.* 5. D. 86. *Schuberth* c. l. §. 13. *Scaccia* de appellat. 17. 2. n. 96.

## §. 21.

Mit der accessorischen Adhäsion hat es eine andere Bewandniß. Sie geschiehet nach Ablauf der 10 tägigen Nothfrist und ist blos als ein Accessorium von dem bereits eingewandten SuspensivMittel, insbesondere also auch von der Appellation, zu betrachten.

Sie gehet hiefolglich 1) blos auf diejenigen Puncte, von welchen appelliret ist *a*). Wenn also eine Sentenz mehrere, nicht verbundene Puncte enthält, und mein Gegner nur von dem einen Punct appelliret hat, so kann meine accessorische Adhäsion sich auch nur auf den angefochtenen Punct erstrecken. Wegen der übrigen Puncte, von welchen nicht appelliret ist, und welche mit den angefochtenen nicht verbunden sind, muß man binnen der 10 tägigen Nothfrist besonders appelliren, oder principaliter adhäriren, oder ein andres zulässiges SuspensivMittel einwenden, um sie von der Rechtskraft zu suspendieren und eine Abänderung derselben zu erhalten *b*).

Die accessorische Adhäsion erhält 2) als ein Accessorium, blos durch die gegenseitig geschehene HauptEinwendung, welcher man beygetreten ist, Kraft und Würkung.

Sie gehet also insonderheit bey Appellationen verlohren, wenn der Appellant vor der Einführung und Rechtfertigung seiner Appellation, sich derselben begeben haben sollte. Nach geschehener Einführung und Rechtfertigung kann er sich, wegen der nunmehr vorhandenen gesetzlichen Gemeinschaft der Appellation, derselben nicht weiter zum Nachtheil des Appellaten begeben; sondern dieser kann, ohngeachtet der gegenseitigen Entsagung, in solchem Fall auch seine Beschwerden vortragen und eine Abänderung der beschwerlichen Sentenz verlangen und erhalten *c*).

*a*) Oeltze a. a. O. — *b*) von Engelbrecht obs. 36. n. 3. — *c*) *Hoffmann* c. l. §. 73. *Pütter* opusc. p. 485. §. 8.

## §. 22.

Die Adhäsion kann ferner nicht nur 1) von dem Gegner desjenigen, der das Suspensiv-Mittel eingewandt hat, sondern auch 2) von Streitgenossen, und 3) von einem Dritten geschehen, welcher bisher an dem Rechtsstreit keinen Theil genommen, welchem jedoch daran gelegen ist, daß die Sentenz abgeändert werde *a*).

Wenn

Wenn also blos einer von den Streitgenossen binnen 10 Tagen appelliret hat, so können die übrigen der eingewandten Appellation beytreten, im Fall sämmtliche Litisconsorten einen und eben denselben Grund zu appelliren haben *b*).

*a*) *Schuberth* c. l. §. sqq. *Mev.* 5. D. 86. add. 5. D. 88.
*b*) *Coccei* l. Controv. tit de appellat. qu. I.

§. 23.

Die gerichtliche Appellation hat endlich IV., auch eine rescissorische Würkung, indem sie den ganzen Proceß wieder in den Zustand bringt, in welchem derselbe zur Zeit der Litiscontestation gewesen *a*). Daher in der Regel alles dasjenige, was in der ersten Instanz geschehen konnte, auch noch in der AppellationsInstanz geschehen kann *a*). So wie denn auch der Appellant das Recht hat, in dieser neuen AppellationsInstanz nicht allein das in voriger Instanz nicht vorgekommene oder nicht deducirte, annoch vorzutragen und zu beweisen, sondern auch das in voriger Instanz bereits vorgebrachte, noch ferner und besser zu beweisen.

Dieses Recht der neuen Aus- und Beweißführung, (Beneficium non deducta deducam, non probata probabo, s. Beneficium Legis 4. C. de temporibus appellationum) stehet auch dem Appellaten zu *c*). Daher kann

1) der Beklagte auch noch in der Appellations-Instanz allerley Einreden vorschützen *d*).

Zwar sollen alle Einreden, nach Verschiedenheit derselben, entweder vor der Einlassung angeführet, oder der Einlassung angehänget, hernach aber nicht weiter zugelassen werden *e*). Allein dieses leidet Ausnahmen und es können dergleichen Exceptionen auch noch in der AppellationsInstanz vorgebracht werden, wenn

A) das Factum, woraus die Einrede genommen, erst nach der Zeit zur Wissenschaft des Appellanten gekommen; oder

B) der Grund der Einrede erst in der Folge erwachsen, oder

C) eine Nichtigkeit des Processes entstehet, wenn solcher Einrede nicht abgeholfen wird. In diesem Falle kann sie sogar nach geendigtem, und schon rechtskräftig entschiedenen Streit, ja selbst noch bey der Execution, mithin um so mehr, wenn die Sentenz durch die Appellation suspendiret worden und solche die Rechtskraft noch nicht erhalten hat, vorgeschützet werden; hieher gehöret die exceptio deficientis legitimationis ad causam *f*). Daher ist ferner

2) in der AppellationsInstanz ein neuer Beweiß zulässig, mithin auch

A) ein neuer Beweiß durch Augenschein *g*),

B)

B) durch Urkunden *h*),

C) durch EydesDelation, und

D) durch Zeugen *i*).

Wenn indessen bereits in voriger Instanz der Beweiß durch Zeugen geführet, und der Zeugen Rotulus hienächst auch schon publiciret worden, so stehet es dem Beweißführer in der Regel nicht frey,

A) über eben die BeweißArtikel, worüber schon vorher Zeugen abgehöret worden, oder

B) über andere neue Artikel, welche den zu den Acten gebrachten, gerade entgegen sind *k*);

die vorigen, oder wohl gar neue Zeugen abhören zu lassen *l*).

*a*) *Mev.* P. 4. D. 5. n. 13.
Bey der aussergerichtlichen Appellation findet dies keine Anwendung, da hier kein Proceß und keine LitisContestation vorhanden ist.
G. L. Böhmer I. Can. §. 840.

*b*) *Mev.* c. l.

*c*) J. R. A. §. 73. und §. 74. *Lyncker* de pot. princ. in judic. p. 83. cf. Hommel Rhapſ. Vol. 6. obſ. 762. Die Rechtswohlthat der neuen Aus- und Beweißführung fällt bey der aussergerichtlichen Appellation weg. G. L. Böhmer c. l.

*d*) *L.* 4. *C. de tempor. appell.* novis — exceptionibus." *Mev.* P. 5. D. 13. P. 3. D. 186. n. 4; P. 4. D. 324. n. 9. P. 5. D. 13. n. 3.

*e*)

e) J. R. A. §. 37. Trib. O. 2. 12. §. 1. Hofger. O. 2. 10. §. 2.

f) Streit de judice, vices partium et advocati supplente p. 13.

g) *Mev.* P. 6. D. 269. n. 6. P. 6. D. 232.

h) Neu aufgefundene Urkunden und Zeugen bewürken selbst die Restitution. Pütter Rechts-Fälle 2 B. S. 159. —

i) H. Professor Schlichtkrull de non admittendis ante examen testium disputationibus de eorum habilitae ad ord S. R. Trib. P. 2. tit. 19. §. 7. Greifswald 1763.

k) Streit c. l. p. 17. Gail 1. obs. 101. n. 8. add. Hamb. GerichtsOrdnung und Statuten 1. Th. tit. 37. art. 7. wo es heißt: Bedürfte der Appellant oder Appellat noch fernerer Beweisung, soll ihm dieselbe durch Zeugen über die vorigen oder andern Artikel zu führen zugelassen seyn.

l) R. H. Trib. O. 2. 32. §. 6. und 7.
G. L. Böhmer I. Can. §. 797. und §. 840.
*Mev.* P. 8. D. 48. P. 3. D. 314.
von Pufendorff T. 1. obs. 157. und P. 2. obs. 108. und obs. 147.
R. Hofger. O. 2. 26. §. 1.
Gasser de B. non deducta deducam. rc. p. 19.
Frischel de B. probandi secundae instantiae.

Bey dem ReichsCammerGericht wird indessen solcher Beweiß noch zugelassen.

Cramer obs. 559. §. 12.

## §. 24.

Die neue Beweißführung findet nach der gemeinen Meinung auch selbst noch in dem Falle statt, wenn der Beweißführer den vom Richter erster

erster Instanz angesetzten Beweißtermin versäumet hätte *a*), indem hir von einer neuen Beweißführung die Rede ist, worauf die praeclusivische Sentenz des Richters erster Instanz sich nicht erstrecket *b*).

Wenn indessen der Beweißführer die Beweißmittel schon in Händen hatte, und demohngeachtet vorsätzlich oder aus unverzeihlicher Nachläßigkeit den vom Unterrichter angesetzten Beweißtermin versäumet, auch hierauf die präclusivische Sentenz erfolget ist, so wird er auch in der OberInstanz nicht leicht zum Beweise weiter gelassen werden können, besonders, wenn die interlocutorische Sentenz, worin auf Beweiß erkannt worden, vom Oberrichter bestätiget gewesen *c*).

*a*) *Mev*. P. 8. D. 49. P. 2. D. 235. Cramer obs. 559. §. 12.

*b*) Cramer c. l. G. L. Böhmer I. Can. §. 840. Frischel c. l.

*c*) von Engelbrecht obs. 59. n. 2. „Putarem, Legem 4. C. de temp. opp. favere quidem illis, qui *probationis initium* fecerunt in prima instantia, *novasque assertiones*, *probationesque* in secunda instantia addunt; *non* vero *illis*, qui, *quamvis probandi media ad manus fuere*, probandique terminus praefixus, omnem probationem in prima instantia defernerunt."
Die Restitution gegen den Ablauf des Beweißtermins würde jedoch nicht zu versagen seyn, wenn hinlängliche Gründe dazu vorhanden wären. *ibid*. n. 7.

§. 25.

§. 25.

Der Appellant kan ferner 3) nicht nur dasjenige, was er in erster Instanz mit Stillschweigen übergangen, annoch in der AppellationsInstanz suppliren, sondern auch den von seinem Sachwald in Facto begangenen Irrthum verbessern *a*)

*a*) *L.* 6. §. 1. *C. de appell.* von Selchows Conepte der R. C. G. O. 3. Theil. S. 261. Leyser sp. 48. m. 6.
S. C. von Aeminga de revocat. error. ab advocat. commiss. Greifswald 1766. §. 26.

## 3) Von den Personen, welche appelliren können.

§. 26.

In der Regel hat ein jeder Beschwerte das Recht zu appelliren, d. h. ein Jeder kann appelliren, dessen Gerechtsame u. Befugnisse geschmälert werden wollen, und zwar nicht nur

1) in dem Fall, wenn die Sentenz, wodurch er beschweret ist, aus Unwissenheit, oder Unkunde der Rechte oder aus Unachtsamkeit, oder aus Leidenschaft des Richters nicht gehörig gefaßt worden, sondern auch

2) selbst in dem Fall, da die Sentenz den vorliegenden Acten und dem darin vorgetragenen Factum völlig gemäß ist, ein Interessent aber nach der Publication der Urthel Gelegen-

genheit erhalten hat, die wahre Beschaffenheit der Sache besser auszuführen und zu beweisen a)

a) Oeltze Anl. z. gerichtl. Praxis §. 291.
Sigismund Scaccia de appellat. (Frankf. 1615. fol.) p. 28. „Regula, *omnis gravatus appellare potest*, locum habet non solum 1) in eo, qui gravatus est sententia judicis, *injuste lata*, sed etiam 2) in eo, qui gravatus non est, considerato futuro possibili statu, quia adhuc appellare poterit. Quare, licet sententia judicis *secundum acta et probata sit justissima*, tamen, ex quo *secundum facti veritatem*, melius probandam, — gravat. potest appellare." *Idem* p. XI. „potest appellari a sententia justa, ad finem, ut suppleantur omissa."
add. *Krause* de arbitrio Judicis. §. 66.
*Stryck* de appellat. illicita c. 1. §. 12.

§. 27.

Es kann daher sowohl der Kläger, als der Beklagte appelliren, ja auch ein dritter, welcher in der Sentenz nicht benannt ist a). Nur muß ihm daran gelegen seyn, daß die Sentenz die Rechtskraft nicht erhalte und abgeändert werde b). Indessen muß der dritte sein Interesse und die Gründe, weshalb ihm an der Abänderung der Sentenz gelegen ist, anführen, und erforderlichen Falls bescheinigen d)

a) z. B. ein Bürge kann appelliren, wenn der HauptSchuldner, für welchen er sich verbürget

get hat, zur Zahlung verurtheilet ist. Mehrere Beyspiele stehen in C. 4. und 5. und in C. 6. *et* 23. §. 6 *de appellat.* S. auch Scaccia c. l. qu. 5. Noch mehrere Fälle sind vom Thönniker de app. p. 12. angeführet.

*b*) R. H. G. O. 3. 4. §. 1. „der Interesse davon hat,“

*c*) *L.* 2. §. 1. *quando appell. c.* 8. *x. de appell. in* 6. *Mev.* 1. D. 158; 4. D. 342 *Brunnemann* ad L. 5. D. de appell. Gail 1. Obs. 22. n. 5. *Hert.* Decis. 994. n. 1. *Schuberth* de adhaesione ꝛc. §. XI.

§. 28.

Es kann auch Jemand für einen andern appelliren. Dies kann z. B. die Mutter für ihren Sohn, der Vater für seine Kinder, der Sohn für seinen Vater, auch ohne einen Auftrag dazu zu haben, die Tochter für ihre Eltern, Geschwister für einander, die Ehefrau für ihren Ehemann, ein Sachwald für seinen Clienten *a*).

So wie dem auch ein Vormund für seinen Pupillen, und ein Curator für die unter seiner Curatel stehende Person zu appelliren verbunden ist *b*).

*a*) *Mev.* 3. D. 214. n. 2. Auch ein Bruder für einen Pupillen, wenn gleich der Vormund wiederspricht *Mev.* 3. D. 214. n. 3.

*b*) *Mev.* 1. D. 91. 3. D. 214; 5. D. 77.

*c*) *Wernher* T. n. P. 5. obs. 176.

*d*) *Besold* de app. c. 5. n. 59.

Strauch D. 27. ad L. ch. 5.

Leyser

Leyser sqq. 333. m. XI.

Auch der Procurator, der eine besondere Vollmacht dazu hat, kann appelliren. Hat er keine besondere Vollmacht dazu erhalten, so muß er doch die Appellation einwenden, und alles beobachten, was bey dem Unterrichter zu beobachten ist.

*Mev.* 5. D. 270. n. 5. Hellfelds Pandecten 2 §. 132. Thönniker c. l.

Nach der Stralsundischen Gerichts-Ordnung Cap. 8. §. 26. sollen Procuratores in den Sachen dazu sie einmahl bevollmächtiget sind, und welche sie angenommen haben, auch die Appellation einwenden und fortsetzen, ausgenommen, wenn ihre Principalen ihre Vollmachten wiederrufen, oder die Gerichts-Kosten zu erlegen sich geweigert.

## §. 29.

Ein Ungehorsamer kann nicht appelliren *a*). Diese Regel des Römischen Rechts hält jedoch weg, wenn Jemand läugnet, daß er ungehorsam gewesen, und dieser Punct zuvörderst in der Appellations-Instanz ausgemacht werden muß *b*).

Nach dem neuen Visitations-Receß des K. Hofgerichts von 1774. §. 35. (ad P. 2. Tit. 2. §. 5.) kann ein Beklagter, selbst in liquiden Schuldsachen, appelliren, im Fall wieder ihn, wegen seines ungehorsamen Ausbleibens ein Zahlungs-Mandat, bey Strafe der Execution ergangen ist. Nur wird durch die Appellation die Execution nicht suspendiret.

 Die

Die Verordnung ist diese:

„Wann — in *contumaciam* das Mandatum de solvendo, sub poena executionis ergehet, so mag dagegen, (zur Aufhaltung dessen Vollstreckung:“ diese Worte sind wegzustreichen, und wie aus den Zusammenhang zu ersehen, durch einen Druckfehler eingeschlichen:) zwar das Beneficium Restitutionis I. I. sowohl, als Appellationis, jedoch die Appellation: (dieses Wort ist durch einen Druckfehler weggeblieben, wie der Zusammenhang zeiget:) andrer Gestalt nicht, als ad effectum devolutivum zuläßig seyn. Die Execution ist sodann unaufhältlich zu veranlassen.“

a) *Falckner* de Sententiis inappellabilibus §. 17. *Contumax*, quando nimirum quis citatus est ter, vel peremtorie, et non comparuit, tunc sententia in eum ferri potest, ita ut ab ea non habeat appellandi beneficium. *Notoria* autem debet esse contumacia *Mev*. 5. D. 328. n. 5. add. *Mev* ad. I. Lubec. Lib. 5. tit. 4. a. 1. n. 35. *it*. P. 5. D. 180. Horn de contumace, non appellante. Hennemann (Postdirector in Schwerin) über die Unzulässigkeit der Appellation von Urtheln, die wieder einen im peremtorischen Termin Ausgebliebenen gesprochen worden. Schwerin (1789).

b) Westphal T. privat Recht 1. Th. S. 260. ad *Selecta Iurid. Rostoch*. Fasc. 5. p. 6.

§. 30.

Auch derjenige kann nicht appelliren, welcher sich der Appellation begeben hat *a*). Indessen sind hier zwey Fälle zu unterscheiden. Denn man kann der Appellation entsagen:

1) Da sie schon eingewandt war. (Renunciatio interpositae appellationis). Diese Entsagung

sagung betrift blos das Recht, welches der Appellant aus der geschehenen Einwendung erhalten hatte, und geht dahin, daß er dies Recht nicht gebrauchen, hiefolglich die eingewandte Appellation nicht einführen und fortsetzen wolle. Diese Renunciation ist an sich gültig *b*).

2) Man kann auch der Appellation renunciiren, im Fall sie noch nicht einmahl eingewandt war. (Renunciatio interponendae appellationis.) Diese Entsagung betrift das Recht, die Appellation einzuwenden, oder das Recht zu appelliren. Und wer auf diesen Fall der erst künftig einzuwendenden Appellation zum voraus renunciiret hat, der erkläret, daß er sich des Rechts, in einer gewissen Streitsache zu appelliren, nicht bedienen wolle.

Bey dieser Entsagung lassen sich widerum zwey Fälle gedenken. Denn sie kann geschehen:

A) wenn eine beschwerliche Sentenz schon erfolgt ist, und ein streitender Theil hiefolglich es schon weiß, daß und auf welche Art er beschweret ist, und demohngeachtet sich der Appellation begiebet. Diese Entsagung ist allerdings gültig. Allein es kann auch

B) der Fall eintreten, daß Jemand überhaupt, ehe vielleicht ein Proceß existiret, und ehe ihm eine Beschwerde zugefüget ist, einer erst künftig einzuwendenden Appellation entsagt hat.

Hieher gehöret besonders der Fall, der nicht selten vorkennnt, da nemlich ein Schuldner in der Schuldverschreibung, ein Pächter in dem PachtContract, und überhaupt ein Contrahent sich Verpflichtet, sein Versprechen pünctlich zu er-

 füllen

füllen, anbey im voraus allen etwa dawieder statthabenden Einreden und Rechtswohlthaten, insonderheit der Appellation und allen übrigen ImpugnativMitteln sammt und sonderst entsaget, und sich verbindet, bey etwa künftig existirendem Processe sich bey dem ersten richterlichen Ausspruche zu beruhigen, und sich sofort der Execution zu unterwerfen.

Ob eine solche Renunciation gültig sey, darüber ist man sich nicht einig.

Nach der gemeinen Meinung *c*) ist die Appellation demohngeachtet zuläßig, obgleich derselben vorgedachter maaßen renunciiret worden.

Hiemit stimmt auch der VisitationsReceß des K. Hofgerichts von 1737. §. 76. (ad P. 3. Tit. 4. §. 3. der K. Hofger. Ordn. S. 140). überein; dergestalt, daß die Appellation, wegen geschehener Renunciation nicht verworfen werden darf, der Unterrichter vielmehr angewiesen ist, ohne Unterschied, selbst im ExecutivProceß, der eingewandten Appellation völlig zu deferiren, ja auch in dem Falle, da derselben in einem Instrument eidlich renunciiret seyn möchte, weil es lediglich der Untersuchung und dem Erkenntnisse des Obergerichts zu überlassen, ob die Appellation in solchem Falle statt habe und der Eyd in dieser Rücksicht zu relaxiren sey. Bey dieser gesetzlichen Entscheidung soll es auch nach dem neuen VisitationsRe-

ceß

ceß des K. Hofgerichts von 1774. §. 56. (ibid.) sein Bewenden behalten.

a) S. Schweder de renunciatione appellationis. G. L. Böhmer de appellationis interpositae renunciatione in Elect. I. Civ. Tom. I. Exerc. 13.

b) Ob aber 1) der Appellant wider Willen des Appellaten, oder 2) der Appellat wider Willen des Appellanten, der Appellation entsagen könne? — S. Mevius P. 5. D. 215. n. 5. P. 6. D. 191. Faber in Cod. 7. 26. Defin. 26. Klock T. 3. Consil. 187. n. 12. und besonders Reinharth ad *Christin.* I. obs. 24.

c) Dieser gemeinen Meinung tritt unter andern Schwendendörfer, Brunnemann, Tenzell obs. forens. circa remedia quaed. suspensiva, frustra adhibita. (Erford 1724) §. 29. *Toelemann* de appellat. thes. 7. Seyfart R. Proc. S. 478. Mevius 3. D. 187. von Engelbrecht obs. 44. bey; weil derjenige der zum voraus renunciiret, die Beschwerden nicht gekannt hat, welche ihm erst künftig zugefüget worden; eine Renunciation sich aber nicht auf solche Gegenstände erstrecke, an welchen man zur Zeit der Renunciation nicht einmahl gedacht habe. Ueberdies, sagen sie, würde ein Beschwerter vom Gebrauch eines erlaubten Rechtsmittels abgehalten werden, und also graviret bleiben; mithin durch dergleichen Renunciation, wenn sie gültig wäre, aller Ungerechtigkeit Thür und Thor geöfnet werden; daher auch solche Renunciation, wenn sie gleich mit einem Eyde bestärkt worden wäre, unkräftig sey.

 4) Von

## 4) Von dem Richter, von welchem und an welchen appelliret wird.

§. 31.

Wenn der Unterrichter eine Partey condemniret, etwas zu bezahlen oder zu leisten, wozu sie nicht verbunden ist, oder wenn er selbige mit einer richtigen Forderung abweiset, oder in der Erkenntniß etwas mit Stillschweigen übergehet, was er einer Partey hätte zuerkennen sollen *a*), oder dem Gegner ein Recht beylegt, welches ihm nicht zustehet, und überhaupt einer oder der andern Partey einen Nachtheil, oder eine Beschwerde zufügt, so kann der Beschwerte deshalb appelliren. Nur muß die Appellation 1) allemahl an einen Oberrichter gerichtet werden. Denn sie ist ihrem Wesen nach, eine Berufung an den Oberrichter, damit dieser die vom Unterrichter zugefügte Beschwerde aufhebe oder abändere. Nur der Oberrichter hat die Macht, den ungebührlichen Ausspruch des Unterrichters aufzuheben und zu verbessern; nicht aber umgekehrt. Das Recht die Appellation anzunehmen, setzt die Subordination des Unterrichters voraus *b*).

*a*) z. B. die Zinsen, Kosten rc. *Schultz* de omissis in sententia p. 14.

*b*) Pütters Rechtsfälle 1 B. S. 337. — *Slevogt* de jure recipiendi provocationes ex su-

pe-

perioritate territoriali oriundo. p. 33. sq. Zwar konnte man in ältern Zeiten aus Stralsund und andern Pommerschen Städten, welche mit Lübschen Recht bewidmet waren, an den Rath zu Lübeck appelliren. Allein hier war kein Ober und Unterrichter, und dem Rath zu Lübeck stand keine Jurisdiction zu über Stralsund und andere Pommersche Städte. Es war dies also keine eigentliche Appellation, sondern eine Art der Verschickung der Acten an Schöppenstühle und Juristen Facultäten. — G. L. *Böhmer* de provocat. I. German cap. 2 §. 7. *Consil. Hallens.* Tom. 2. *b.* Num. XI. p. 1030. u. 1881. *Mev.* ad Ius Lubec. qu 2 n. 20. — und es konnten von dem Rath zu Lübeck an dem Rath zu Stralsund keine Compulsorialen und Inhibitorialen, sondern nur Requisitorial Schreiben erlassen werden. S. z. B. den Stralsund. Erbvertrag § V. p. 22." und des Raths zu Lübeck Requisitorialen." — Eben sowenig konnte der Rath zu Lübeck, wenn die von denselben gesprochene Sentenz in die Rechtskraft gegangen war, in solchen Sachen die Execution verfügen. *Toelemann* de appellat. Rostoch. 1622. thes. 66. *Slevogt* c. l. p. 39. sq. *Io. Guilielm. Hoffmann* selectarum, quae ad usum fori spectant observationum Syllog. Dissertat. 5. Frfrt. ad Viadr. 1735. obs. 43. p. 94. sqq. *Schiferdecker* Disputat. forens. ad *Anton. Fabrum* L. 1. Tr. 30. qu. 5.

Von dem ehemals in Pommern üblich gewesenen Appellationen an die 7. Eichen, in Meklenburg, S. von Balthasars Rituale academ. p. 527. *Schwartz* de serie processus et provocationum. Gryphisw. 1741. ejusd. animadversiones ꝛc. ibid. 1743.

## §. 32.

Die Appellation setzt einen Oberrichter voraus. Wer keinen Oberrichter hat, von dem kann auch nicht appelliret werden. Von einem Regenten und Landesherrn also, der keinen Oberrichter hat, kann man nicht appelliren; mithin 1) nicht vom Kayser und dessen ReichsHofrath; 2) nicht von VeichsVicarien, welche während des Interregnums den Kayser vorstellen; 3) nicht vom Kayserlichen und ReichsCammergericht, welches Namens des Kaysers und der ReichsStände die höchste Gerichtsbarkeit in Deutschland ausübet; 4) nicht von einem Tribunal und OberappellationsGericht, welches in einer deutschen ReichsProvinz, statt der höchsten ReichsGerichte, errichtet worden. Mithin kann auch 5) nicht von dem Königl. hohen Tribunal und OberappellationsGericht zu Wismar, welches in den Schwedisch deutschen Provinzen die Stelle der höchsten ReichsGerichte vertritt, und statt derselben, errichtet worden, appelliret werden; es mag der Appellant ein hiesiger LandesEinwohner, oder ein Auswärtiger seyn *a*). Eben so kann sich auch Niemand von diesem höchsten OberappellationsGerichte, mittelst der NichtigkeitsQuerel, an die ReichsGerichte wenden, da selbiges an deren Stelle getreten ist, und mit denselben, in Ansehung der Schwedisch deutschen ReichsProvinzen, gleiche Gerichtsgewalt hat *b*).

a) K. H. Trib. Ordn. P. 2. Tit. 1. §. 1. — Die Krone Schweden erhielt im Osnabrüggischen Frieden, für ihre deutschen Reichsprovinzen ein uneingeschränktes Privilegium de non appellando, unter der Bedingung, statt der Reichsgerichte, ein hohes Tribunal zu errichten, welches denn auch bald nach dem Westphälischen Frieden, den 17. May 1653. zu Wismar eröfnet ward.

Wer einem solchen uneingeschränktem Privilegio zuwieder handelt, und an die Reichs-Gerichte appelliret, wird deshalb von demjenigen Richter, welchem die Appellations-Freyheit ertheilet worden, in Fiscalische Strafe genommen. Müller de competente foro violantium Privilegium caesareum de non appellando. Rostoch. 1712. p. 66.

b) *Mev.* prodrom. Decis. n. 16. *Pufendorff* 3. Obs. 102. von Canngießer in der Vorrede zum 2ten Theil der Collectionis Decisionum S. Tribunalis appellationum Hasso - Casellani §. 16. sq. *Brunquel* progr. quo, Privilegium Saxon. de non appellando, etiam querelam nullitatis — ad summa imperii Tribunalia excludere, ostendit. Ienae 1734.

add. *de Pufendorff* de privilegiis, speciatim de Iure de non appellando. Hannov. 1730. H. Prof. *Becker* s. Resp. *Io. Rud. Becker* D. de Iure de non evocando. Gryphisw. 1768. und Lubec. 1769. *Schrodt* de jure de non evocando et de non appellando. Prag. 1773. H. VicePräsident und R. von Engelbrechts am 17. May 1753 zur Erneurung des Andenkens der vor 100 Jahren geschehenen Errichtung des K. H. Tribunals zu Wismar gehaltene Rede.

de. Sie ist dem 4ten Theile seiner Observationum select., welchen der H. Canzler und R. von Engelbrechten herausgegeben hat, angehängt.

von Balthasar von den Gerechtsamen und UniversalJurisdiction des K. h. Tribunals zu Wismar 1770. fol. von Engelbrechts obs. 1. §. 17.

## §. 33.

Die Appellation kann nicht an einen jeden Oberrichter gerichtet werden, sondern man muß 2) an den nächsten Oberrichter appelliren; d. h. an denjenigen, welchem der beschwerde Unterrichter unmittelbar untergeordnet ist; und welcher auch in der Sache ein competenter Richter ist *a*).

Man darf daher nicht mit Uebergehung des nächsten Oberrichters (per saltum) zum Nachtheil einer MittelInstanz appelliren. Die Appellation muß viellmehr Stuffenweise (per gradus) geschehen *b*). Gesetzt aber, daß man sich an den entferntern Oberrichter gewendet, und dieser auch die Sache nach geschehener Untersuchung entschieden hätte, so ist die Sentenz gültig, wenn der Appellat nichts gegen solche Berufung erinnert, sondern solche durch sein Stillschweigen genehmiget hatte, weil hier eine Prorogation der Gerichtsbarkeit anzunehmen.

Inzwischen giebt es verschiedene Fälle, wo der nächste Oberrichter aus rechtmässigen Ursachen übergangen werden kann; nemlich:

1)

1) wenn der nächste Oberrichter dem Appellanten das Recht versagt hat;

2) wenn derselbe verdächtig, indem er mit der gegenseitigen Parten zu nahe verwandt, oder selber bey der Sache interessiret ist, und also als verdächtig recusiret werden kann c).

3) Wenn er selber die RechtsSache, wegen des Zusammenhanges mit einer andern Sache, oder aus andern rechtmässigen Ursachen, an den nächstfolgenden Oberrichter verwiesen hat, und nicht Richter in der Sache seyn will d).

4) Wenn die Gesetze selbst, e) oder besondere LandesGewohnheiten f) es verstatten, das unmittelbare Obergericht zu übergehen.

Wenn mehrere Oberrichter vorhanden sind, welche concurrente Jurisdiction haben, so kann der Appellant sich an einen jeden derselben wenden, nur darf er nicht variiren, wenn er einmahl einen bestimmten Richter gewählet hat g). Ist die Jurisdiction eines Richters streitig, so gehet die Appellation an den entferntern Oberrichter h).

a) *Friderus* (Mindanus) de processibus Lib. I. c. XI. n. 5. p. 46.

b) R. C. G. O. 2. 29. pr. R. Trib. O. 2 2. §. 1. *Mev.* 1. D. 87. n. 5. *Consil. Halens.* Tom. 2. p. 1884. n. 36. G. L. Böhmer I. Can. §. 828.

c) *Peretz* ad Cod. tit. de appellat. n. 16.

d) Wildvogel de recusat. jud. §. 7. *Tentzel* de legitima judicis recusatione. add. Hommel Rhaps.

Rhapſ. obſ. 183. von Engelbrecht obſ. 1. §. 6. n. 4. Cramer obſ. 288.

c) *Mev.* P. 5. D. 401. Cramer obſ. CXI. *Textor* ad R. I. N. Diſp. XI. §. 23.

Die R. h. TribunalsOrdnung P. 2. Tit. 2. §. 1. ſtimmet hiemit überein, und es ſoll, nach derſelben, der unmittelbare Oberrichter nicht vorbey gegangen werden, "es würde dann der proxime ſuperior judex, durch Vorzeigung genugſamen Urkundes, beſchuldiget, daß er dem appellirenden Theile das Recht verweigert, oder ſich ſonſt verdächtig gemacht hätte, daß er mit Recht recuſiret werden könnte, oder auch an der Sache intereſſiret, oder zu der Beſchwerde Urſache gegeben; daneben denn auch, wenn der unmittelbare Oberrichter ſelbſt die Sache *ob connexitatem*, oder aus andern dergleichen Bewegniſſen an das höhere Gericht verwieſen, oder ſonſt aus rechtmäſſigen Urſachen in der Sache nicht Richter ſeyn könnte oder wollte. Auſſer ſolchen und andern, in Rechten zugelaſſenen Fällen, ſollen die Appellationen, durch welche das mittlere Gericht vorbeygegangen wird, nicht angenommen werden."

e) Nach Römiſchen Geſetzen iſt es gewiſſen ſtreitenden Parteyen, inſonderheit Pupillen, Witwen und andern mitleidswürdigen Perſonen vergönnet, den Unterrichter zu übergehen und ſich gleich an den Landesherrn oder deſſen höchſten LandesGerichte zu wenden, wenn gleich keine Urſache vorhanden iſt, weswegen der Unterrichter recuſiret werden kann.

*L. un. C. quando imperator int. pupill.*

Hellfelds Pandecten §. 522. Berger C. D. F. 4. obſ. 9. n. 3.

Allein

Allein in Schwedisch Pommern wird dieses nicht beobachtet, und es darf von solchen Personen die erste Instanz nicht übergangen werden. Gerdes Colleg. pract. P. 1. c. 3. §. 5. von Engelbrecht obs. 2. §. 2. n. 12. — Auch Arme müssen an dem nächsten Oberrichter appelliren. *Mev.* 2. D. 110. n. 1.

*f*) Wildvogel c. l. p. 42. *c.* 3. §. 1. *X. in* 6.

*g*) Hellfelds Pandecten §. 2120.

*h*) *Heimburg* progr. de appellatione ad judicem, de cujus jure nondum constat. Ienae 1741.

§. 34.

Eine Appellation, welche aus Versehen, gegen die festgesetzte Ordnung, an einen Unterrichter geschieht, ist nichtig, und hat weder eine suspensivische, noch devolutivische Würkung *a*. Die Sentenz geht daher nach 10 Tagen in die Rechtskraft.

Wenn aus Irrthum zwar an ein Obergericht, jedoch nicht an das nächste, oder an einen gleichen Richter appelliret worden, so ist die Appellation, nach der richtigern Meynung, zwar gültig, und suspendiret auch die Rechtskraft der angefochtenen Urthel *b*); allein die Sache muß doch allemahl an das ordentliche nächste Obergericht verwiesen werden *c*), und der Appellant muß dem Appellaten die dadurch verursachte Kosten erstatten *d*).

*a*) *L.* 1. §. 3. D. *de appellat Perez.* ad Cod. tit. de appell. n. 13. Textor ad Recess. imp. nov. Disput. XI. §. 18.

*b*) cit.

b) cit. *L.* 1. §. 3. *de appellat.* Dieses Gesetz lautet nach der Gebauerschen und Taurellischen Ausgabe der Pandecten so:

„Si quis vel *parem*, vel *majorem judicem* appellaverit, alium tamen pro alio: in ea causa est. ut error ei *non* noceat Sed si minorem: nocebit." Diese LeseArt hat auch Hr. Prof. Hugo in seinem Lehrbuch und Chrestomathie des Classischen PandectenRechts 1. B. (Götting 1790) S. 183. aufgenommen. In einigen andern Ausgaben fehlt das *Non*.

c) *L.* 21. §. 1. *de appellat.* c. 66. x. de app. *Mev.* 5. D. 204. cf. P. 1. D. 87. P. 3. D. 384. *Wernher* P. 2. obs. 460. *Perez* c. l. Hommel Rhaps. obs. 239. Wildvogel de appellat. per saltum Sect. 2. §. 2.

*Lyncker* de grav. extraj c. 5. sect. 2. §. 20. p. 485.

d) *Beck* de remediis contra sententias ob summam litis non appellabiles p. 4.

## §. 35.

Was die hiesige Gerichtsverfassung *a*) betrift, so ist davon folgendes zu bemerken.

In den Landsäßigen Städten geht überhaupt die Appellation vom Niedergericht an den Rath, sodann an das Königl. Hofgericht, und zulezt an das K. H. Tribunal in Wismar.

Doch in PoliceySachen wendet man sich vom Rath an die Königl. Regierung, besonders, wenn von einer zu treffenden neuen PoliceyliceyVeranstaltung die Rede ist. In Rechtsstreitigkeiten, die nach den PoliceyGesetzen zu entscheiden sind, wendet man sich, so wie überhaupt in JustizSachen, an die ordentlichen GerichtsInstanzen und JustizCollegia *b*).

Zu Stralsund wird von der Cammer, dem NiederGericht, WaysenGericht, und von den Städtischen Consistorium an den Rath appelliret. Vom Rath aber, wendet man sich sofort mittelst der Querel und Appellation, an das K. H. Tribunal *c*).

Doch kann auch in den in dem Erbvertrage von 1615 §. 5. nicht ausgenommenen und erlaubten Fällen, von dem Rath an das K. Hofgericht, und hienächst an das K. h. Tribunal appelliret werden.

*a*) Von der gerichtlichen Verfassung in hiesigen Landen handelt von Balthasar in den Histor. Nachricht von den LandesGerichten ꝛc. Greifswald 1733. fol. Es hat aber in diesem Werke auf die in der Folge ergangenem neuern Verordnungen und geschehenen Veränderungen nicht Rücksicht genommen werden können. Vorzüglich ist hier des H. Prof. Gadebusch schätzbare Pommersche Staatskunde, Greifswald 1786. im 2ten Theil S. 241. f. nachzusehen.

*b*) So erkannte auch das K. h Tribunal in Sachen des Pastoris Messerschmidt, c. die Gültzowschen Bauren, unterm 19. April 1790. add. H. G. O. P. 2. Tit. 5. §. 2. Gem. Besch. des K. h. Tribunals vom 19 April 1790.

c) von Engelbrecht obs. 64. not. 4. in fin. p. 338.

*Io. G. Hoffmann* selectarum, quae ad usum fori spectant, observationum Sylloges Dissertat. 5. obs. 43. „Qui *Lubecam* appellarunt, nunc institutis, ad eas provocationes abolendas, tribunalibus supremis, instantias intermedias praeterire possunt."

## §. 36.

In der Stadt Grimm ist nach einer Verordnung der K. Regierung vom 20. April 1787. die Instanz eines besondern StadtGerichts eingegangen, und mit dem dasigen Magistrat in der Maaße vereiniget worden, daß alle Sachen vor dem ganzen Rath abgemacht werden sollen *a*).

Doch stehet es dem gelehrten Burgermeister frey, in Vorkommenheiten, welche eine schleunige Abrichtung erfordern, wie auch bey Untersuchung in InquisitionsSachen, lediglich mit den beyden ältesten Rathsherrn, die gerichtlichen Handlungen, Namens des Magistrats, vorzunehmen.

Weil das halbe Gericht in Grimm Sr. Königl Majestät zustehet, so soll der gelehrte Burgermeister auch von der Königl. Regierung mit Vollmacht als StadtRichter versehen werden *b*). Er genießet auch das Richterlohn und sonstige mit dem Richterdienst verbundene Emolumente; desgleichen die Sporteln, welche

welche der vorige Richter gehabt hat. Die Gefälle und Sporteln, welche ehedem den Gerichts-Assessoren gebühret, werden jetzt viertel-jährig unter die übrigen Rathsglieder vertheilet, und vom Secretair des Raths, welcher die Vortheile als Gerichts-Secretair behält, berechnet. Die Bruchgefälle berechnet der gelehrte Burgermeister, als Richter, in der bisher üblichen Maaße.

Gegen den Ausspruch des Raths hat blos die Restitution, wenn deren rechtliche Erforderniße vorhanden sind, desgleichen die Appellation statt.

*a*) Eben so ist in den Preussisch-Pommerschen Städten die Unter-Instanz abgeschaft, und der Rath übt als Stadt-Gericht, in allen Sachen die Gerichtsbarkeit in erster Instanz aus. Von dieser ersten Gerichts-Instanz geht die Appellation an die K. Regierung zu Stettin, welche, nach dortiger Verfaßung, die zweyte Gerichts-Instanz ist. Stavenhagens Beschreibung der Stadt Anclam. S. 63 und 219. Gegen den Ausspruch des Raths ist blos die Appellation an die K. Regierung zuläßig und gegen deren Ausspruch kann noch wegen eines Objects über 100 Rthl., die Revision eingewandt werden. Bertrams Einleitung in die Staats-Verfassung der heutigen Europäischen Staaten. Halle 1770. 8. S. 210. folg. *Corp. Iur. Frideric.* 2. Theil. 1. Titel, §. 32. p. 10.

*b*) So ward auch noch neuerlich der dasige gelehrte Burgermeister, Joh. Gottlieb Häckermann,

E laut

laut Vollmacht vom 7 Junii 1790 zugleich zum Königl. Stadt-Richter in Grimm bestellet.

§. 37.

In der dißseits der Peene belegenen Vorstadt der Stadt Anclam, welche unter Königl. Schwedischer Landeshoheit stehet, übt das Anclamsche Niedergericht die Jurisdiction in erster Instanz. Von dem Niedergericht geht die Appellation an den Rath zu Anclam, hienächst an das K. Hofgericht.

Die Stadt Wolgast hat auf der Königl. Preussischen Insel Usedom, das Stadt-Dorf Penamünde, nebst den Holländereyen Groß- und Klein-Gatz. Dieses Stadt-Dorf Penamünde stehet mit den dazu gehörigen Holländereyen und dem Penamünder-Krug unter der Inspection der Kämmerey zu Wolgast *a*). Allein in Proceß-Sachen ist der Rath die erste Instanz und die Appellation geht vom Rath an die Königl. Regierung in Stettin

In der Stadt Wismar wird vom Nieder-Gericht an den Rath, von diesem an das Königl. H. Tribunal appelliret.

*a*) H. Professors Gadebusch Schwedisch-Pomm. Staats-Kunde 1 Th. S. 170. 179. n. 2. u. 181 n. 45. 23.

§. 38.

Was die Amts-Städte betrift, so gehet die Appellation in Laßiahn vom Stadt-Gericht an den Rath.

In

In den übrigen Amts-Städten Gütschow, Franzburg und Richtenberg sind keine Stadt-Gerichte.

In Gütschow, so auch in Lassahn, gehet also die Appellation vom Rath an das Königl. Wolgastische Amts-Gericht; von diesem an das K. Hofgericht, und zuletzt an das K. H. Tribunal.

In Franzburg und Richtenberg wird vom Rath gleichfalls an das Amts-Gericht und ferner an das K. Hofgericht appelliret.

§. 39

Was die Städtischen Dörfer anlanget, so ist folgendes zu bemerken:

A) In den der Stadt Demmin zugehörigen und unter Königlicher Schwedischer Landeshoheit befindlichen Gütern, namentlich Wotenick, Nossendorf, Seedorf, Randow, Poggenkrug, Deven, Drönwitz, (Volcksdorf, Toitz, Rustow sind in vorigen Zeiten von der Stadt Demmin verkauft; Wendorf existirt aber nicht mehr,) übet das Demminsche Cämmerey-Gericht die Jurisdiction in erster Instanz aus. Die Appellation gehet an den Rath, ferner an das K. Hofgericht und K. H. Tribunal.

B) In den Greifswaldschen Stadt-Gütern übet das Inspections-Gericht die Jurisdi-

 ction

ction aus; von diesem wendet man sich an den Rath.

C) In den Wismarschen Stadt-Gütern übet der Rath die Jurisdiction in erster Instanz aus; vom Rath wird an das K. H. Tribunal appelliret.

In den Wismarschen Hebungs-Gütern wird die Jurisdiction von dem dazu verordneten Gericht verwaltet, und von dessen Ausspruch wird an das K. H. Tribunal appelliret.

§. 40.

Der Stadt Stralsund stehet bekanntlich die Jurisdiction in verschiedenen in Pommern und Rügen belegenen Gütern zu, welche zusammen unter dem Namen des Stralsundischen Commissariats begriffen sind.

Die Jurisdiction in diesen Gütern hat jeder Eigenthümer und jede Grundherrschaft in erster Instanz auszuüben. Allein von deren Aussprüchen wird an den Rath zu Stralsund appelliret.

Die Grundherrschaft selbst steht *a*) in persönlichen Klagen unter dem städtischen Cammergericht, allein *b*) in Streitigkeiten, die das Gut betreffen, ist der Rath zu Stralsund die erste Instanz *a*).

*a*) Ausführlicher handelt hievon der H. Professor Gadebusch in der Schwedisch-Pommerschen Staatskunde, (Greifswald 1786.) 1 Th. S. 74. f.

§. 41.

Von den adelichen und andern patrimonial Gerichten einer Grundherrschaft auf dem platten Lande, *a*) desgleichen von den Amts-Gerichten, und von dem academischen Amts-Gericht zu Eldena, ferner von den Domanial-Gerichten, und den Domanial-Pfand-Gerichten auf den verpachteten und verpfändeten Domanial-Gütern, wird an das K. Hofgericht; in dem Wismarschen Staat aber von dem Amts-Gericht zu Pöhl an das K. H. Tribunal appelliret.

a) Ausgenommen die zum Stralsundischen Commissariat gehörigen Güter. (§. 27.)

§. 42.

Von dem Königl. Gesundheits-Collegium *a*) dem Königl. Consistorium zu Greifswald, wie auch von dem Wismarschen Consistorium, von der K. Regierung, Lehns-Canzley und Königl. Cammer *b*) in Stralsund, desgleichen von dem Königl. Hofgericht und dem Academischen Concilium, wird an das K. H. Tribunal appelliret.

In Studenten-Sachen ist aber kein AnfechtungsMittel zuläßig. Man kann sich indessen an den Canzler der Academie wenden; nur muß solches sofort, nach Eröfnung der Urthel zu Protocoll angezeiget werden. In

Criminal-Sachen geht es nach gemeinen Rechten *c*).

*a*) Nach Bewandniß der Umstände kann man sich auch an die Königl. Regierung wenden. Medicinal-Ordnung c. 1. §. 19.

*b*) von Engelbrecht obs. 44. §. 5. Die K. Cammer, (aerarium Principis) ist kein Justiz-Collegium und hat eigentlich keine Jurisdiction auszuüben; indeßen wendet man sich in Fällen, welche *jura partium* betreffen, an das K. H. Tribunal. *ibid.* p. 232. not. 6.

*c*) Gesetze für Studierende auf der Academie Greifswald, §. 15. n. 5. in den Land-Constitut. 2 Suppl. S. 156.

## §. 43.

In Fällen, welche die Gerechtsame der Parteyen betreffen und eigentliche Justiz-Sachen sind, wird von den Licent- Accise- und Consumtions- *a*) wie auch von den Königl. Postgerichten *b*) an das Königl. hohe Tribunal appelliret.

*a*) von Engelbrecht obs. 44. §. 5. p. 234. Königl. Rescript vom 4 März 1692 und vom 2 May 1734. Vorher wandte man sich an das K. und Reichs-Canzley-Collegium zu Stockholm. von Engelbrecht a. a. O. Indeßen pflegt man sich auch wohl zuvor an die Königl. Regierung zu wenden, um Erlassung oder Milderung der erkannten Strafe oder Confiscation zu bewürken.

*b*) In

b) In Fällen, welche nicht jura partium betreffen wendet man sich an den General-Post-Director und an das Königl. und Reichs Canzley Collegium zu Stockholm.

In Ansehung der Königl. Postbeamten zu Wismar ist das K. h. Tribunal die erste Instanz, wenn von Justiz-Sachen die Rede ist. von Engelbrecht obs. 73. §. 3. p. 422. u. obs. 2. §. 2. n. 9. p. 40.

## §. 44.

Was die für das platte Land errichtete Pommersche Brand-Assecurations-Societät betrift, so wird von dem Ausspruch der Direction derselben an das K. h. Tribunal appelliret a).

Von dem Ausspruch der Direction der Rügianischen Brand-Assecurations-Societät wendet man sich an die Königl. Regierung, welche ohne weitere Appellation entscheidet b).

a) Der K. Regierung Reglement für die in dem Herzogthum Pommern — errichtete Brand-Assecurations-Societät vom 9 December 1776. (Strals. 1777. Fol.)

b) Reglement der im Fürstenthum Rügen errichteten Brand-Societät. Stralsund 1769. Fol.

Der K. Regierung Confirmation dieser Societät vom 18 Jan. 1771.

Gadebusch Schwed. Pomm. Staatskunde, 1r Th. S. 309. folg.

§. 45.

Von den Königlichen Kriegs-Gerichten für die in hiesigen Landen in Besatzung stehenden Truppen ist hauptsächlich folgendes zu bemerken.

1) Alle Militair-Personen, welche in Kriegs-Diensten sind, oder welche nach ihrer Entlassung, des vorigen Dienstes wegen, noch in Ansprache genommen werden, haben mit ihren Ehefrauen, Kindern und Domestiquen ihren privilegirten Gerichts-Stand vor den Königlichen Kriegs-Gerichten. Doch sind die Consistorial-Sachen ausgenommen, indem diese vor dem Königl. Consistorium zu Greifswald gehören.

2) Die Kriegs-Gerichte sind *a*) das Regiments-Kriegs-Gericht, und *b*) das General-Kriegs-Gericht. Selbige richten sich insonderheit nach der Königl. Kriegs-Gerichts-Ordnung vom Dato Stockholm den 2 März 1682, nach den Kriegs-Artikeln und dem Schwedischen Gesetz-Buch. Der bey diesen Gerichten zu beobachtende modus procedendi ist in der Königl. Verordnung wie es bey den General- und Regiments-Kriegs-Gerichten zu halten, vom Dato Stockholm den 2 März 1683 und andern Constitutionen vorgeschrieben, wohin auch die Königl. Instruction für den General Auditeur und andere Personen vom Dato Stockholm den 2 März 1683 gehöret *a*).

Im

Im Regiments-Kriegs-Gericht praesidiret nach der jetzigen Verfaßung, ein Regiments-Officier, z. B. ein Obrist-Lieutenant, und hat sechs Assessores, nemlich 2 Capitains, 2 Lieutenants, und 2 Fähndrichs zur Seite. Der Regiments-Auditeur führet das Protokoll.

Im General-Kriegs-Gericht praesidirt eine Generals-Person, und hat gleichfalls sechs Assessores, nemlich 2 Generale, 2 Obristen, und 2 Obristlieutenants, wozu noch der Ober Auditeur kömmt, welcher den Proceß dirigiret und dahin zu sehen hat, daß die Justiz gepflogen und die Rechts-Sachen ordnungsmäßig betrieben werden. Er führet auch das Protocoll.

*a*) Diese nebst andern Verordnungen sind in Dähnerts Sammlung der Landes-Constitutionen, 3ten Theil S. 171. f. befindlich.

Die Ordnung wegen Entrichtung der Gebühren und deren Berechnung in Pommersch. Curant, bey Auslösung der Expeditionen, vom Dato Stralsund den 14 Junius 1786, steht in Dähnerts Samml. der Land. Constitut. 5 B. S. 871.

## §. 46.

Alle vom Regiments-Kriegs-Gericht abgeurthelte Sachen, welche die Summe von 200 Thaler Silber-Münze (oder 88 rthl. 42 ß. Pommersch. Curant) übersteigen, können durch die Appellation an das General-Kriegs-Gericht gebracht werden.

Die Appellation muß aber

1) binnen acht Tagen, von Zeit der Publication der Urthel anzurechnen, (der Tag der Publication der Urthel wird mitgerechnet) eingewandt werden. Zugleich werden bey dem Regiments-Kriegs-Gericht 5 Thaler Silbermünze, (oder 2 rthl. 10⅔ ß. Pommersch. Curant, erleget.

2) Der Appellations-Libell wird bey dem General-Kriegs-Gericht vor 12 Uhr Mittags am 30sten Tage, nach der Publication der Urthel überreicht. Der Tag der Publication wird hier nicht gerechnet. Von welchem allen, so wie auch von Bestellung der Caution und was sonst erforderlich ist, das Unter- oder Regiments-Kriegs-Gericht dem Appellanten in dem auf die Appellations-Einwendung ertheilten Bescheide deutliche Nachricht geben muß.

3) Praeliminair-Fragen und Civil-Sachen, welche vorgedachte Summe von 200 Thaler Silber-Münze nicht übersteigen, desgleichen Dienst-Sachen, worinn das Kriegs-Gericht geurtheilet hat, werden durch Beschwerde-Führung an das General-Kriegs-Gericht gebracht. Die Zeit, binnen welcher solches geschehen muß, ist die Hälfte derjenigen Zeit, welche bey Appellationen vorgeschrieben worden.

den. Von welchem allen das Untergericht dem Querulanten in dem auf deßen Anzeige, daß er sich an den Oberrichter wenden wolle, ertheilten Bescheide, nöthigen Unterricht giebet.

## §. 47.

Was das General-Kriegs-Gericht betrift, so wendet man sich von demselben entweder mittelst der Revision oder einer unterthänigen Beschwerde-Führung, unmittelbar an Seine Königliche Majestät in Schweden. Eine Appellation an das General-Kriegs-Gericht in Stockholm hat aber niemahls, auch nicht in wichtigen Criminal-Fällen statt.

Von dem Gebrauch der Revision gegen die Urtheln des General-Kriegs-Gerichts ist besonders folgendes zu merken.

In Civil-Fällen wendet man sich mittelst der Revision unmittelbar an Seine Königliche Majestät. Der Supplicant oder Revident muß aber im General-Kriegs-Gericht vor 12 Uhr Mittags des siebenten Tages, (der Tag der Publication der Urthel wird hier nicht gerechnet) anzeigen, daß er Revision suchen wolle. Auch muß er sofort eine Revisions-Summe von 200 Thaler Silber-Münze (oder 88 rthl. 42 ß. Pomm. Curant) deponiren. Hienächst muß der Supplicant vor 12 Uhr, am 90sten Tage, nach Publication der Urthel, (der Tag der Publication

blication wird nicht gerechnet) Seiner Königl. Majestät den Revisions-Libell überreichen. Von welchen allen und was sonst dabey zu beobachten, das Königl. General-Kriegs-Gericht dem Revidenten in dem auf geschehene Einwendung der Revision ertheilten Bescheide, Unterricht giebet. Wenn beyde Partheyen Revision suchen, so können sie sich vereinbaren, die Acten gemeinschaftlich zu lösen. Vergleichen sie sich hierüber nicht, sondern ein jeder verlangt für sich die Acten, so müssen solche von iedem besonders nach der Tax-Ordnung ausgelöset werden.

Was endlich die bey Seiner Königl. Majestät zu führende Beschwerde anlanget, so ist solche in Criminal-Sachen, auch in Civil-Fällen, wenn Nullitäten im Proceß begangen seyn sollten, zuläßig, und muß binnen 2 Monathen angebracht werden. Von welchen gleichfalls den Partheyen in den ihnen vom General-Kriegs-Gericht gegebenen Bescheide Nachricht ertheilet wird.

## §. 48.

Auf Rügen kann man

1) von den adelichen und patrimonial Gerichten, desgleichen von den Pastorat-Gerichten, an das Landvogtey-Gericht in Bergen, oder an das K. Hofgericht in Greifswald, als welches mit dem Landvogt concurrente

currente Jurisdiction hat, *a*) appelliren. Hat eine Parthey an das K. Hofgericht, die andere an das Landvogteygericht appelliret, so tritt die Praevention ein, und die Sache wird an diejenige Ober-Instanz devolviret, bei welcher die Appellation früher eingeführet und deren erkannte Proceße eher insinuiret worden. *b*) In Ansehung des klagenden Theils hat aber auch schon ein abschlägliches Decret die Würkung, daß selbiger mit dem, was er einmahl bey einem Gericht angebracht, nachher nicht noch wieder bei dem andern Gericht, welches concurrente Jurisdiction hat, sein Heil versuchen darf. *c*)

2) Von dem Stadt-Gericht zu Bergen wird an den Rath, von diesem an den Landvogt; und in der Amts-Stadt Garz wird von dem Rath an das K. Amts Gericht in Bergen appelliret.

3) Von dem Landvogtey-Gericht in Bergen wendet man sich mittelst der Appellation an das K. Hofgericht, oder auch mittelst der Querel an das K. h. Tribunal.

4) Von dem gräflich Putbusschen Lehngericht über die Subvasallen, (die Barnekowen zu Sillwitz, die Normannen zu Tribberaz, die von der Lanken zu Wostewitz,) geht die Appellation an das Königl. Hofgericht. *d*)

*a*) Von

a) Von der Jurisdiction des Land-Vogts sind aber

1) die Grafen u. Herrn zu Putbus,
2) die Grafen Brahe zu Spieker,
3) die Bohlen zu Laase,
4) die Barnekowen zu Ralswieck
5) die von Kahlden Silmenitz,
6) die Krassowen zu Pansewitz und Veickwitz,
7) die von der Lancken,
8) von Normannen zu Jarnitz, 9) die von der Osten u.
10) die von Platen zu Ventz und Gurtiz, auch
11) der Besitzer von Liddow,

eximiret.

Auch sind Bruch und Landfriedens-Sachen, peinliche Sachen des Adels, Aussteuer-Sachen adelicher Wittwen und Jungfern, auch Adjudication der Lehne von der Cognition des Landvogts ausgenommen. Gadebusch Schwed. Pomm. Staatskunde 2 Th. S. 266.

Von den patrimonial Gerichten auf den Gütern, welche zum Stralsundischen-Commissariat gehören, wird an den Rath zu Stralsund appelliret (§ 27.)

b) Pütter proc. imp. §. 353. deßen Rechts-Fälle 2. B. S. 242.

c) Pütter R.Fälle 2. B. S. 246. u. 1. B. S. 394.

d) Doch kann man sich nach Beschaffenheit des Falles auch an die königl. Lehns-Canzley in Stralsund wenden. Gadebusch Schwed. Pomm. Staatskunde 2. Theil S. 259.

§. 49.

§. 49.

Die Jurisdiction, welche Jemanden unmittelbar vom Landesherrn, oder von einem Landes-Gericht oder Collegium, welches den Landesherrn vorstellet, (z. B. von dem K. Hofgericht, Tribunal) in einer gewißen Sache übertragen ist, wird eine delegirte Jurisdiction, und delegirte Richter werden Commissarien genannt; wiewohl es auch Commissarien für solche Geschäfte, welche keine Justiz-Sachen sind, giebt und die also keine Richter genannt werden können.

Ein Commissarius ist aber allemahl seinem Committenten subordiniret, und es kann von dem Commissarius an den Committenten appelliret werden. *a*)

Wenn daher vom Hofe aus in Staats- und Landes-Angelegenheiten eine Commission ernannt ist, so wird von derselben unmittelbar an das K. h. Tribunal appelliret. *b*)

Ist von der K. Regierung eine Commission angeordnet, so wird von derselben an die K. Regierung appelliret. Streitigkeiten, welche Domanial-Güter betreffen, gehören vor dem K. Hofgericht. Nach angestellter Klage wird aber die Sache an die Königl. Regierung verwiesen, um zur gütlichen Beilegung der Sache eine Commission niederzusetzen. *c*) Von dem gravirlich erachteten Verfahren der Commissarien wendet man sich sodann an die K. Regierung.

*a*) Hell-

a) Hellfelds Pandecten §. 197. f.
Mit der *Jurisdictione mandata* hat es hingegen eine andere Bewandniß. Denn der Mandans und Mandatarius ist für eine Person zu halten *ibid.* §. 208. Die Jurisdiction, welche der Justiziarius verwaltet, ist mit der Jurisdiction des Gerichtsherrn eine und eben dieselbe. Von dem Ausspruch eines Gerichtshalters kann also nicht an den Gerichtsherrn, sondern nur an den Oberrichter desselben, unter welchem der Gerichtsherr stehet, appelliret werden.

b) *Mev.* P. 1. D. 250.
Cramer obs. 182.

c) Hofger. O. P. 2. Tit. 1. §. 5. et 6. u. der daselbst angeführte Visitat. Abschied §. 45. 46. u. 47.
Solte sich der Kläger zuerst an die Königl. Cammer gewandt haben, so kann von derselben an das K. h. Tribunal appelliret werden. von Engelbrecht obs. 110.

## 5) Von den Fällen, in welchen die Appellation zuläßig, oder nicht zuläßig.

§. 50.

Die Appellation ist in der Regel in allen Sachen zuläßig, in welchen Jemand vom Unterrichter beschweret worden; *a*) denn nicht die Sache sondern die Beschwerde ist der Grund der Appellation. *b*) Indessen ist die Appellation unzuläßig, wenn 1) die Urthel schon rechtskräftig,

kräftig, oder 2) das Recht zu appelliren, aus besondern Gründen eingeschränkt oder aufgehoben worden *c*).

Nach der K. h. Tribunal-Ordnung (2. 1. §. 7. u. 8.) soll es dieserwegen zwar bey demjenigen, was in den gemeinen Rechten *d*) und Reichs-Constitutionen *e*) deshalb festgesetzet ist, sein Bewenden haben; doch hat manches noch eine nähere Bestimmung erhalten *f*).

*a*) *c. XI. X. de appellat.* R. C. G. O. 2. 28. pr. H. G. O. 3. 2. §. 1.

*b*) *Mev.* 3. D. 188. *Wildvogel* de appellatione in causis non appellabil.

*c*) *G. L. Böhmer* princ. J. Can. §. 832. *Mev.* 2. D. 364. n. 3. *Wildvogel* de judiciis silesiae inappellabilibus. p. 23. sq.

*d*) Dahin gehören insonderheit diejenigen Verordnungen, welche A) in den Titeln der Pandecten, 49. 2; und 49. 5; B) in den Titeln des *Codicis.* 7. 64; 7. 69; und 7. 70. enthalten sind.

*e*) Dahin gehören die in der Reichs-Cammer-Gerichts-Ordnung 2. 28; *Conc.* 2. 31. und in den Reichs-Abschieden, z. B. in dem J. R. A. von 1654. §. 112. sq. enthaltenen Vorschriften.

*f*) K. Trib.Ordn. 2. 1. §. 7 — 16. incl. H. G. O. 3. 4. §. 9. u. §. 14.

§. 51

Nach den Reichs-Gesetzen kann man an die Reichs-Gerichte, nicht wegen einer jeden ge-

 ringen

ringen Beschwerde, sondern nur sodann appelliren, wenn die in den Gesetzen bestimmte Appellations-Summe vorhanden ist. Dies ist um so billiger, als die Appellation nicht nur den Proceß sehr in die Länge ziehet, sondern auch mit nicht geringen Kosten-Aufwand verknüpft ist *a*).

Die Berufungs-Summe ist bey Appellationen an die Reichs-Gerichte auf 400. Thlr *b*). u bey Appellationen an das K. h. Tribunal in Wismar auf 200. Thlr. gesetzt *c*). Durch die Appellations-Summe versteht man die Größe des Schadens, welchen ein Beschwerter leiden würde, wenn die untergerichtliche Sentenz rechtskräftig werden solte *d*).

Man sieht daher bey Bestimmung dieser Appellations-Summe nicht auf die eingeklagte Summe, (summam libelli) oder auf das, wo auf der Kläger geklagt hat, sondern blos auf die Beschwerungs-Summe (summam gravaminis) oder auf das, wodurch der Appellant in dem untergerichtlichen Urtheil beschweret ist. Denn der wahre Grund der Appellation ist die vom Untergericht zugefügte Beschwerde; u. insoweit Jemand vom Unterrichter beschweret ist, insoweit ist er auch nur befugt zu appelliren. Hat daher der Kläger auf 300. Thlr. geklagt, u. der Richter hat den Beklagten nur in 100 Thlr. condemniret; so kann keine Partey an das K. h. Tribunal appelliren; nicht der Kläger, weil er nur auf 140. Thlr beschweret

ret ist, indem ihm 160. Thlr. zuerkannt sind; nicht der Beklagte, weil er nur auf 160. Thlr. beschweret werden, indem er wegen 140. Thlr. absolviret ist. Durch die Summe, worauf geklagt ist, wird Niemand vom Richter beschweret, sondern die Beschwerde entsteht erst aus der Sentenz des Richters; mithin ist die Größe der vom Unterrichter zugefügten Beschwerde blos aus dem Inhalt der Sentenz zu beurtheilen *e*).

Bey Appellationen an das R. Hofgericht ist die Berufungs-Summe auf 25. Thlr (oder 50. Gulden) gesezt. u. die Appellation wird nur in dem Fall angenommen, wenn die Sache über 25. Thlr. beträgt *f*).

*a*) *Ludovici* de summa appellabili. *Beck* de remediis contra sententias, ob summam litis non appellabiles competentibus Altorf. 1730. *G. C. Starck* de summa appellabili in deferendis ad summa imperii Tribunalia provocationibus rite aestimanda. Giess. 1778.

*b*) J. R. A. §. 112. Verschiedene Reichsstände haben durch kaiserl. Privilegien, Erhöhungen dieser Summe, auch noch wohl andere Einschränkungen der Appellation von ihren Gerichten in gewißen Sachen, oder mittelst Einführung mehrerer Formalitäten erhalten.

*c*) T. O. 2. 1. §. 9. „Haben wir hiebey nöthig erachtet, — die Summe auf 200. thlr. zu setzen; wollend, daß die jetzt gedachte Summe nicht anlaufende Sachen — bey unserm Tribunal nicht angenommen — werden, sie beträfen (nicht bedürffen) dann — zugleich Jemandes Ehre 2c.“

Auch bey der Querela nullitatis wird auf die Appellations-Summe gesehen. R. A. von 1570. §. 69. *Beck* c. l. p. 21. Gem. Besch. des K. h. Tribunals vom 24. Jan. 1777.

d) *Mev.* 5. D. 251. n. 2. von Engelbrecht obs. 21. n. 5; obs. 44. §. 3. n. 4.

e) J. R. A. §. 114. „wann er *in Sententia* — beschweret würde.“ *Ludovici* c. l. *Beck* c. l.

f) H. G. O. 3. 4. §. 14. „soll in unserm Hofgericht keine Appellation — angenommen werden, da sich die Hauptsache nicht über 50 Gulden erstrecket.“

§. 52.

Wenn der Gegenstand der Appellations-Klage oder der Appellations-Beschwerde eine körperliche Sache ist *a)*, so läßt sich der Werth dieses Objects in den mehrsten Fällen leicht durch Kunstverständige bestimmen. Auf den Affectionswerth wird nicht gesehen. Ist der Gegenstand der Appellation eine Summe Geldes, so wird nur auf die Größe des Capitals Rücksicht genommen. Zinsen werden bey Bestimmungen der Appellations-Summe nicht mitgerechnet, wofern sie nicht mit eingeklaget worden *b)*. Mehrere einzelne in einer Sentenz aberkannte Pöste, deren jeder an sich die Appellations-Summe nicht erreicht, können doch zusammengenommen, diese Summe ausmachen *c)*.

Der Gegenstand der Appellation kann auch eine unkörperliche Sache und Befugniß seyn, welche

welche keiner bestimmten Schätzung nach Gelde fähig ist. In dergleichen Fällen wird die Appellation füe zuläßig gehalten, und auf keine Appellations-Summe gesehen. Dahin gehört eine aberkannte Servitut, Näherrecht, Jagd-Recht, Braugerechtigkeit; die Ehre und der gute Name eines Menschen *d*). Eben so ist die Appellation zuläßig, wenn der Richter die vom Beklagten angestellte Reconvention verwirft, wenn gleich die Reconventions Summe nicht appellabel ist *e*).

*a*) z. B. eine Summe Geldes, ein Individuum, Hauß, Grundstück, ein Pferd. u. s. w.

*b*) von Selchows Concepte der R. C. G. O. 2. 31. §. 4.

*c*) von Selchow a. a. O.
Pufendorff T. 1. obs. 30. §. 30.
Gail 1. obs. 123. n. 3.
*Selecta jurid. Rostoch.* Fascicul. I. p. 71.

d) T. O. 2. 1. §. 9. „Sie betrüffen dann, nebst den geringern Summen, zugleich Jemandes Ehre, Leumuth, oder sonst solche Angelegenheiten, daß aus dem Verlust derselben ein Nachtheil und Praejudiz entstehen könnte, warum Jemand lieber die Summe verliehren könnte oder wolte, als solches erleiden. ꝛc. "
S. auch von Selchow Conc. 2. 31. §. 6.
von Pufendorff T. I. obs. 30. §. 5.
Auch von einer geringen Strafe kann appelliret werden. Und es kömmt dabey nicht allemal auf die Appellations-Summe an.

*Mev.* 5. D. 253.

*e*) *Mev.* 3. D. 131.

§. 53.

Wird wegen jährlichen unabläßlichen Zinsen, bei welchen das Capital nicht zurück gefodert werden kann, an die Reichs-Gerichte appelliret, so müßen sie wenigstens 16. Rthlr. betragen, die mithin zu 4 pro Cent gerechnet, Zinsen von einem Capital von 400. Rthlr. seyn würden *a*).

Bey Appellationen an das K. h. Tribunal würden hinfolglich dergleichen Zinsen wenigstens 8. Rtlhr. betragen müßen.

Mit den abläßlichen jährlichen Zinsen, hat es eine andre Bewandniß. Denn da in solchem Fall das Capital selbst mit den Zinsen gefodert und eingeklagt werden kann, so siehet man auch hier bei Berechnung der Appellations-Summe, vorzüglich auf das Capital *b*); mithin bleibt es bey den Reichs-Gerichten bey der Summe von 400. und bey dem K. h. Tribunal bey 200 Rthlr. Capital. Ist diese Beschwerungs-Summe vorhanden, so ist die Appellation in quanto zuläßig.

In zweifelhaften Fällen muß der Appellant schwören, daß er lieber die festgesetzte Appellations-Summe verliehren oder nicht gewinnen, als es bey dem Ausspruch des Unterrichters bewenden laßen wolle *c*).

Ist

Ist übrigens der Appellant arm und so sehr von zeitlichen Gütern entblößet, daß sein Vermögen, oder doch der größte Theil desselben, in dem Object der Appellation bestehet, und der Werth dieses Objects wenigstens 25. Rthlr. beträgt, so kann die Appellation angenommen und das erforderliche erkannt werden. Nur muß die Armuth gehörig bescheiniget werden *d)*.

*a)* J. R. A. §. 112.

*b)* Neurodes (Samuel Lenz) über den J. R. A. S. 458.
*Beck*. de remediis contra sentent. ob summam lit. non app. p. 9.

*c)* T. O. 2. 1. §. 9. „Sodann der Appellant bey Einreichung des Gesuchs um die Proceße zugleich specificiren und vor Augen stellen soll, bey unserm Gericht aber erwogen und bey entstehendem Zweifel, nach Befinden, dem Appellanten darüber der Eyd, daß er viel lieber von dem Seinigen gedachte Summe verliehren oder nicht gewinnen, als sich der Appellation begeben wolle, deferiret werden soll.“

*d)* T. O. 2. 1. §. 10. „wann sie 25 Rthlr. betrüge.“ (Nicht: „bedürffe.“ wie in der Ausgabe von 1739. steht.).

In der K. Hofgerichts-Ordnung 3. 4. §. 14. ist von armen Appellanten folgendes festgesetzt. „Damit armen Leuten, denen zuweilen an 20. und weniger Gulden ein großer Theil ihrer Wohlfahrt gelegen, die Appellation hiedurch nicht ganz abgeschnitten werde, so soll der Appellant kant (nicht: „Appellat.") wie in der neuen Ausgabe von 1774. stehet. der sich an unser Hofgericht in einer Sache, die über 50. Gulden nicht werth ist, berufet, nach interpretirter und intimirter Appellation, seine Beschwerden vor dem Richter erster Instanz, innerhalb 4 Wochen, von Zeit des eröfneten Urthels anzurechnen, schriftlich überreichen, und der gewinnende Theil darauf antworten, und beyde Theile damit zum Urthel beschließen. Diese beyden Schriften soll der Unterrichter, mit den Acten erster Instanz, an unser Hofgericht schicken und dieses keinen fernern Proceß verstatten, sondern darauf, was Recht ist, erkennen und aussprechen.

§. 54.

In geistlichen und Kirchen-Sachen kann zwar nicht an die höchsten Reichs-Gerichte appelliret werden, weil ihnen keine geistliche Jurisdiction zustehet *a*). Allein nach hiesigen Landes-Gesetzen ist in geistlichen, Kirchen-Schulen-Consistorial-und Ehesachen, die Appellation an das K. h. Tribunal allerdings zuläßig *b*).

Nur sind diejenigen Sachen, welche *publicam curam sacrorum et religionis*, (als Lehr, Kirchen-Ceremonien und Disciplin, Bestellung der ministrorum ecclesiae, Aufrichtung guter Satzungen) betreffen, mithin vor der

B.

K. Landes-Regierung gehören, inappellabel; ausgenommen, wenn bey dergleichen Sachen Jemand ein Recht zu haben vermeint und solches angefochten würde *c*).

*a*) Westphäl. Fried. = Schluß art. 5. §. 48. Pütters R. Fälle 1. B. S. 171. S auch von Selchows Conc. 3. 37. §. 1. Pestel de prohibita appellatione. Jena 1756.
*b*) T. O. 2. 1. §. 15. Consistor. Instruct. P. 3. c. 4. §. 1. f. add. *Mev*. 4. D. 1.
*c*) T. O. 2. 1. §. 15. Eine Erläuterung dieses §. 15. der K. H. Trib. = Ordnung, giebt der Vice = Praesident von Pufendorff in Tom. 1. Animaduers. 1. pag. 1. und 2.

§. 55.

In eigentlichen criminal Fällen findet keine Appellation statt *a*). Dagegen ist dem Beschwerten eine neue Defension verstattet. Wegen hauptsächlicher Nullitäten kann man sich aber an den Oberrichter, mittelst der Nichtigkeits-Querel wenden *b*).

In Fällen, welche nicht criminell behandelt werden, und keine peinliche Strafe nach sich ziehen, auch überhaupt, wenn es auf privat Satisfaction ankommt und darauf geklagt ist, desgleichen in fiscalischen Sachen wird die Appellation für zuläßig gehalten *c*).

a) Verschiedene schränken diesen Satz auf den Untersuchungs-Proceß ein, und halten die Appellation in dem Anklage-Proceß für zuläßsig. Diesen Unterschied verwirft Oldekopp in tr. de appellat. in causis criminal. wie auch Falckner de sentent. inappellab. §. 19.

b) Wer nehmlich gegen einen non citatum, indefensum, absentem, inauditum, oder sonst wider natürliche Vernunft und Billigkeit gehandelt und geurtheilet und derohalben *principaliter* auf die Nullität und Proceße angesucht würde. R. C. G. O. 2. 28. §. 5. C. O. 2. 1. §. 14. H. G. O. 3. 4. §. 1. „in bürgerlichen Sachen" add. Visit. Receß des R. Hofger. von 1774. §. 47. ad P. 2. Tit. 30. §. 16. *Schack* c. l. thes. 27.
H. Oberappellations-Gerichts-Rath Quistorp in den Grundsätzen des deutschen peinlichen Rechts §. 780. S. 1628. f.
Pütters R. Fälle 1 B. S. 183. von Engelbrecht obs. 44 §. 4 n. 1.
*Friderus* (Mindanus) de process. Lib. 1. cap. 9. n. 8. p. 34. sq. (siehe 1618. 4.)

c) *Mev.* 2 D. 272. P. 7. D. 56. P. 1. D. 181. „von dem Fall, wenn *civiliter* geklagt und eine Strafe erkannt worden." add. P. 3. D. 33. Cramer obs. 1173. Leyser sp. 655. m. 64. und in Vol. 12. P. 2. p. 495. seqq. von Selchows Conc. 3. 37. §. 1. S. 279. *a.* von Pufendorff 3. obs. 100. Westphals Staats-Recht p. 259.

## §. 56.

Es kann hiernächst

1) nach römischen Rechten in der Regel nur

von

von einer definitiv Sentenz appelliret werden *a*); nicht aber von einer interlocutoria, weil dadurch der Proceß zu sehr aufgehalten wird; auch durch die definitiv Sentenz der begangene Fehler verbeßert werden kann. Wenn jedoch eine solche Beschwerde vorhanden ist, welche durch die Appellation von der definitiv Sentenz nicht gehoben werden kann, so kann appelliret werden.

2) Nach Canonischen Rechten hingegen, kann man von jeder Beschwerde, sowohl von einer gerichtlichen, als außergerichtlichen, mithin auch von jeder Sentenz und simplen Interlocut appelliren.

3) In dem tridentinischen Concilium *) ist dieses, um Misbrauch der Appellationen zu verhüten, wiederum abgeändert, und in Gemäßheit des Römischen Rechts, dahin eingeschränkt worden, daß man von einer Interlocutoria nur alsdann appelliren könne, wenn sie A) die Kraft einer definitiv Sentenz hat, (d. h. von welcher durch eine nothwendige Folge gewissermaaßen die Entscheidung der ganzen Sache abhängt,) oder B) einen unersetzlichen Schaden zur Folge haben würde, (welches sich zuträgt, wenn die Beschwerde weder durch die definitiv Sentenz, noch durch die Appellation von der definitiv Sentenz gehoben werden kann *b*).

4) Hie-

4) Hiemit stimmt die Königl. h. Tribunal-Ordnung (2. 1. §. XI.) überein und die Verordnung ist diese:

„Es sollen die Appellationen von Interlocutoriis oder Beyurtheln nicht angenommen werden, es hätten denn dieselben A) die Kraft einer Endurthel, oder führten B) eine solche Beschwerde bey sich, die hernach weder in dem Proceß erster und andrer Instanz, noch durch die Endurthel möchte gehoben werden; in welchen beyden Fällen die Appellation zuläßig und so zu verfahren, daß bey dem 1. Fall derselbige Proceß beobachtet werde, welcher bey Appellationen von definitiv Sentenzen üblich, und in dieser Ordnung beschrieben worden; in dem 2. Fall aber die Beschwerden binnen 6 Wochen *c*) mit den Acten (erster Instanz) eingebracht und nicht anders, dann so dieselben aus den Acten erheblich erschienen, zugelaßen werden sollen.“

*a*) *Perez* ad Cod. tit. de appellat. n. 19.

*) *Sess.* 13. c. l. Sess. 24. c. 20. „ut ne appellationes recipiantur, *nisi a definitiva*, vel a definitive vim habente et cujus gravamen *per appellationem a definitiva* reparari nequeat.

*b*) C. G. O. 3. 19. §. 4. *Tafinger.* Jpd. cam. §. 687.
Ausführlicher hievon handelt
Reinharth 1. obs. 22.
Wernher T. 2. P. 10. obs. 349.

Nettel-

Nettelblad de appellat. ad judicium imp. aulic. Greifswald 1736. p. 10.
Stryck de appell. illic. c. 3. §. 5. und besonders Pütter in d. Rechts-Fällen 1. B. S. 311. f.

c) S. auch den gemein. Bescheid des K. h. Trib. vom 22. April 1752. „In Appellationen ab interlocutoriis soll der Ordnung P. 2. Tit. 1. §. XI. genau nachgegangen werden.

## §. 57.

Von drey völlig gleichlautenden und unmittelbar auf einander gesprochenen Urtheln kann nicht weiter appelliret werden *a*).

Allein bey den Reichs-Gerichten *b*), und so auch bey dem K. h. Tribunal zu Wismar wird, wofern nur die Beschwerde gegründet ist, dennoch die Appellation für zuläßig erachtet *c*).

a) *L. un. C. ne liceat in una ead. causa tertio provocare* (7. 70.)

b) Cramer obs. 13. add. Struben 2. R. Bed 30. S. 124. f.

c) *Mev.* 1. D. 18 u. 63. P. 6. D. 114.
von Engelbrecht obs. 44. §. 3. n. 7.
Helwig h. von Corswanten de Sententiis tribus conformibus. Greifswald 1731.
*Schack* c. 1. thes. 30.

## §. 58.

Auch kann nicht von der Execution und Vollziehung einer rechtskräftigen Urthel appelliret

ret werden *a*); insofern selbige der Ordnung gemäß *b*) erkannt ist und kein Exceß dabey begangen worden.

*a*) *L. 5. C. quor. app. non recip. L. 8. C. de execut. rei jud.* Brunnemann proc. civ. c. 28: n. 15.

*b*) Visitat. Abschied des R. Hofgerichts von 1774. §: 36: (ad P. 2: Tit. 2. §. 7.).
„Noch weniger mag solches (Rechtsmittel) von dem *mandato executoriali*, oder von dem darauf erfolgten *Monitorio*, oder von der Auspfändung, wenn sie nach der Ordnung des Processes erkannt worden, statthaft seyn. Dicasterium selbst und der Decernent, so in verbothenen Fällen Remedia statt finden lassen, sind dem klagenden Theile zur Erstattung alles Schadens verhaft.“ *Schack* thes. 21.

## §. 59.

Es kann hienächst

1) in der Regel nicht von einer bloßen Citation appelliret werden, weil der Beschwerde durch behufige Einreden und sodann durch Appellation von Verwerfung derselben, abgeholfen werden kann *a*).

2) Auch nicht von einem Mandat ohne Clausel, insofern es der Proceß-Ordnung gemäß erkannt ist *b*). Gegen ein erschlichenes Mandat findet vielmehr die Einrede der Sub- und Obreption statt, welche, wenn sie gegründet

und

und erwiesen ist, die Aufhebung des Mandats zur Folge hat *c*). Desgleichen

3) nicht gegen die Publication einer Urthel, eines Testaments *d*), und gegen die Einsezung eines Testaments-Erbens in den Besitz der Erbschaft aus dem Edict des Kaysers Hadrian *e*); ferner

4) nicht von einer in Policey-Contribution, Accise- Zoll- Consumtions- und andern Steuer-Sachen gesprochenen Urtheln, ausser, wenn dabey von Jemandes Privat-Rechten die Frage ist *f*).

*a*) von Engelbrecht obs. 45. n. 5. p. 223. von Selchow Conc. 3. S. 278.

*b*) Pütters Rechtsfälle 1 B. S. 311. *Mev*. 1. D. 26. P. 2. D. 316. P. 7. D. 21. und 292. n. 6. P. 5. D. 321.
In welchen Fällen aber ein Mandat ohne Clausel erkannt werden könne, S. die K. Trib. O. 2. 6. §. 5.
*Mev*. 1. D. 155. n. 1. Pufendorff 3. obs. 165.
Ludolf J. Cam. S. 1. §. 10. n. 44.
Pütters proc. imp. (Gött. 1777). §. 149. seq.

*c*) Cramer obs. 952. u 996.

*d*) L. 7. *de app*.

*e*) L. 7. §. 1. de appell. recip. L. 6. C. quor. app. non. recip.

*f*) von

f) von Engelbrecht obs. 21 u. obs. 45. „de appellationibus in causis ad Regimen provinciae pertinentibus." et obs. 139. p. 676.

§. 60.

Es kann auch nicht appelliret werden, wenn Jemand zum Vormund oder Curator ernannt worden *a*). Doch kann er sich entschuldigen, wenn er gerechte Entschuldigungs-Ursachen hat. Werden diese verworfen, so kann er appelliren *b*). Ist die Appellation von dem Oberrichter verworfen, so muß er dem Pupillen allen Schaden ersetzen, welchen derselbe dadurch leidet, daß er, der ernannte Tutor, die Tutel oder Curatel nicht übernommen hatte *c*). Daher es rathsam, daß der ernannte Tutor oder Curator die Tutel oder Curatel sofort übernehme, und dabey erkläre, daß er nicht gesonnen sey, seinen Entschuldigungs-Ursachen dadurch zu entsagen.

Ist aber Jemanden ein anderes öffentliches Amt übertragen worden, so kann und muß er sofort appelliren, wenn er dadurch beschweret zu seyn vermeinet. Sonsten wird er nicht weiter mit seiner Entschuldigung gehöret *d*).

*a*) *L.* 1. §. 1. *quando appelland.*

*b*) cit. *L.* 1. §. 1.

*c*) L.

c) *L. 3. C. si tutor vel curator falsis allegat.* Leyser sp. 337. m. 5.

d) *L. 1. §. 2. quando appelland.* Inwiefern von einem Eide appelliret werden könne, S. *Harprecht* de appellatione a jurejurando. *Deckherr* monumenta lectionis cameralis antiquae (Wetzlar. 1720. 4.) p. 647. *Perez* ad C. tit. quorum appellat. non recip. n. 6.

## §. 61.

Es giebt Fälle, wo die Appellation die Vollstreckung der Urthel nicht aufhält, folglich blos eine Devolutiv-Würkung hat. Der Unterrichter kann daher in der Sache fortfahren, bis der Oberrichter ihm solches verbietet. Dahin gehöret, wenn der längere Aufschub der Execution dem gemeinen Wesen, oder auch einem streitenden Theile einen sehr großen oder unersetzlichen Schaden zufügen würde *a*).

Daher hat insonderheit die Appellation von einer *in possessorio summariissimo* gesprochenen Urthel, (worinn der Besitzer blos bey dem Besitz einer Sache so lange geschüzt wird, bis der Gegner in possessorio ordinario einen rechtmäßigern Besitz, oder in petitorio sein ihm an der Sache zustehendes Eigenthums-Recht bewiesen hat), keine Suspensiv-Kraft *b*).

In *possessorio ordinario* hingegen, hat die ergriffene Appellation eine Suspensiv-Würkung *c*), desgleichen in Spolien-Sachen *d*), zumahl das Spolium gewöhnlich geläugnet und dieser Punct erst in der Appellations-Instanz ausgemacht werden muß *e*).

*a*) *Mev.* 3. D. 163. P. 8. D. 73.

*b*) *T. O.* 2. 1. §. 13. "und soll solche (Appellation in possessorio summariissimo s. momentaneo) nur eine Devolutiv- nicht aber eine Suspensiv-Würkung erhalten. Daher soll der Iudex a quo auf abgesprochene Urthel, ungeachtet der Appellation, unverzüglich mit der Execution verfahren; es könnte denn der Appellant zugleich darthun: 1) daß die Urthel einen solchen Schaden bey sich führte, welcher — hernach nicht zu ersetzen und eine immerwährende nachtheilige Würkung hätte, oder auch 2) der Besiz in solche Hände gerathen würde, aus welchen derselbe nicht ohne große Mühe, Kosten und Beschwerlichkeiten zu bringen. Alsdann ist mit der Execution einzuhalten und des Obergerichts Verordnung zu erwarten."

add. *Select. Rostock.* Fasc. 1. p. 12. *I. C. Hoffmann* de appellatione in judicio possessorio. Giessae 1709. *Mev* 9. D. 14. P. 7. D. 20. Westphals Staats-Recht p. 262. *Stryck* de appellatione non suspensiva in possessorio summariissimo.

*c*) Cramer Syst. proc. imp. §. 1066. u. 1085.

*d*) In Spolien-Sachen hat auch die Leuterung statt. Hommel Rhaps. obs. 57. p. 50. Müllers promtuarium Iuris novum Tom. 7. p. 909.

*e*) Leyser sp. 505. m. 4. u. 7. Besold de appell. c. 7. n. 91.

add.

add. H. Professor Becker. Resp. H. F. Beckmann, D. sistens differentias quasdam inter *spolia* et *alias dejectionum species*. Greifswald 1768.

§. 62.

Auch die Appellation von einer Urthel, worinn einer nothdürftigen Person die Verpflegung zuerkannt worden, hat keine Suspensiv-Würkung *a*). Dergleichen Sentenz wird, wenn der Appellat es verlangt, vollzogen; nur muß der Alimentandus eine Person seyn, die ohne die zuerkannte Verpflegung nicht leben kann, und der Condemnirte muß auch in solchen Vermögens-Umständen sich befinden, daß er die erkannte Alimente geben kann.

*a*) *L. 27. §. 3. de inoffic. testament. L. 7. de agnosc. et alend. liber.*
Salaria und Stipendia werden als Alimente angesehen. von Engelbrecht obs. 44. §. 6. Scaccia de appell. qu. 17. Lini. 6. m. 2. n. 36.

§. 63.

Die Suspensiv-Würkung der Appellation fällt auch weg in executivischen und in liquiden Schuld-Sachen *a*). Allein nach dem Visitat. Receß des K. Hofgerichts von 1774. §. 36. (ad P. 2. Tit. 2. §. 7.) hat die Appellation in liquiden Sachen ihre volle Würkung *b*) und hält die Execution auf.

 *a*) West-

a) Westphals Staats-Recht S. 261.

b) Der §. 36. des V. Rec. lautet so: „Wenn in liquiden Sachen, nach eingebrachten Einreden, diese verwerflich befunden, und die Zahlung hinfolglich mandiret worden, so ist zwar dem Beklagten das Beneficium Restitutionis, vel Deductionis nullitatis, und der Appellation *cum plenario effectu* unbenommen. Das Fatale (justificandae) praeclusiuum wird aber auf vier Wochen hindurch festgesetzet und das Rechtsmittel muß binnen zehn Tagen interponiret und (respective) intimiret werden„ add. *Stryck* de appell. illicita. in oper. Vol. 7. Diss. 6. c. 3.

## §. 64.

Wenn die Appellations-Summe fehlet, oder die Sache nicht appellabel ist, so kann man sich, nach der K. h. Tribunals-Ordnung, (2. 1. §. 16.) dennoch an den Oberrichter wenden, und zwar in folgenden Fällen:

1) **wenn eine kundbare Nichtigkeit vorhanden, und dadurch Jemand zugleich in der Hauptsache selbst beschweret ist.**

Der Querulant muß aber, nebst der Nichtigkeit des Processes, nicht nur die Puncte, durch welche er beschweret ist, anzeigen, sondern auch die Beschwerden sofort aus den vorigen Acten klar machen.

Betrift die Nichtigkeit blos den Proceß, so werden keine Processe erkannt *a*).

2) wenn

2) wenn eine Verletzung über die Hälfte vorhanden ist; (ob enormem laesionem et iniquitatem) und also die Beschwerde eine Verletzung über die Hälfte in sich faßet. Der Querulant muß aber nicht nur die übermäßige Verletzung selbst specificiren, sondern auch das Recht, wogegen er beschweret zu seyn vermeinet, deutlich anführen *b*).

*a*) *Mev.* P. 7. D. 81.
*b*) *Mev.* P. 7. D. 220. n. 7. u. D. 81. n. 3. Wenn auch die Querel durch die Appellation eingeführet worden, so wird dennoch, wenn *nullitates* oder *insignes iniquitates* sich finden, die Appellations-Summe nicht in Betracht gezogen. Ist jedoch das fatale querelae nicht beobachtet, so werden keine Querel- sondern förmliche Appellations-Processe erkannt. *Conclusum S. R. Trib.* vom Jun. 1722. von Engelbrecht obs. 64. n. 8.

## §. 65.

Nach Römischen Rechten muß der Unterrichter die Appellation in den nicht verbotenen Fällen, und wenn sie gehörig eingewandt ist, annehmen und dem Oberrichter Bericht abstatten *a*).

Auch nach dem canonischen Rechte ist der Unterrichter verbunden, die von einer Endurthel eingewandte Appellation anzunehmen und dem Oberrichter die fernere Entscheidung zu überlassen *b*). Wenn von einer interlocutoria appelliret ist, so kann der Iudex a quo die Appellation, insofern sie im vorliegenden Fall unzuläßig ist, verwerfen *c*).

Nach der Königl. Hofgerichts-Ordnung (3. 4. §. 3.) kann der Iudex a quo apostolos refutatorios ertheilen, im Fall derselbe vermeinet, daß freventlich appelliret, oder sonst aus rechtmäßigen Ursachen der Appellation nicht deferiret werden könne.

Allein nach dem Visitations-Receß des K. Hofgerichts von 1707. §. 106. (ad P. 3. Tit. 4. §. 3.) hat sich der Iudex a quo der Cognition über den Punct: ob die an den Oberrichter ergriffene Appellation eine suspensivische oder devolutivische Würkung habe, gänzlich zu enthalten. Wenn jedoch derselbe vermeinen möchte, daß frivole appelliret sey, so hat er sich nach dem angeführten 3ten Sphen des 4. Titels, 3. Th., der H. G. Ordnung zu richten, und kann apostolos refutatorios ertheilen *d*).

Nach dem Visitations-Receß des K. Hofgerichts von 1737. §. 76. soll der Iudex a quo überall nicht befugt seyn, über die Würkung der Appellation zu erkennen, sondern ohne Unterschied, selbst in executivis, der Appellation *pleno effectu* deferiren.

Doch kann derselbe nach Beschaffenheit der Umstände provisorische Verfügungen machen. In Fällen, wo frivole appelliret worden, soll

es

es bey der vorgedachten Vorschrift der K. Hofgerichts-Ordnung sein Bewenden behalten.

Wenn die an das K. h. Tribunal ergriffene Appellation daselbst einmahl verworfen, oder desert erkannt, oder auch an das K. Hofgericht rescribirt worden, daß selbiges, non attenta appellatione verfahren und die Rechtshülfe vollstrecken solle; So soll nach dem Rescript des K. h. Tribunals vom 26. Jul. und vom 16. Nov. 1753. und vom 18. Mart. 1766. das K. Hofgericht sodann, bis eine Inhibition extrahiret, einer weitern Appellation in Ansehung des bey dem K. h. Tribunal deserirten oder verworfenen Gravaminis, nur quae effectum devolutivum deferiren und die Rechtshülfe unaufhältlich vollziehen lassen. Falls aber ja wegen eines Exceßes bey der Execution selbst an das K. h. Tribunal provociret würde, soll das K. Hofgericht Acta mit Bericht, ohne die Bezahlung der Transmissions-Kosten abzuwarten, (als zu deren Beytreibung auch hernach zu gelangen) ungesäumt nach intimirter Appellation, an das K. h. Tribunal zur weitern Verordnung einsenden.

Nach dem neuesten Visitations-Receß des K. Hofgerichts von 1774. §. 56. (a. a. O.) ist der angeführte §. 76. des Visitat. Receßes von 1774. annoch dahin näher bestimmt worden, daß

 1) wenn

1) wenn *in contumaciam* ein mandatum de solvendo, bey Strafe der Execution, ergangen, die dagegen ergriffene Appellation nur eine devolutivische Würkung habe.

2) daß bey der Desertion der Appellation, oder wieder eine erfolgte Bestätigungs-Urthel, kein Rechtsmittel zuläßig sey; desgleichen auch nicht gegen das *executoriale*, *monitorium* und Auspfändung; und der Iudex a quo soll in diesen Fällen kein Remedium statt finden lassen.

*a*) *Nov.* 126. c. 3. *Nov.* 82. c. 12. sq. *Gudelinus* de I. Noviss. p. 204.

*b*) *c.* 38. *X. de appellat. c.* 39. *et* 54. *X. eod.*

*c*) *c.* 5. *de appellat. in* 6.

*d*) Dies findet auch besonders in Fiscalischen Sachen statt, und soll das K. Hofgericht insonderheit darauf sehen, daß der frevelhaften Appellanten Bosheit mit ernstlicher Strafe und Beahndung gesteuret und nicht ohne Unterschied in allen Sachen, dem Privilegium des Fisci zuwider, die Appellationes verstattet werden. Zu welchem Ende denn auch in denjenigen Fällen, worinn sonst die Appellation wohl statt finden kann, dieselbe jedoch frevcntlich eingewandt zu seyn erachtet wird, vom K. Hofgericht *Acta* sofort cum apostolis refutatoriis ans K. h. Tribunal, zur Beförderung dortiger Erkenntniß, einzusenden sind. So des Königl. Fiscals Instruction vom 3. Febr. 1723. in Dähnerts L. Constitut. 3. Theil. S. 115.

§. 66.

§. 66.

Was die Appellationen von den Erkenntnissen des Raths zu Stralsund, an das K. Hofgericht betrift, so sind solche nach dem Inhalt des Erb-Vertrages vom 7. Julius 1615. §. 5. n. 2. *a*), in folgenden Fällen unzuläßig, und haben weder eine suspensivische, noch devolutivische Würkung; nemlich

1) in Criminal-Sachen, sie mögen Leibesstrafen auf sich tragen, oder nicht *b*).

2) in Sachen, da die Klage die Summe von 500 Rthl. Capital, oder 100 Gulden Haupt-Summe, Sundischer Wehrung, (jeden Gulden zu 24 Lübsch. Schilling gerechnet,) nicht übersteiget, sondern 50 Rthlr,. oder noch weniger beträget.

3) in Sachen, da klare Verschreibungen *c*), öffentliche willkührliche Verträge *d*) und Contracte in den Stadtbüchern vorhanden, oder da die geforderte Schuld unläugbar und bekändtlich *e*), (so steht im Original) oder sonst scheinbar *f*) und richtig, obgleich solche Sachen mehr, als 50 Rthlr. betragen.

4) von der Execution einer Endurthel *g*), wenn dieselbe ihre Rechtskraft erreichet, von Einweisung in ein Pfand *h*); von Pfandsverfolgungen;

5) von Amts-Sachen, (ausser, wenn eines ganzen Amts Gerechtigkeit angefochten); *i*)

6) Von Eydes-Händen, (d. h. von einer Urthel, in welcher nach gerichtlich geleistetem Eide Jemand condemniret oder absolviret worden) *k)*.

7) Von Aliment-Sachen *l)*;

8) Von rechtmäßig aufgetragenen Aemtern *m)*, und mit gemeiner Beliebung gemachten Ordnungen *n)*.

9) Von Kruglagen und Bierschenken.

10) In Sachen, welche alte *o)* und neue *p)* Gebäude; Wasser-Laufe *q)*, heimliche Gemächer *r)*, und sonst etwas, was zum Schaden und Deformität der Stadt gereichen kann, betreffen; endlich

11) in allen andern Fällen und Sachen, die vermöge der Rechte, nicht appellabel sind *s)*.

Alle in solchen nicht appellablen Fällen ausgesprochene Erkenntnisse des Raths sollen von demselben ungehindert vollstreckt werden *t)*, wenn gleich Inhibitionen, oder Requisitorialen *u)* eingekommen seyn möchten.

In Consistorial- und Matrimonial- wie auch in Arrest-Sachen *v)*, soll es nach alter Observanz gehalten werden.

*a)* Dieser Erbvertrag ist eine *conventio publica* inter Principem et civitatem, mithin keiner einseitigen Abänderung fähig, und genau zu beobachten. Gem. Besch. N.

b) Man

b) Man kann sich aber querulando an das K. h. Tribunal wenden. von Engelbrecht obs. 44. §. 4. n. 1. — Von dem Fall, wenn civiliter geklaget worden, S. *Mev.* 1. D. 181. add. P. 3. D. 33. und den Rostockschen Erbvertrag von 1584. §. 57. f. *L. C.* P. 2. p. 3. „Nove civitati *Stralsundi* — contulimus eam justitiam, que civitati *Rostock* a Domino Borrino collata est."

c) Dahin gehören auch Testamente *Mev.* 1. D. 15. 16. 259. P. 3. D. 108. 6. D. 55. *Idem* de arrestis c. 21. §. 15. Brunnemann proc. civil. c. 28. n. 15.

d) Tales transactiones in librum publicum inscriptae transeunt in vim actorum publicorum, ita ut contra illas nec testes audiantur, nec juramentum deferre liceat. Lübsches Recht. L. 5. tit. 9. art. 3. ibiq. *Mev. Id.* P. 6. D. 55. u. 199.

e) *Mev.* 1. D. 16. add. P. 6. D. 377. Wenn also die Appellation wieder des Appellanten eigene Handschrift oder Bekenntniß geschehen. S. *privilegium appellationis Lubecense.* p. 184.

f) *Mev.* P. 6. D. 377.

g) vid. *Mev.* 8. D. 207. 426.

h) *Mev.* 5. D. 305. cf. P. 3. D. 82.

i) Dahin gehören auch Policey-Sachen, und da der Magistrat von Obrigkeits wegen ob curam publicam etwas verfüget. vid. *Mev.* 2. D. 38. in fine. „et licet."

k) *Mev.* 6. D. 56. 279. 379. P. 1. D. 13. P. 5. D. 248. P. 1. D. 147. *Perez* ad *C.* tit. quor. appell. non recip. n. 6.

l) *Mev.* 1. D. 168.

m) cf. Bürger-Vertrag c. 31. §. 1. 2. 3. *Mev.* ad Ius Lubec. L. 1. Tit. 1. art. 6. n. 43. sqq.

n) S. *Mev.* 5. D. 171. *Id.* ad Ius Lubec. L. 1. tit. 1. art. 2. n. 50.
o) *Mev.* 1. D. 169. it. 81. u. 82. P. 3. D. 196. 378.
p) *Mev.* 3. D. 378.
q) *Mev.* 7. D. 294.
r) *Mev.* 3. D. 38.
s) Dahin gehören z. B. transactiones. S. *Mev.* 3. D. 259. *id.* ad Ius Lubec. Lib. 5. Tit. 5. art. 2. n. 8. add. n. 4.
t) S. Mev. 7. D 225. n. 7.
u) Gehet auf die bey den ehemahligen Appellationen nach Lübeck erfolgenden Requisitorial-Schreiben des Raths zu Lübeck, an den Rath zu Stralsund. Compulsorialen konnten bey diesen sogenannten Appellationen nicht erfolgen. *Toelemann* de appellat. th. 66. add. Erb-Vertrag c. 1. p. 22 „des Raths zu Lübeck Requisitorialen ganz unverhindert, soll die Urthel vollstreckt werden."
v) S. *Mev.* de arrestis. c. 21. sqq. id. P. 3. D. 275. P. 4. D. 203.

## §. 67.

Wenn Jemand in den obgedachten, und im §. 5. des Erb-Vertrags benannten angeführten inappellablen Fällen, an das Königl. Hofgericht appelliret hat, aus den Acten aber, oder aus dem Appellations-Instrument, (worin die Beschwerden specificiret seyn müssen) erhellet, daß der vorliegende Fall zu den nicht appellablen gehöret, so ist der Rath, zufolge des gedachten Erbvertrages, nicht schuldig, der Appellation zu deferiren, und es sollen vom K. Hofgericht keine Appellations-Processe erkannt werden *a*).

Dafern der Fall zweifelhaft *b*) wäre, oder der Appellant per sub- et obreptionem die gewöhnlichen Processe bereits erhalten hätte, soll der Rath die Acten und das Appellations-Instrument *c*), nebst Abschrift des 5ten §phen des gedachten Erbvertrages, (worinn von den Appellationen an das K. Hofgericht, und was dabey zu beobachten, gehandelt wird,) an eine Juristen-Facultät verschicken und darüber, ob der Fall appellabel sey, oder nicht, sich belehren lassen, und die Belehrung an das K. Hofgericht senden, und im Fall die Belehrung ausweiset, daß der Fall für inappellabel zu halten, soll alsdann bey dem K. Hofgericht auch nichts weiter darinn vorgenommen und erkannt, sondern es bey der Urthel und Execution des Raths gelassen werden, auch der Appellant die Kosten, welche die eingehohlte Belehrung verursachet, zu erstatten schuldig seyn.

*a*) Widrigenfalls würde dem Rath unbenommen seyn, von den Compulsorialen und sonstigen Verordnungen an das K. h. Tribunal zu appelliren.

*b*) S. *Mev.* 1. D. 217. add. P. 3. D. 74. it. P. 6. D. 96. 97. P. 5. D. 79. P. 3. D. 38. n. 18. D. 39. P. 7. D. 272. Der casus desertionis ist nicht zu den zweifelhaften zu zählen. Die in zweifelhaften Fällen verordnete Transmission

mission der Acten findet also nicht statt, wenn die Appellation wegen versäumten Fatalien für desert erklärt worden. —

c) *Mev.* 3. D. 38. n. 18. D. 39. 74. P. 5. D. 80. P. 7. D. 272.

d) *Mev.* 1. D. 160. P. 2. D. 195.

## §. 68.

In der Stralsundischen Gerichts-Ordnung Cap. 30. §. 1. und §. 2. ist ferner festgesetzet, daß von den Erkenntnissen der Cämmerey, oder des Gerichts, an den Rath, in folgenden Fällen nicht appelliret werden könne, nemlich:

1) in geringschätzigen, 5 Rthlr. (oder 10 Gulden) nicht übersteigenden, und

2) in Bruch-Sachen *a*),

3) von Beyurtheln, wenn die Beschwerde im Endurthel und der Haupt-Sache repariret und gehoben werden kann;

4) von bloßen prohibitoriis in Bau-Sachen, wenn darauf in erster Instanz die Cognition noch nicht erfolget ist;

5) von *Mandatis cum clausula*;

6) wenn die Bescheide, darinn Hülfe ergehet, die Rechtskraft erhalten haben *b*);

7) von Verrichtung rechtmäßiger Executionen.

In solchen nicht appellablen Fällen kann man aber das *Beneficium Supplicae* gebrauchen.

Nur

Nur muß der Provocant binnen 10 Tagen, a die publicatae sententiae, aut rejectae appellationis seine Supplica insertis gravaminibus in der Raths-Canzley überreichen.

(cap. 30. §. 2. Gem. Besch. N. 29. 36. G. O. c. 1. §. 3.) Diese 10 tägige Frist kann nicht prorogiret werden und der Provocant muß schlechthin vor Ablauf derselben seinen libellum gravaminum dem Oberrichter zustellen.

a) Betreffen nur geringe Bruchfällige Gegenstände; daher diejenigen Fälle nicht zu den Bruchsachen zu rechnen, welche in gemeinen und Reichs-Gesezen oder Landes-Constitutionen, als criminal Sachen, mit gewißen Strafen beleget sind, wie denn auch in solchen Fällen die Strafen der Bruch-Ordnung nicht in Betracht gezogen werden. cf. Bürger-Vertrag art. 18. §. 1.

b) S. Mevius ad Ius Lubec. L. 5. tit. 9. art. 2. n. 4. sqq.

Was es mit der Appellation von der Cammer an den Rath in Concurs-Sachen für eine Bewandniß habe, davon handelt die Gerichts-Ordnung c. 36. §. XI. p. 173. ad. *Mev.* 1. D. 210.

Von der Appellation beym Gast-Recht an den Rath und an das K. Hofgericht S. die Gerichts-Ordnung c. 37. §. 6. folg.

## §. 69.

In der Greifswaldschen Gerichtsordnung ist von den appellablen nichts besonders ver-

verordnet worden, und man richtet sich also bey solchen Fällen nach der K. Hofgerichts- und Tribunals-Ordnung. In dem Reglement wegen Reinigung und Verbeßerung der Gassen, (vom Dato Greifswald den 17. Januar 1724.) §. 16. ist indessen festgesetzet worden, daß von den zufolge dieses Reglements erkannten Strafen keine Appellation an den Rath statt haben, sondern diejenigen, welche die bestimmte Geld-Strafe nicht erlegen können, dafür mit Gefängniß gezüchtiget und die Uebertreter für jeden Reichsthaler einen Tag sitzen sollen.

## 6) Von der Einwendung der Appellation.

§. 70.

Wer appelliren will, der muß zuvörderst die Appellation einwenden, d. h. er muß erklären, daß er gegen ein richterliches Erkenntniß sich der Appellation bedienen wolle *a*).

Die bloße Protestation gegen eine Sentenz ist daher noch keine Einwendung der Appellation, oder eines sonstigen Suspensiv-Mittels. Denn wer blos gegen eine Sentenz protestiret, der erkläret dadurch nicht, daß er von derselben appelliren, oder gegen dieselbe ein Suspensivmittel gebrauchen wolle *b*).

*a*) Diese

a) Diese Erklärung kann schon durch das einzige Wort: „appello." geschehen. Dadurch giebt Jemand seine Meinung deutlich genug zu erkennen. *L. 2. de appell.* „Si quis apud acta appellaverit, satis erit, si dicat; *appello* " add. L. 5 §. 4. *eod.* L. 14. C. *eod.*

b) Leyser sp. 655. m. ult. Oeltze gerichtl. Prax. §. 300. add. *Mev.* 6. D. 281. „ubi a sententia non est appellatum, sed saltim quis de injustitia ejus questus est, superior judex nihil decernit, etsi injuste pronunciatum sit, quia ad eum causa non est legitime delata." add. P. 2. D. 152. n. 3. *Jo. Ludew. Schmidt* D. de remedio suspensivo in provocatione, praesertim protestatione quaesito. Jenae 1766.

Eine Ausnahme bey der Querel über kundbare Nichtigkeiten und Verletzung über die Hälfte, S. beym *Mev.* P. 5. D. 138.

## §. 71.

Die Erklärung, daß man appelliren wolle, kann an sich auf verschiedene Art geschehen; nehmlich

I) gerichtlich: und zwar

A) mündlich vor Gericht, zu Protocoll *a*);

1) entweder sofort bey Publication der Sentenz; (viva voce et stante pede.)

2) oder nach der Publication jedoch innerhalb der 10 tägigen Nothfrist *b*).

B) schriftlich; mittelst der Einwendungs-Schrift *c*).

II) außergerichtliche: vor einem Notar und Zeugen *d*). diese Einwendung muß dem Judici a quo bekannt gemacht oder intimiret werden, wenn derselbe nicht weiter in der Sache verfahren soll.

Nach der Reichs-Camm.-Gerichts-Ordnung kann die Appellations-Einwendung I) gerichtlich, und zwar mündlich, viva voce et stante pede, oder schriftlich; auch II) außergerichtlich vor einem Notar und zwey Zeugen geschehen *e*).

*a*) L. 5. §. 4. *de appell.*

*b*) Diese einfache und weniger kostbare Einwendungsart ist z. B. 1) im Würtenbergischen, (Besold de appell. c. 9. n. 26.) 2) auch bey den K. Preußischen Gerichten üblich; 3) bey Appellationen von der Cammer, dem Niedergericht und dem Consistorium zu Stralsund an den Rath. 4) Nach der Lübeckschen Gerichts-Ordnung c. 5. §. 2. 5) Hamb.-Ger. O. 1. 37. a.

*c*) L. 1. §. 1. *quando appell.* L. 4. *C. Th. de. appell.*

*d*) Vor einem Notar in Beyseyn zweyer Zeugen, oder vor zwey Notarien, ohne Zeugen Hert. D. 254. n. 1. von Selchows Conc. 2. 32. §. 2.

*e*) von Selchows Conc. 2. 32. §. 2. u. 5. Cramer W. Beytr. P. 4. S. 75. Böhmer J. E. P. 2. 27. §. 7.
Im Hannöverschen kann man binnen 10. Tagen nicht nur bey dem Judice a quo, sondern auch bey dem *Judice ad quem*, bey der Justiz-

Justiz-Canzley und Hofgericht zu Hannover die Appellation interponiren. Reinharth ad Christin. 1. obs. 19. n. 2.

§. 72.

Nach dem Schwedisch-Pommerschen Gerichtsgebrauch kann die Appellation gerichtlich und außergerichtlich eingewandt werden, nemlich: I) gerichtlich; und dieses sowohl mündlich, als schriftlich;

A) mündlich. Dies geschiehet blos bey Niedergerichten *a*); und zwar 1) bey der Publication der Urthel mit Erlegung des Appellations-Groschens, oder 4 Schillinge *b*). Die Erklärung wird zu Protocoll genommen, und unter der publicirten Sentenz geschrieben. Diese mündliche Einwendung wird die Einwendung unverwandten Fußes genannt. (stante pede.) 2) Nach der stralsundischen Gerichts-Ordnung kann die mündliche Einwendung auch nach der Publication der Sentenz binnen 10 Tagen geschehen, wenn von der Cammer und dem Consistorio an den Rath appelliret wird. Und dies ist auch daselbst die gewöhnliche Einwendungs-Art. Der Beschwerte zeigt innerhalb 10 Tagen, von Zeit der publicirten Sentenz, an, daß er sich durch die Erkenntniß beschweschweret erachte und daher, oblatis sportulis, die Appellation einwende, mit Bitte derselben in honorem generosi senatus zu deferiren. Worauf ein besonderer Bescheid erfolgt, daß data copia recessus der Appellation deferiret werde.

B) schriftlich. Diese schriftliche Einwendung ist nicht so gewöhnlich, indeßen ist sie doch z. B. bey dem academischen Amts-Gericht zu Eldena üblich. In der Einwendungsschrift beziehet man sich gleich zu Anfange auf die publicirte Sentenz, welche jedoch nicht in Abschrift beygelegt zu werden pflegt, und erkläret, daß man durch dieselbe beschweret zu seyn vermeine und dieserwegen sich der Appellation bedienen wolle, mit Bitte, derselben zu deferiren.

II) außergerichtlich: die außergerichtliche Einwendung geschiehet vor einem immatriculirten *c*) Notar und zwey Zeugen. Dies ist die gewöhnlichste Einwendungsart. Es ist aber nicht erforderlich, daß über diese aussergerichtliche Einwendung ein förmliches Notariats-Instrument ausgefertiget werde. Ein simples Document, welches blos vom Notarius unterschrieben und untersiegelt worden, ist hinlänglich. Dieses Document wird unter der beschwerlich erachteten Sentenz geschrieben; und mittelst dieses Notariats-Documents

cuments wird dem Unterrichter die außergerichtlich geschehene Einwendung bekannt gemacht, oder intimiret, damit er sich nicht mit der Unwissenheit entschuldigen möge.

*a*) vid. R. Trib. O. P. 2. Tit. 2. §. 2. „Wer an unser Obergericht appelliren will, soll — vor Notarien und Zeugen solches thun.“
*b*) R. H. G. O. 3. 4. §. 2. „Vor Gericht *viva voce*, oder coram notario et testibus.“
*c*) Gem. Bescheid des R. h. Trib. vom 12. Jul. 1755. N. 33.

§. 73.

Die *Intimation* geschiehet mittelst einer schriftlichen Anzeige, welcher die publicirte und angefochtene Sentenz beygelegt wird und unter welcher das vom Notarius ausgefertigte Appellationsdocument verzeichnet ist.

Der Appellant giebt gleich zu Anfange dieser Schrift zu erkennen, daß er durch die publicirte und beygelegte Sentenz sich *a*) beschweret erachtet, und deshalb, laut des darunter befindlichen Documents, an das Obergericht, (welches gewöhnlich bestimmt angegeben wird,) die Appellation ergriffen habe; wobey er die Bitte hinzuzufügen pflegt: „der eingewandten Appellation plenarie zu deferiren.“ Bey dem Land-Gericht zu Bergen pflegt der Appellant blos die Sententiam a qua mit dem documento appellationis, dem Secretario judicii zu überreichen mit Bitte der Appellation zu deferiren; welches ad acta registriret wird. Worauf ein besonders ausgefertigter Bescheid erfolget, daß der Appellation deferirt werde. —

a) Gewöhnlich mit der angehängten Clausel: „*salvo honore judiciali.*“ Diese Clausel ist an sich überflüßig, da die Ehre des Richters durch den erlaubten Gebrauch der Appellation, oder eines andern Suspensivmittels, nicht verletzet wird. L. 20. *C. de app. Brunnemann* ad h. L. Westphals Staats-Recht S. 301 u. 304. Nicht selten wird auch die angefochtene Sentenz in der Ober-Instanz blos wegen beßerer Aus- und Beweißführung abgeändert,

Die Anzeige selbst muß aber mit Bescheidenheit geschehen. Wer anzüglich schreibt und es an der einem jeden Richter gebührenden Ehrerbietung ermangeln läßet, verräth nicht nur schlechte Erziehung und Geringschätzung seiner Pflichten, sondern ist auch strafbar. L. 42. *de Injur.* L. 8. *de appell.* Cramer. W. Nebenst. P. 85. S. 63. Leyser sp. 655. m. 67. Der Oberrichter leidet auch nicht, daß sein Bild in den Unterrichtern verletzet werde. Pitaval in den Rechts-Fällen 7. Th. S. 219. *Jo. G. Hoffmann* selectarum, quae ad usum fori spectant observationum Sylloge. obs. 36. „Advocatum, quamvis a superiore constitutum, etiam inferior judex propter convicia potest a praxi suspendere.“

S) 74.

§. 74.

Die Intimation ist nothwendig, wenn der Appellant etwas zu zahlen oder sonst zu leisten condemniret worden, mithin der Unterrichter, bey Unterlaßung der Anzeige, wegen nicht erhaltener Wissenschaft von der geschehenen Einwendung, auf Anhalten des Gegners, nach Ablauf des fatalis rei judicatae, zur Vollziehung der Urthel schreiten und in der Sache weiter verfahren muß *a*).

Versäumet der Appellant diese Intimation und ist deshalb, auf Anhalten des Gegentheils, weitere Verordnung erfolget, so ist er verbunden, dem Appellaten alle dadurch verursachte Kosten, ohne Widerspruch zu erstatten. Auch ist wegen geschehener Verurtheilung in diese Kosten keine Appellation zuläßig *b*).

Die Unterlaßung der Intimation ziehet übrigens weder nach gemeinen, noch nach besondern Landes-Gesetzen, den Verlust der Appellation nach sich *c*).

Ist der Appellant nicht wozu condemniret, sondern blos mit einer Forderung abgewiesen, oder ist ihm etwas stillschweigend aberkannt, und tritt überhaupt der Fall nicht ein, daß der Judex a quo, auf Anhalten des Appellaten, weiter in der Sache verfahren muß, so kann auch die Intimation unterlaßen werden *d*).

a) Visit. Rec. des R. Hofger. §. 105. (ad P. 3. tit. 4. §. 2.) Von Selchows Conc. 2. 32. §. 7. p. 280. — Nach eingewandter Appellation kann zwar der Unterrichter nicht weiter Richter in der Sache seyn. Allein, wenn ihm die Appellations-Einwendung nicht bekannt ist, oder nicht bekannt gemacht worden, so kann er weiter in der Sache verfahren. Indeßen ist es schon genug, wenn die geschehene Einwendung dem Richter bekannt ist. *Mev.* 6. D. 418. P. 7. D. 186. In solchem Falle ist die Intimation nicht nöthig. Nur würde der Appellant erforderlichen Falles beweisen müßen, daß dem Unterrichter die Appellation bekannt gewesen. *Mev.* 3 D. 122.

b) Visit. Rec. des R. Hofger. von 1774. §. 55. (a. a. O.)

c) Cramer obs. 519. von Selchow. c. l. Muncker de executione Sententiae, pend. app. licita §. 3.

d) Billig solte die Intimation der außergerichtlich eingewandten Appellation ohne Unterschied geschehen. Die Intimations-Kosten sind geringe und der Nutzen der Intimation nicht selten beträchtlich.

## §. 75.

Die Appellation muß aber zur gehörigen Zeit eingewandt werden. Nach gemeinen Rechten muß die Einwendung binnen der 10 tägigen Nothfrist des rechtskräftigen Erkenntnißes geschehen. Diese gesetzliche Vorschrift gilt in der Regel in ganz Deutschland, und besonders auch bey hiesigen Landes-Gerichten.

ten *a*). Dieses 10 tägige Fatale heißt das *fatale interponendae appellationis*, begreift 10 volle Tage, oder 240 Stunden, und ist pünctlich zu beobachten, kann auch nicht von Richter prorogiret werden *b*). Es lauft vom Augenblick zu Augenblick *c*), und selbst Feyertäge werden mitgerechnet *d*). Die Appellation kann übrigens auch an Feyertagen eingewandt werden *e*).

*a*) R. Hofger. O. 3. 4, §. 2; R. T. O. 2. 2. §. 2. „inwendig den nächsten 10 Tagen, von dem momento, wann das Urthel abgesprochen, anzurechnen." durch besondere Gesetze kann eine kürzere, oder längere Nothfrist festgesetzt seyn. — z. B. nach den Fuldischen Landes-Gesetzen sind 3 Wochen zur Einwendung und 3 Wochen zur Einführung der Appellation bestimmt. Regierungs-Rath Thomas in dem System der Fuldischen privat Rechte 2ter Band Fulda 1789. S. 297.

*b*) Diese Einwendungs-Zeit kann nach der in Praxi angenommenen Meinung auch nicht durch einen privat Vergleich der Parteyen verlängert, auch nicht verkürzt werden. von Selchows Conc. 2. 32. §. 1. S. 279. und 281. Knorre de recto dilationum usu. §. 20. Zanger de except. P. 2. c. 20. n. 1. cf. *Mev* 3. D. 410. und *Jo. Christ. Car.* Jan de prorogatione et coarctatione conventionali fatalis interponenda appellationis. Giessen 1787.
Wenn also auch mit Zufriedenheit der Parteyen nach Ablauf der 10 Tage, die Appellation eingewandt und fortgesetzet worden, auch die

Sentenz des Oberrichters erfolgt wäre, so ist solche Sentenz doch ungültig und nichtig. *Kettler* Decis. 52. n. 54. sqq. insofern sie als Sentenz betrachtet wird. Aber selbige hat die Kraft eines gerichtlich bestätigten Vertrags, *Schröter* de Sententia inter volentes lata thes. 50. p. 44.

*c*) T. O. 2. 2. §. 2. Reinharth 1. obs. 21. *Hugo.* de abusu appellationum tollendo p. 24. *Clezel.* de app. c. 5. n. 20. *Gail* 1. obs. 139. n. 5.

*d*) L. 1. C. de feriis.

*e*) *Leyser* sp. 35. coroll. 3. p. 365. *Ludouici* civil Proceß. c. 34. §. 10. p. 373. Gail 1. obs. 53. n. XI. et obs. 140. n. 5.

§. 76.

Das fatale interponendae appellationis läuft den Parteyen, welche zur Publication der Sentenz vorgeladen worden, gleich von Zeit der Publication der Sentenz; jedoch auch nicht früher. Daher wird nicht der ganze erste Tag gerechnet, sondern die 10 tägige Nothfrist fängt nicht eher an, als von dem Augenblick, da die Sentenz publiciret ist.

Wäre also diese Publication den 1sten Julius um 10 Uhr geschehen, so fängt das 10 tägige Fatale auch von 10 Uhr an, und ist den 11ten Julius, um 10 Uhr abgelaufen.

Nach

Nach Ablauf der 10 tägigen Frist, kann die Appellation nicht mehr eingewanndt werden *a*), und Niemand wird nach dieser Zeit mit seiner Appellation *b*) gehöret *c*).

*a*) Wäre also in dem angeführten Fall, die Appellation am 11ten Julius, nach 10 Uhr eingewandt, so wäre sie zu spät eingewandt. Ist es aus der Vergleichung der Zeit der Einwendung mit der Zeit der Publication offenbar, daß man binnen 10 Tagen, (z. B den 5ten Tag nach der Publication, ) appelliret habe, so kann freilich bey der Berechnung nicht die Frage von Minuten und Stunden seyn; wohl aber in dem Falle, wenn an dem letzten Tag der Nothfrist appelliret worden, und darüber Streit entstehet, ob die 10 tägige Zeit beobachtet worden. Daher in solchem Falle auch die Zeit und Stunde der Interposition in dem Appellations-Document zu bemerken ist. Textor ad R. J. Nov. D. XI. §. 48. Gail 1. obs. 139. n. 5. — Weiß man es gewiß, an welchem Tage die Publication geschehen, aber die Stunde der Publication ist ungewiß; so ist es hinlänglich wenn am 10ten Tage appelliret ist, und der ganze 10te Tag kömt dem Appellanten zu gut. Reinharth 1. obs. 20.

Von einer außergerichtlichen Beschwerde muß gleichfals binnen 10 Tagen, von Zeit der zugefügten Beschwerde, appelliret werden. T. O. 2. 1. §. 12. Clezel de app. c. 5. n. 32. p. 156.

Wer durch die Unmöglichkeit behindert worden, die 10 tägige Frist zu beobachten, der kann die Restitution suchen. *L. 5. C. de appellat.* Struben 1. R. Bed. 169. Auch die Unwissenheit

heit der Rechte entschuldiget die Versäumniß der Fatalien. z. B. bey Bauern. *ibid.* add. Böhmer Tom. 3. P. 1. Resp. 61. n. 7. P. 2. Rasp. 183. n. 3. *Mev.* 1. D. 134. n. 5. D. 218. n. 7.

Daher es bey Untergerichten rathsam, so wie es auch denselben zuweilen vorgeschrieben worden, bey Publication der Urthel, die Parteyen zu verständigen, daß derjenige, der mit der Urthel nicht zufrieden, binnen 10 Tagen appelliren, oder sonst ein zuläßiges Suspensiv-Mittel dagegen einwenden müße. Bey den königl. preussischen Unter-Gerichten muß es auch unter der publicirten Sentenz bemerkt werden, daß diese Certioration geschehen sey, damit sich keine Partey mit der Unwissenheit der Rechte entschuldigen könne. *Corp. Jur. Fridericianum* 2. Theil. 1. Titel. §. 50. p. 19.

b) Ja, wenn er auch ein *miles* seyn solte. *L.* 20. §. 2. *de app.* doch pflegt man den Fall auszunehmen, wenn die Beschwerde ein *gravamen successivum*, seu continuum ist und eine fortdauernde Ursache hat, dergleichen z. B. die Incarceration ist. Denn der Incarcerirte kann so lange appelliren, als die ihm nachtheilige Incarceration dauert. Sonnemann in J. Novellarum. ad. Nov. 23. c. 1. n. 7. pag. 273.

Allein *Friderus* (Mindanus) de processibus Lib. 1. cap. 8. §. 6. n. 13. (Francofurti 1618. 4.) p. 30. sq. Distinguiret hiebey:

1) Ob der Incarcerirte ohne vorhergegangene richterliche Erkenntniß eingesetzet und folglich successive beschweret worden: und in diesem ersten Falle könne er jederzeit um seine Befreiung anhalten.

2) Oder ob solches zufolge einer richterlichen Sentenz geschehen sey: und in diesem letzten

ten Falle, wenn er a) gewußt, daß die widrige Sentenz gegen ihn gesprochen worden, und er b) auch im Stande gewesen zu appelliren, jedoch nicht zu gehöriger Zeit appelliret, gehet die Sentenz in die Rechtskraft, weil die *auth. Hodie C. de appellat.* und c. 8. de appellat. in 6. nebst andern Gesetzen allgemein disponiret. Diese Distinction scheint nicht ungegründet zu seyn.

*c*) Eine andere Frage ist es aber, ob nicht der Beschwerte, welcher eine ungerechte Sentenz mittelst der Appellation anzufechten unterlaßen, seinen Regreß gegen den Richter nehmen könne? dies behauptet *Schöpffer* de falsa ratione decidendi. cap. 2. n. 123. sqq. *Bodin* de judice male procedente. p. 45. besonders auch in dem Fall, wenn die Appellation gehörig eingewandt, aber nachher desert worden ist; weil solche Sentenz zwar unter den Parteyen gelte, aber nicht in Ansehung des Richters, wiewohl eine Partey nicht leicht es versuchen wird, gegen den Richter zu klagen. *ibid.* p. 31. ibiq. *Hiltrop.*

## §. 77.

Bey blos insinuirten Erkenntnißen und decisiv Rescripten lauft die 10 tägige Nothfrist erst von Zeit der geschehenen Insinuation und der dadurch erhaltenen Wissenschaft *a*).

In Ansehung eines dritten, welcher bisher keine streitende Partey gewesen *b*), wie auch

auch in Ansehung desjenigen, der zur Publication der Urthel nicht citiret worden, und daher keinen Procurator zu den Acten bestellet hatte c), lauft die 10 tägige Frist erst von der Zeit, da er Wissenschaft von der Sentenz erhalten, d. h. da er den Inhalt der Sentenz mit Gewißheit erfahren hat d).

Wenn der ad acta bestellte Procurator ein Versehen begangen, indem er den Publications-Termin mit abgewartet, oder die publicirte Sentenz vor Ablauf der 10 tägigen Nothfrist, seinem Principal nicht zugestellet, oder vor Ablauf dieses Termins die Appellation nicht eingewandt hatte: so soll diese Nachläßigkeit des Procuratoris seinem Principal nicht nachtheilig seyn, und der Principal kann die Appellation noch vor Ablauf des Decendiums, von Zeit erhaltener Wissenschaft an gerechnet, einwenden; der Procurator wird aber wegen seines Versehens in Strafe genommen e).

a) Leyser sp. 654. m. 4.

b) Bey einem Dritten wird die Unwissenheit vermuthet. Rathsam ist es, wie Wetzel de appell. c. 5. n. 17. p. 152. bemerkt, derselben eine beglaubte Abschrift der publicirten Sentenz insinuiren zu laßen.

c) Visit. Rec. des R. Hofger. §. 105. ad P. 3. T. 4. §. 2. „die Worte: von Zeit ihm zugekommener Wissenschaft: sind von derienigen Partey zu verstehen, welche keinen Procurator ad acta gehabt.“

d) Mev.

d) *Mev.* 3. D. 269. Reinharth ad *Christin.* 1. obs. 20.

e) T. O. 2. 2. §. 3. Visit. Abschied des K. h. Trib. §. 18. add. H. G. O. 1. 10. §. 15. und P. 2. Tit. 7. §. 7. *Mev.* 5. D. 206. — Nach gemeinen Rechten schadet das Versehen des procuratoris dem mandanti L. 2. C. *de excoctione et translat. militar. annonar.* (12. 39.) *L.* 10. *C. de procurator.* (2. 13.) und der Mandans kann deshalb nicht leicht Restitution erhalten. Denn er hat es sich selbst beyzumessen, daß er einen nachläßigen Menschen zu seinem Bevollmächtigten gewählt hat. Er muß sich daher an seinen Procurator halten. — Weil aber dieses leicht zu neuen und weitläuftigen Proceßen Anlaß geben kann, so soll nach der K. h. Trib.-Ordnung c. l. die Nachläßigkeit des Procurators dem Mandanti, oder dem Principal nich nachtheilig seyn. *Wildogel* de fortuna jurg. p. 10.

§. 78.

**Wird von dem königl. Consistorium zu Greifswald an das K. h. Tribunal appelliret, so muß die Appellation binnen 10 Tagen, von Zeit der Publication der Sentenz, oder von Zeit erhaltener Wissenschaft an gerechnet, eingewandt, und binnen 4 Wochen, von Zeit der Einwendung intimiret werden *a*).**

Bey der Intimation muß der Appellant zugleich darum anhalten, daß die Acten an das K. h. Tribunal gesandt werden *b*). Worauf denn

denn die Absendung mit Bericht und Entscheidungsgründen *c*), nach erlegten Transmissions-Gebühren von 3½ Rthlr. erfolget, ohne ein Rescript zur Einsendung der Acten zu erwarten *d*).

Zu Erlegung der Transmissionsgebühren kann aber der Appellant nicht gemüssiget werden, so lange ihm noch in der höchsten Appellations-Instanz das Fatale zur Einbringung seines Appellations-Libells prorogiret worden *e*).

*a*) Consistorial-Instruction P. 3, lap. 4 §. 3. Visit. Absch. von 1775. §. 33. „post interpositam.“

*b*) Consist. Instr. 3. 4. §. 3. das K. Consistorium kann aber die Acten sofort ex officio, auf Kosten des Appellanten, einsenden, besonders, wenn Gefahr des Verzugs vorhanden ist. Consist. Instr. 3. 4. §. 4. von Engelbrecht obs. 44. p. 237.

*c*) Visit. Absch. des K. h. Trib. §. 24. und Visit. Absch. des K. Consistor. von 1707. §. 32. (ad P. 3. C. 4. §. 3.)

*d*) In der K. Trib. Ordnung (von 1657.) P. 2 Tit. 1. §. 15. in fine, heißt es, daß kein weitläuftiger Proceß verstattet, sondern nur die Acten abgefordert, daraus die Beschwerden — erwogen, darauf nach Befinden sofort, was Recht ist, erkannt werde.“

In der nachhin 1681. publicirten Consistorial-Instruction P. 3. c. 4. §. 3. ist es aber dem Appellanten zur Pflicht gemacht, gleich bey der Appellations-Intimation, um die Transmission der Acten zu bitten; worauf auch

auch das K. Consistorium die Acten sofort einsenden soll, so daß also kein Rescript zur Einsendung der Acten, mit abschriftlicher Communication des Appellations-Libells erfolget, sondern, nach eingekommenen Acten, sofort was Recht ist, erkannt wird.

Von Einbringung der Consistorial-Acten mit dem Appellations-Libell handelt auch der 23. gem. Bescheid des R. h. Trib. von 22. April 1752.

Können Acta mit dem Libell nicht zugleich bey dem Obergericht eintreffen, so muß der Appellant die vom Secretair des K. Consistoriums, über die bezahlten Transmissions-Gebühren erhaltene Quittung, seinem Appellations-Libell beylegen, um dadurch diligentiam in requirendis actis zu bescheinigen.

Uebrigens werden auf gleiche Art, (wie bey dem K. Consistorium) bey Appellationen in Licent-Sachen, nach intimirter Appellation, die Acten sofort mit Bericht an das K. h. Tribunal gesandt, ohne zuvor Compulsoriales zu erwarten. von Engelbrecht obs. 21. und obs. 44. §. 7

Man pflegt zwar einzuwenden, daß die an den Oberrichter geschehene und mit Kosten verknüpfte Einsendung der Acten zuweilen vergeblich und also zum Nachtheil des Appellanten geschehe, im Fall die Appellation, nach Einsicht der Acten verworfen wird, die auch ohne Einsicht der Acten, auf den bloßen Appellations-Libell, schon erfolgt seyn würde. Allein dies ist eine gerechte Strafe frevelhafter Appellanten. von Engelbrecht c. 1 not. 2. in. fine p. 237. — Zu wünschen wäre es, daß, so wie bey Consistorial- und Licent-Sachen, also auch in allen übrigen Sachen, so fort nach intimirter Appellation die Acten mit Bericht an den Oberrichter eingesandt werden möchten, welches sehr zur Abkürzung der Proceße und zum Vortheil der Partenen gereichen würde. von Engelbrecht obs. 44. §. 7. p. 236.

e) Visit. Rec. des K. Consist. von 1775. §. 33. (a. a. O.)

§. 79.

Wenn die Appellation bey dem K. Consistorium nicht binnen 4 Wochen, von Zeit der Einwendung an gerechnet, intimiret ist, so ist das K. Consistorium auf Anhalten des Appellaten befugt, die Executoriales auszufertigen. Wenn aber das K. h. Tribunal danächst die Appellation angenommen, oder der Appellant daselbst Prorogation der Fatalien erhalten hätte, so muß die Execution zur suspendiret werden, der Appellant aber muß wegen unterlaßener Appellations-Intimation und des daher veranlaßten weitern Verfahrens, eine Strafe von 10 Rthlr., vor Absendung der Acten erlegen *a*), auch dem Gegner alle verursachte Kosten bezahlen. Die Appellation selbst aber ist, wegen nicht geschehener Intimation, nicht erloschen, indem die Gesetze auf die unterlaßene Notification, den Verlust der Appellation nicht gesetzt haben *b*).

*a*) Visit. Abschied des K. Consist. von 1707. §. 31. a. a. O. add. von Engelbrecht obs. 63. der-

63. dergleichen mulctae contumaciales gehören dem K. Consistorium.

b) Visit. Absch. des K. Consist. von 1707. §. 31. in fine.

## §. 80.

Was die Appellations-Einwendung nach der Stralsundischen Gerichts-Verfaßung betrift, so ist davon hauptsächlich folgendes zu bemerken.

I. Bey der Appellation an den Rath, — mithin, wenn von der Cämmerey, oder dem Gericht, oder von dem Consistorium an den Rath appelliret wird, — pflegt die Appellation binnen 10 Tagen, so von Zeit der Publication der Sentenz an zurechnen, gerichtlich zu Protocoll, oblatis sportulis, eingewandt zu werden. Die Sporteln betragen bey der Cämmerey 20 ßl. und bey dem Gericht 8 Schillinge Sundisch. a)

Die übrigen Einwendungs-Arten sind hier nicht so gewöhnlich; indeßen kann man bey Appellationen von der Cämmerey oder von dem Gericht, auch sofort bey Publication der Sentenz, stehenden Fußes, oder auch außergerichtlich vor einem Notar und zwey Zeugen die Appellation einwenden. Die vor dem Notar eingewandte Appellation muß aber jederzeit vor Ablauf der 10 tägigen

Nothfrist, dem Judicio a quo intimiret werden. Bey dieser Intimation muß der Appellant nicht nur das Documentum interpositae appellationis überreichen, sondern auch zugleich die gewöhnlichen Sporteln dem Judici a quo offeriren und entrichten.

a) Gerichts-Ord. cap. 30. §. 1. Gem. Bescheid N. 21.
Consistorial-Ordnung von 1608. tit 14. — Das Protocoll über die gerichtlich eingewandte Appellation lautet z. B. folgendermaaßen:

„Vener d. 24. Dec. 1790.

N. N. Namens des Klägers: Er sehe sich genöthiget, unter Vorbehalt aller richterlichen Ehren, von der am 15ten d. M. ergangenen Erkänntniß eines Rever. Consistorii die Appellation an einen Hochwohlgebohrnen Rath hiemit zu interponiren mit der gehorsamsten Bitte, derselben hochgeneigt zu deferiren. Zugleich füge er das demüthigste Gesuch hinzu, daß ein Rever. Consistorium bey dem ihm vormahls gestatteten Armen-Rechte geruhen möchte, die Sportulas appellationis ihm zu creditiren, auch bey Fortsetzung der Appellation, ihm die Verabfolgung der Original-Acten, zur Einbringung derselben in die höhere Instanz, zu bewilligen.“

„Publ. Jov. d. 30. Dec. 1790

In Sachen — ergehet zum Bescheide: Es wird der interponirten Appellation, cum praefixione termini von 4 Wochen deferiret, und sollen nicht nur vorkommenden Umständen nach,

nach, die Sporteln creditiret, sondern auch bey Fortsetzung der Appellation, die Original-Acten einem Hochedlen Rath eingereicht, jedoch auch dieserhalb der Gebühren wegen, die Zuständniße reserviret werden."

## §. 81.

In denjenigen Fällen, wo von der Cämmerey, oder dem Gericht an den Rath, nicht appelliret werden kann, oder wenn der Unterrichter der an den Rath ergriffenen Appellation nicht deferiren will, kann der Beschwerte das Beneficium Supplicationis zur Hand nehmen, und mittelst daher Supplication sich an den Rath wenden. Der Provocant muß aber binnen 10. Tagen, a die latae sententiae, vel rejectae appellationis, seinen libellum gravaminum (oder, wie es in der Gerichts-Ordnung heißet: seine Supplic, insertis gravaminibus) bey der Canzley des Raths überreichen. Diese 10 tägige Nothfrist kann, wie sich von selbst verstehet, nicht prorogiret werden *a*).

*a*) Ger. Ordn. cap. 30. §. 2. Gem. Bescheid, N. 39.

## §. 82.

Wenn II) vom Rath an das Königl. Hofgericht zu Greifswald appelliret wird, (welches in den nicht ausdrücklich excipirten Fällen geschehen kann,) so muß der Appellant vor Ablauf der 10 tägigen Nothfrist, so von Zeit der Publication an zu rechnen, die Appellation vor einem Notar und zwey Zeugen einwenden, und darüber ein Appellations-Instrument, in welchem die Beschwerden angeführet seyn müssen, ausfertigen laßen *a*).

*a*) Gerichts-Orde. cap. 31. §. 10. Erbvertrag, §. 5.

## §. 83.

Die Appellation von dem Greifswaldschen-Niedergericht an den Rath, kann sofort mündlich und stehenden Fußes bey der Publication der Sentenz oder binnen 10 Tagen von Zeit der Publication der Sentenz angerechnet vor einem Notar und zwey Zeugen eingewandt werden.

Der Appellations-Libell muß hierauf innerhalb 4 Wochen von Zeit der Einwendung, dem Worthabenden Burgermeister oder dem Raths-Secretair überreicht werden. Sind die Proceße vom Rath erkannt, so ist das Niedergericht verpflichtet, dem Appellanten auf sein Gesuch die Original-Acten, oder, wenn die Sache mündlich verhandelt ist, das Protocoll, für die Gebühr verabfolgen zu laßen. (Greifswaldische Gerichts-Ordnung Tit. 5. §. 2 u. 3.

Uebri-

Uebrigens wird die Appellation in die bedingte, (eventualis s. conditionata) und unbedingte (pura) eingetheilet. Jene wird auf den Fall, wenn der Richter dem Gesuch der beschwerten Partey nicht deferiren möchte; diese aber ohne solche Erklärung und schlechthin eingewandt. Wenn der Richter bey der eventuellen Appellation, das Gesuch abschlägt, so fängt erst die ergriffene Appellation an zu laufen, und der Richter muß sich sodann alles Verfahrens in der Sache enthalten. Wenn hingegen der Richter dem Gesuch deferiret, oder die Beschwerden hebt, so fält die Appellation von selbst weg, so, als wenn sie niemahls eingewandt gewesen wäre *a*).

*a*) Estor gem. und Reichs-Proceß §. 1151. f. Cramers Wetzl. Nebenst. P. 52 S. 43. *Mev.* 3. D. 250.
*Scaccia* de appellat. quae. 5. n. 105 et. 109. p. 45. sq.
*Carrach* de emendanda litium protractione circa appellationes eventuales.

## 7) Von dem Bescheide, auf die eingewandte und intimirte Appellation.

### §. 84.

Nach römischen Rechten muß der Unterrichter die innerhalb der 10 tägigen Nothfrist gehörig eingewandte Appellation annehmen. Doch kann er sie auch aus rechtmäßigen Gründen verwerfen, und in diesem Falle muß er dem Oberrichter hievon Bericht abstatten, und darin die Gründe anführen, warum er die Appellation verworfen habe. Auch muß er die Acten mit einsenden, und den Parteyen den Bericht abschriftlich mittheilen, damit sie solchen erforderlichen Falles widerlegen können. Diese Wiederlegungen werden in den Gesetzen *Libelli refutatorii*, *preces refutatoriae*, *allegationes partium*, auch *Supplementa* genannt *a*). Mitlerweile muß jedoch alles bis auf weitere Verordnung des Oberrichters in statu quo gelaßen werden *b*).

*a*) *tit. D. de appellat. recip. vel non.*
*b*) Westenberg ad D. tit. eod. et tit. Nihil innovari appellat. interposita.

§. 85.

Wenn hingegen der Unterrichter die Appellation angenommen hatte, so mußte er ein Attest ertheilen, worin er dem Appellanten bezeugte, daß er die Appellation gehörig eingewandt hatte. diese Atteste wurden Abschieds-Briefe, (Libelli dimissorii, Literae dimissoriae) auch Aposteln (Apostoli) genannt *a*). Der Appellant mußte hierauf dieses Attest mit den ihm zugestellten Acten und Bericht dem Oberrichter überreichen *b*).

*a*) *tit.*

a) *tit. D. de libellis dimissoriis, qui apostoli dicuntur.* In dem mitlern Zeitalter fing man an, die Berichte des Judicis a quo, welche derselbe auf die eingewandte Appellation an den Oberrichter abstatten mußte, mit dem Namen der Aposteln zu belegen, und diese in reverentiale und refutatorische, widerlegende Aposteln (d. h. Berichte) einzutheilen. Diese Begriffe kommen auch in dem canonischen Rechte, (c. 6. de appell. in. 6.) und hiernächst in der Reichs-Cammer-Gerichts-Ordnung wie auch in den nach derselben abgefaßten Landes-Gerichtsordnung vor. Doch pflegt man noch heut zu Tage das Attest, worin der Notarius dem Appellanten bezeuget, daß derselbe vor ihm in Gegenwart zweyer Zeugen, die Appellation gehörig eingewandt habe, mit dem Namen der Testimonial-Aposteln zu belegen. Ausführlicher hievon handelt Bertram de relatione judicis quae inferioris ad superiorem deque inani apostolorum refutatoriorum usu circa susceptam appellationem. (Götting. 1752.) §. 19. sqq.

b) Westenberg c. l.

## §. 86.

Nach dem hiesigen Gerichtsgebrauch muß der Unterrichter in der Regel die Appellation annehmen *a*). Wenn daher die Appellation mündlich bey der Publication der Urthel eingewandt und solches zu Protocoll genommen worden, so wird gleich unter dem protocollo interpositae appellationis der Bescheid geschrieben *b*).

„Es wird der eingewandten Appellation *in honorem Domini superioris plenarie* deferiret.“

Ist die Appellation außergerichtlich vor einem Notar und Zeugen eingewandt und hierauf dem Judici a quo intimiret worden, so wird ein besonderer Bescheid des Inhalts ertheilet: „Es wird der intimirten Appellation, in honorem domini Superioris plenarie deferiret, und dem Appellaten copia hujus producti et decreti zur Nachricht mitgetheilet.

Durch diese Communication erhält der Gegner eine gewiße Nachricht von der eingewandten Appellation, muß sich hinfolglich geruhig erhalten, indem er nun weiß, daß die Urthel nicht rechtskräftig geworden ist. Auch hat diese Mittheilung den Nutzen, daß der Appellat sich bey Zeiten an den Oberrichter wenden, und um ein coarctatorium oder rejectorium bitten kann.

*a*) Visit. Absch. des R. Hofger. von 1737. §. 76. doch sind einige wenige Fälle in dem neuern Visit. Rec. des R. Hofger. von 1774. §. 35. und 36. ausgenommen. (§. 50.)

*b*) Ein besonderer Bescheid wird nicht ausgefertiget.

§. 87.

Solte der Unterrichter vermeinen, daß die Appellation freventlich ergriffen sey, und daß

der

der Appellant keinen rechtmäßigen Grund zu appelliren habe, so wird zwar auch in diesem Fall der Appellation, aus Ehrerbietung gegen den Oberrichter, (in honorem domini superioris) deferiret; allein es wird zugleich die sofortige Acten-Einsendung ex officio erkannt und zu diesem Zweck dem Appellanten bey Strafe der Execution aufgegeben, die Transmissions-Gebühren binnen einer bestimmten Zeit beyzubringen; auch wird derselbe für dem Mißbrauch des Rechtsmittels gewarnet. In dem Bericht an den Oberrichter sucht der Judex a quo nicht nur die Gerechtigkeit seines Ausspruchs zu zeigen, und die Gründe der Sentenz weiter auszuführen, sondern auch die Frivolität und Ungerechtigkeit der Appellation vorzustellen. *a*) Der Bescheid ist z. B. dieser.

„Es wird der intimirten Appellation in honorem domini superioris hiemit plenarie deferiret. Damit jedoch das K. h. Tribunal sofort von der Frivolität dieser Appellation überzeuget werde, sollen Acten mit Bericht ex officio eingesandt werden, und hat Appellant zu diesem Zweck die Transmissions-Gebühren, bey Strafe der Execution, innerhalb 8 Tagen einzubringen *b*).“

In diesem Falle stehet es indeßen dem Judici a quo nicht frey, die angefochtene Sentenz zu vollziehen und weiter in der Sache zu ver-

verfahren. Denn die gehörig eingewandte Appellation, von welcher der Unterrichter benachrichtiget worden, suspendiret die Jurisdiction des Unterrichters und dem Oberrichter allein stehet es zu, über die Gerechtigkeit der Appellation zu erkennen. Die apostoli refutatorii haben inzwischen den Nutzen, daß der Oberrichter bey der Sache vorsichtiger zu Werke gehet *c*).

*a*) R. H. G. O. 3. 4. §. 3. „Vermeinte unser Hofgericht, daß *frivole* appelliret, — mag dasselbe apostolos refutatorios ertheilen; soll aber in denselben die dazu habende Gründe kürzlich anführen (*Mev.* 1. D. 136.) und mit denselben die Acten unverlängt an das K. h. Tribunal versiegelt übersenden, damit solche (Gründe) bey dem Gesuch um die Proceße erwogen, und darnach die Erkenntniß mit eingerichtet werden könne.“ (*Mev.* 6. D. 13.)

*b*) Diese Formel ist aus gerichtlichen Acten genommen.

*c*) *Mev.* 2. D. 294. „Judex a quo, refutatoriis licet datis, nihilominus acquiescere debet, donec superior causam remiserit.“ *Id.* P. 4. D. 383. P. 5. D 304. *Carpz.* Decis. 241. *Carmon* de remediis suspensiv. p. 31. *Willenberg* de passionibus animi in judice p. 58.

Die Apostoli refutatorii sind nichts anders, als ein Bericht an den Oberrichter, und werden wie andere Berichte abgefaßet, nur daß der Unterrichter darin die Frivolität oder Unzuläßigkeit der Appellation zu zeigen sucht. Bertram c. l. §. 19. sqq.

Von Abfaßung dieser und andrer Berichte S. Walchs Einl. in d. Wissenschaft aus Acten einen Vortrag zu thun, und darüber zu erkennen (Jena 1773. S. 47. — 56.)

Das Gesuch um Ertheilung der gerichtlichen Aposteln ist, nach hiesigem Gerichtsgebrauch, nicht üblich. *Mev.* 1. D. 36. „Petitio apostolorum non est necessaria. — Nec enim talium utilitas apparet, ex quo sive *dimissorios* s. *refutatorios* apostolos judex a quo decernit, tamen is, ad quem provocatur, appellationem recipere potest, ejusque est super devolutione judicium.“ Alles kömmt auf die Richtigkeit und Rechtmäßigkeit der Entscheidung selbst an, und hierüber ist der Oberrichter nach eingewandter Appellation, allein befugt zu erkennen. *ibid.* n. 9. die Appellation von den apostolis refutatoriis ist nach der Reichs-Cammergerichtlichen - Praxis überflüßig und vergeblich *de Ludolf* Symphor. consultat. Tom. 2. p. 680. A.

## 8) Von der Einführung und Rechtfertigung der Appellation bey dem Oberrichter.

### §. 88.

Die eingewandte Appellation muß hiernächst mittelst Ueberreichung des Appellations-Libells bey dem Oberrichter eingeführet und gerechtfertiget werden *a*). Der Appellations-Libell wird folgendermaßen abgefaßet.

Der Appellant erzehlet

1) Das *Factum*, welches vor der angestellten

Klage

Klage vorhergegangen ist, und weshalb dieselbe angestellet worden. Das Factum muß der Wahrheit gemäß und deutlich abgefaßet seyn. *b*) Die Deutlichkeit wird durch die Kürze und durch Weglaßung überflüßiger und unerheblicher Umstände befördert. Unerhebliche Umstände wird aber ein Kläger und nachheriger Appellant desto leichter vermeiden können, jemehr Rücksicht er auf die Natur und Eigenschaft der angestellten Klage nimmt. Das Factum selbst wird chronologisch erzehlet. Eine unbescheidene, anzügliche Schreibart, so wie eine falsche Vorstellung des Facti, ziehet Verweise und Strafen nach sich. *c*)

2) Die Geschichte des bisher geführten Proceßes, so weit solche erforderlich.

3) Wird die beschwerende Sentenz, ihrem Haupt-Inhalt nach, kürzlich angeführet, und in origine, oder gewöhnlicher in Abschrift, mit dem unter derselben geschriebenen Appellations-Document, oder mit dem darunter gesetzten gerichtlichen Protocoll, welches über die Appellations-Einwendung gehalten worden, beygeleget; außer, wenn schon vorher Prorogation der Fatalien, zur Einbringung des Appellations-Libells gesucht worden ist, indem diesem Fristgesuch die angefochtene Sentenz mit dem darunter gezeichneten Appellations-Document beygelegt werden muß.

4) Zigete

4) Zeiget der Appellant an, daß er binnen 10 Tagen, von dieser Sentenz, laut des darunter geschriebenen Appellations-Documents, oder Protocolls, appelliret habe.

Die Erkenntniße, worauf sich die angefochtene Sentenz beziehet, so wie alle Documente, welche der Appellant zur Rechtfertigung seiner Beschwerden gebraucht, werden dem Appellations-Libell gleichfalls in origine oder wenigstens in Abschrift, und wenn es thunlich und erforderlich, in beglaubter Abschrift beygelegt.

5) Wird angeführet, daß man vor Ablauf der Einführungs-Frist den Libell überreicht habe, und daß hiefolglich die Formalien ihre Richtigkeit haben würden.

Der Umstand, daß die Jurisdiction des Oberrichters in dieser Sache gegründet und die Appellations-Summe vorhanden sey, wird gewöhnlich mit Stillschweigen übergangen, außer, wenn diese Puncte zweifelhaft scheinen möchten *d*).

6) Werden die Puncte oder Stellen der Sentenz deutlich angeführet, durch welche der Appellant beschwert zu seyn vermeint. Und wegen welcher er ein beßeres Urthel verlangt. Mehrere beschwerende Puncte werden unter fortlaufenden Zahlen angeführet, auch, damit sie gleich in die Augen fallen, etwas ein-

gerückt. Uebrigens werden sie in einer natürlichen Ordnung vorgetragen, so daß derjenige Punct der erste ist, der zuerst gedacht werden muß und z. B. eine praejudicial Frage enthält.

Es dürfen aber keine andere Beschwerden angeführet werden, als welche in der untergerichtlichen Entscheidung liegen, und darin ausdrücklich oder stillschweigend enthalten sind, oder doch durch eine richtige Folgerung daraus hergeleitet werden können.

Bloße Entscheidungs-Gründe sind nicht die Entscheidung selbst; und also eigentlich kein Gegenstand der Beschwerde *e*). Obgleich sie an einem schicklichen Orte mit aller Bescheidenheit zu widerlegen sind. Hienächst müßen.

7) Die Beschwerden gerechtfertiget werden; und der Appellant muß deshalb zur Unterstützung der vorgetragenen Beschwerden hinlängliche Gründe anführen, damit der Oberrichter sehe, daß er durch solche Puncte würklich beschweret worden, und die angefochtene Sentenz abzuändern sey *f*). Sind mehrere Beschwerden angezeiget, so wird jede derselben besonders, und eine nach der andern einzeln gerechtfertiget.

Will der Appellant sich, zur Unterstützung seiner Beschwerden, neuer Gründe und Beweißmittel bedienen, welche in der vorigen Instanz nicht vorgekommen sind, so müßen solche angezeiget und specificiret werden g). Sodann folgt

8) Der Schluß und das Gesuch um Erkennung der Proceße. Gewöhnlich wird nur um Compulsorialen oder um ein Rescript zur Einsendung der Acten gebeten; zuweilen auch um Inhibitorialen, oder um Befehl an den Unterrichter, mit allem fernern Verfahren vor der Hand Anstand zu nehmen. Die Compulsorialen, Inhibitorialen und die Citation des Appellaten machen die völligen Appellations-Proceße aus h).

Vor geschehener Einreichung des Appellations-Libells, mithin vor geschehener Rechtfertigung der Beschwerden, können keine Processe gebeten, noch erkannt werden i).

9) Folgt das Haupt-Petitum. Dieses kann auch bey mehrern Beschwerden, ein einziges seyn, wenn sämtliche Beschwerden einerley Zweck haben. Es kann aber auch vielfach seyn, wenn der Zweck der Beschwerden verschieden ist. Es wird aber jederzeit so abgefaßet, wie die künftige Sentenz lauten soll k).

10) Die heilsame Clausel, (clausula salutaris) womit der gewöhnliche Schluß, wie bey Briefen, und zuweilen auch eine Reservation verbunden wird.

11) Unterschrift des Appellanten, des Concipienten und des Procurators, welcher den Libell überreicht *l*).

12) Die Rubric des Appellations-Libells. — Der erste Bogen des Libells muß ein Stempelbogen zu 2 gr. seyn; auch zu jeder Beylage ein Stempelbogen zu 2 gr. genommen werden *m*).

a) Bey dem R. Cam. Gericht wird der libellus gravaminum der Einführungsschrift, als eine Beylage beygelegt. Seyfarts R. Proc. S. 522. Reinharth 1. obs. 19. n. 27; worauf auch in der K. h. Tribunal-Ordnung (2. 2. §. 4. u. P. 2. tit. 3. §. 1., und Gem. Besch. N. 20.) Rücksicht genommen zu seyn scheinet. Allein nach dem Gerichtsgebrauch geschicht die Einführung und Rechtfertigung in einer Schrift.

*b*) Hierauf beruhet sehr viel. „*In facto* jus est positum." *L.* 52. §. 2. *ad L. Aquil.* (9. 2.) *Marbach* D. veritatem, optimam judiciorum normam proponens Jenae 1716. p. 37. *Goclenii* D. de applicatione juris ad factum. Rintel. 1708. p. 28.

*Baßineller* de vitiis libelli. §. 8.

*c*) Gem. Besch. des R. Hofger. N. 2. S. auch z. B. das Publicatum des K. h. Trib. vom 18. Jan. 1779. in S. des D. Trümmers in Hamburg, wider die vormalige General Direction der K. Schwed. Zahlen-Lotterie in Stralsund.

*d*) Reinharth 1. obs. 19. n. 23.

*e*) *Mev*. 1. D. 7. n. 7.

*f*) Pufen-

Pufendorff 1. obs. 155. p. 391. die wichtigsten Entscheidungs-Gründe müßen nach hiesigen und Mecklenb. Gerichts-Gebrauch, in der Sentenz selbst angeführet werden; widrigenfalls kann man um deren Mittheilung bitten. Visit. Rec. des R. Hofger. von 1707. §. 84. (ad P. 2. tit. 30. §. 10. p. 123.) H. Mecklenb. Verordn. vom 9. Febr. 1785. Im Preußischen werden sie der Sentenz angehängt, wenn schriftlich verfahren worden. Von Engelbrecht. obs. 119.

g) Gem. Besch. des R. h. Trib. Num. 24.

h) T. O. 2. 3. §. 1.

i) Pütters proc. imp. und deßen Erl. des R. Proc. p. 117. f.

k) Reinharth 1. obs. 19. n. 24.

l) Cramer obs. 184.

m) Gem. Besch. des R. Hofger. von 1775 n. 2.

n) Patent vom Gebrauch des Stempel-Papiers.

## §. 89.

Nicht selten wendet man sich mittelst eingewandter Appellation, *querulando* an den Oberrichter und verbindet die Appellation mit der Querela nullitatis *a*) und dann wird der libellus querelae in Rücksicht auf die äussere Form eben so wie der Appellations-Libell abgefasset. Die Beschwerden müssen aber aus den vorigen Acten, so wie sie da liegen, gerechtfertiget werden und die Querel schließet die Rechtswohlthat der neuen Aus- und Beweißführung aus *b*), auch sezt solche ihrem Wesen nach Nullitäten voraus, welche dem Oberrichter aus den bisherigen Acten, deutlich vor Augen geleget werden müssen *c*).

*a*) Pütter de querelae nullitatis et appellationis conjunctione. Götting. 1759. in opusc. p. 302.

*b*) von Engelbrecht obs. 64. n. 6. p. 339. *Mev.* P. 6. D. 300.

*c*) Eine Beschwerde und eine Nullität sind nicht für einerley zu halten. Beydes ist ganz verschieden. *Klock* in Relat. Cameral. 30 n. 174. sq. Eben so ist die Appellation und querela nullitatis mit einander nicht zu vermischen. Weit nützlicher ist es, zu appelliren, als sich der Nullitäts-Beschwerde zu bedienen. *Caepolla* Cautel 253. Bloße Nullitäten d. s Processes allein bewürken auch noch keine bessere Sentenz, man muß auch zugleich beschweret seyn und eine gerechte Sache haben. Der Proceß kann nichtig, die Entscheidung aber gerecht seyn. *W. A. Schöpff* in process. appellationis. Stutgard 1748. p. 450.

## §. 90.

Die Introductions- und Justifications-Frist *a*) ist bey Appellationen an das K. h. Tribunal,

1) eine Zeit von 3 Monathen, wenn von einer definitiv Sentenz, oder von einer interlocutoria, welche die Kraft der definitiv Sen-

Sentenz hat, appelliret worden, und wird von Zeit der eingewandten Appellation an gerechnet *b*).

Nach gemeinen Rechten und bey dem R. Cam. Gericht wird ein Monath zu 30 Tagen gerechnet. Bey dem K. h. Tribunal hingegen wird die 3 monathliche Frist nach dem Calender berechnet, so daß man nicht darauf siehet, ob seit der Einwendung gerade 90 Tage abgelaufen sind sondern man siehet blos auf den Tag des Monaths, da die Appellation eingewandt worden und an eben dem Tage ist nach Ablauf dreyer Monathe das fatale introducendae geendiget. Wäre also am 1sten August die Appellation eingewandt, so würde mit dem 1sten November die 3 monathliche Frist abgelaufen seyn *c*).

2) Ist sie eine Zeit von 6 Wochen, von Zeit der Einwendung an zu rechnen, wenn von einer *interlocutoria*, welche nicht die Kraft einer definitiv Sentenz hat, jedoch einen unersetzlichen Schaden enthält, appelliret worden *d*).

Wer übrigens in liquiden Schuld- oder in Concurs-Sachen an das K. h. Tribunal appelliret, muß seinen Libell dem K. h. Tribunal binnen 4 Wochen überreichen.

*a*) Die Zeit der Einführung und Rechtfertigung ist eine und eben dieselbe Frist. T. O. 2. 2. §. 4. „Zur Introduction — bestimmen Wir

3 Monathe, — und wollen, daß innerhalb dieser Frist der Appellant — auch *libellum*, welchem die Beschwerden einverleibet sind, einbringen, dabey — um die Processe bitten — solle.,, add. P. 2. T. 3. §. 1. Gem. Besch. N. 20.

*b*) T. O. 2. 2. §. 4. u. P. 2. Tit. 1. §. XI. H. G. O. 3. 4. §. 17.

*c*) *Mev.* 1. D. 231. von Balthasar de termin. ac fatal. p. 124.

*d*) T. O. 2. 1. §. XI.

§. 91.

Die Nothfrist zur Einführung der Appellation ist eine ununterbrochene Zeit, (*tempus continuum*) und lauft in einem fort, ohne Abzug einer Zwischen-Zeit, so daß auch selbst die Ferien mitgezählet werden *a*).

Zwar ist in der K. h. Tribunals-Ordnung (2. 9. §. 8.) festgesetzet, daß, wenn der letzte Tag des Termins, in den Ferien, oder auf einen Feiertag fallen möchte, sodann der nächstfolgende Gerichtstag, an dessen Statt, als der bestimmte, angesehen werden solle. Allein dies gilt nach der richtigern und selbst bey dem Königl. h. Tribunal angenommenen, Erklärung, nicht von Nothfristen, sondern blos von Dilationen und Terminen, welche der Richter bewilliget und angesetzet hat, wie auch schon die Rubric des gedachten 9ten Titels,

(von

(von den Ferien, Dilationen und gerichtlichen Terminen) ersehen lässet *b*).

*a*) *L.* 1. *C. de feriis.* von Cramer obs. 369. Textor ad R. I. N. XI. §. 40. Einem Armen laufen die Nothfristen nicht. Mev. 3. D. 178.
*b*) *Mev.* 3. D. 276. von Engelbrecht obs. 16. wenn gleich dieses oder jenes Untergericht den vorgedachten §. 8. *Tit.* 9. *P.* 2. der R. H. Trib. Ordnung zuweilen anders erkläret, und daher anders erkannt haben möchte. vid *L.* 14 *de LL. L.* 39. *eod.* Bey den höchsten Reichs-Gerichten und bey dem K. h. Tribunal in Wismar ist gedachtes fatale unstreitig ein tempus continuum. Cramer c. l. von Engelbrecht c. l.

## §. 92.

Wenn der Appellant behindert wird, vor Ablauf der Einführungs-Frist, seinen Appellations-Libell einzureichen und seine Beschwerden zu rechtfertigen, als welches nicht selten viele Zeit und Nachdenken erfordert, so muß er vor Ablauf dieser Frist, Prorogation derselben suchen *a*). Mit dem Prorogations-Gesuch muß der Appellant zugleich die angefochtene Sentenz mit dem darunter gezeichneten Appellations-Document überreichen. Wer von den Untergerichten zu Stralsund an den Rath appelliret hat und Prorogation der Fatalien sucht, muß nicht allein die Ursache der Behinderung, wodurch er solche Prorogation zu suchen gemüsſiget iſt, gehörig beſcheinigen, ſondern er muß auch zugleich glaubhaft anzeigen, zu welcher Zeit er appelliret habe, und wie der Appellation deferiret worden und deshalb das Decret, worinn derſelben deferiret worden, beylegen. (Gem. Beſch. N. 34. §. 2.) N 37.)

Iſt das Fatale bereits abgelaufen, ſo kann es nicht weiter erſtreckt werden. Doch kann man aus erheblichen Gründen Reſtitution wider den Ablauf deſſelben ſuchen *b*).

Die prorogirte Friſt lauft nicht von Zeit der gebetenen oder erhaltenen Prorogation, ſondern von dem lezten Tag oder Augenblick des prorogirten Fatalis, wofern nicht ausdrücklich die gebetene Prorogation, von Zeit des Decrets bewilliget worden *c*). Mehr als drey Prorogationen pflegen nicht leicht ſtatt zu haben *d*).

Der Beſcheid, worinn die Prorogation bewilliget wird, muß dem Iudici a quo ungefordert überreicht werden, wenn der Appellant, wozu condemniret worden, oder zu beſorgen, daß der Unterrichter auf gegenſeitiges Anhalten mit der Execution und weiter in der Sache verfahren werde *e*).

*a*) T. O 2. 2. §. 8. „wenn die Fatalien noch nicht abgelaufen ſind.“

*b*) T. O. 2. 2. §. 8 „oder nach dem Ablauf Reſtitution zu ſuchen, doch damit nicht — gehöret werden, als dafern das Hinderniß erheblich. *Mev.* 6. D. 276. it. P. 2. Tit. 2. §. 9.

§. 9." Wollen, — daß der Appellant — zugleich bey Ueberreichung seiner Imploration, oder kurz hernach, einbringe, was ihm auf erhaltene Restitution gebühret." *Mev.* 7. D. 35. n. 5. — „Während des Krieges laufen keine Fatalien. Mev. 4. D. 311. wofern der Appellant dadurch behindert wird, seine Appellation fortzusetzen, oder Prorogation zu suchen. *Mev.* 6. D. 40. Auch laufen die Fatalien demjenigen nicht, der um Declaration der Sentenz gebeten. *Mev.* 5. D. 10. n. 5. P. 8. D. 217.

c) *Mev.* 6. D. 28.

d) T. O. 2. 2. §. 9. „Wollen, daß sie, so viel möglich, den Proceß abkürzen und nicht weiter Aufschub gönnen, als die unvermeidliche Nothdurft erheischet."

e) Visit. Rec. des R. Hofger. von 1774. §. 55. (ad P. 3. Tit. 4. §. 2.) „Hätte der Appellant (nicht: Appellat) die Documentirung der erhaltenen Prorogation versäumet, so daß inzwischen auf des Appellaten Anhalten, verordnet wäre, so ist er alle deshalb verursachte Kosten, ohne Widerspruch zu erstatten schuldig. Noch weniger ist deshalb eine neue Appellation zuläßig."

## §. 93.

Wenn mittelst eingewandter Appellation die Nichtigkeits-Querel bey dem Obergericht eingeführet wird, so ist das fatale introductionis eine 6 wöchige Frist *a*), welche entweder von Zeit der publicirten Sentenz, oder des insinuirten Decrets, oder von Zeit erhaltener

Wissenschaft in denjenigen Fällen zu laufen anfängt, da entweder gar kein Termin zur Publication der Urthel angesetzet, oder doch in dem dazu angesezten Termin die Erkenntniß nicht publiciret worden. Nur muß es gehörig beschleuniget werden *b*), daß solche Erkenntnisse den Partheyen oder deren Procuratoren später, als an dem unter der Sentenz oder dem Bescheide verzeichneten Tage zur Wissenschaft gekommen sind *c*).

*a*) von Engelbrecht obſ. 64. n. 3 u. 8.

*b*) z. B. durch das Attest des Registrators oder der Canzleybedienten.

*c*) Gem. Bescheid des K. h. Trib. vom 21 April 1788.

## §. 94.

Bey Appellationen von den Untergerichten an das K. Hofgericht ist das fatale introducendae eine zweymonathliche Frist *a*), so von Zeit der eingewandten Appellation an zu rechnen *b*). Der Appellations-Libell muß aber 14 Tage vor Ablauf dieser 2 Monathe eingereicht werden *c*). Wäre also die Appellation den 10ten August eingewandt, so endiget sich die 2 monathliche Frist mit dem 10ten October; allein 14 Tage vor Ablauf dieser Zeit muß der Libell eingereicht, oder Prorogation gesucht werden. Das Fatale enthält also in dem angenommenen Fall 6 Wo-

6 Wochen und 5 Tage. — Wenn arme Personen in Sachen, welche nicht über 25 Rthlr. betragen, an das K. Hofgericht appelliren, so sollen sie nach eingewandter Appellation binnen 4 Wochen von Zeit der Publication der Urthel, ihre Beschwerden dem Richter erster Instanz schriftlich überreichen und der siegende Theil soll darauf antworten. Beyde Schriften muß der Unterrichter, nach genommenen Actenschluß, mit den Original-Acten erster Instanz, an das Königl. Hofgericht senden, welches sodann, ohne fernern Proceß zu erstatten, was Recht ist, erkennet *d*).

Das *fatale querelae* ist hier gleichfalls eine 6 wöchentliche Frist, welche sofort von Zeit der Publication der Sentenz, oder von Zeit erhaltener Wissenschaft an zurechnen *e*).

*a*) ausgenommen, wenn vom Rath zu Stralsund an das K. Hofgericht appelliret worden. (§. 65 u. 66.)

*b*) H. G. O. 3. 4. §. ult.

*c*) Visitat. Absch. des K. Hofger. §. 114. ad P. 3. Tit. 4. §. fin.

*d*) H. G. O P. 3. Tit. 4. §. 14.

*e*) Nach Maßgabe des gem. Besch. des K. H. Tribunals vom 21 April 1788.

Ueberhaupt wäre zu wünschen, daß in allen Fällen eine kurze und gleichmäßige Frist zur Einführung der Appellationen und Berufungen an den Oberrichter festgesetzet würde. von Engelbrecht obs. 44. §. 7. p. 137.

§. 95.

## §. 95.

In liquiden Schuld-Sachen ist das fatale introducendae appellationis eine 4 wöchentliche Frist, von Zeit der Appellations-Einwendung an zu rechnen *a*). In Concurs-Sachen ist es gleichfalls eine Zeit von 4 Wochen, welche aber von Zeit der Publication der Sentenz, oder von Zeit erhaltener Wissenschaft *b*) zu laufen anfangen.

a) Visitat. Rec. des R. Hofger. von 1774. §. 36. ad P. 2. Tit. 2. §. 7. p. 78. „wird *in caussis liquidis* das fatale praeclusivum auf 4 Wochen hiedurch festgesetzet." Dieses Fatale lauft von Zeit der Einwendung, weil in der Ordnung und dem Visitat. Recesse deshalb nichts besonderes festgesetzet worden und es also bey der Regel bleibet.

b) Visitat. Rec. des R. Hofger. von 1774. §. 65. (ad P. 3. Tit. 6. §. 13. p. 155. „das der Restitution und Deduction, wie auch der Appellation (in dem vorstehenden 13ten §pho Tit. 6. P. 3. der H. G. O.) vorgeschriebene und *a die lätae sententiae* vel decreti, (oder a die notitiae; Gem. Besch des R. h. Tribunals vom 21 April 1788.) zu berechnende 4 wöchentliche Fatale ist von allen bey dem Concurs vorkommenden Fällen, mithin auch in der Ober-Instanz (Gem. Besch. des R. h. Trib. vom 12 Jul. 1782. n. 1.) als ein terminus ordinis concursus anzusehen, und bey der Discussion der Frage *de excitando concursu* sowohl, als wenn *de liquidatione, prioritate* et *constituendo corpore bonorum* die Rede de ist, zu beobachten. So wie denn auch Reluitions-Fälle, wenn sie zur Berichtigung des Corporis bonorum gehören, davon nicht auszunehmen."

§. 96.

In Fällen, da von dem K. Consistorium zu Greifswald an das K. h. Tribunal appelliret wird, ist das fatale introducendae appellationis eine Zeit von 6 Wochen, von Zeit der Publication der Sentenz, oder von Zeit erhaltener Wissenschaft an zu rechnen (§. 62.).

§. 97.

In Licent-Sachen wird die Appellation binnen 4 Tagen eingewandt *a*) und sofort intimiret, auch wird dabey eine Summe von 2½ Rthlr. Species (oder 3 Rthl. 16 ß. Curant), unter dem Namen des Legegeldes im Gericht niedergeleget. Der Appellant erhält diese Summe wieder zurück, wenn die angefochtene Sentenz abgeändert worden *b*).

Da nach dem Königl. Rescript vom 2 May 1734 in Licent-Sachen, an das K. h. Tribunal appelliret wird, so ist auch die in der K. h. Tribunals-Ordnung bestimmte Introductions-Zeit von 3 Monathen, oder respective 6 Wochen (§. 75.) hiebey zu beobachten *c*).

Uebri-

Uebrigens werden bey Appellationen in Licent-Sachen nach erfolgter Intimation, von dem Iudice a quo die Acten mit Bericht, auf Kosten des Appellanten, ohne die Compulsorialen zu erwarten, eben so, wie in Consistorial-Sachen, an das K. h. Tribunal eingesandt. Auch wird der Appellations-Libell und libellus querelae dem Unterrichter nicht in Abschrift communiciret *d*).

*a*) Licent-Gerichts-Ordnung von 1688. §. 8.

*b*) wenn sie auch nur zum Theil abgeändert worden. cf. Gail. 1. obs. 152. n. 4. Schleusing de mulcta frivole appellantibus in casum succumbentiae imponenda. Lips. 1682. Böhmer P. 1. T. 2. Resp. 12. 29. Reinharth 1. obs. 23.

*c*) von Engelbrecht obs. 21. p. 119. sq.

*d*) von Engelbrecht obs. 44. § 7 u. cit. obs. 21. p. 119. Rescript des K. h. Tribunals an das Licent-Gericht in Stralsund vom 18. März 1746.

## §. 98.

Was die Stralsundische Gerichts-Verfassung betrift, so ist 1) bey Appellationen von den Untergerichten an den Rath, das fatale introducendae et justificandae appellationis eine dreymonathliche Frist, welche von Zeit der Appellations-Einwendung zu laufen anfängt.

Vor

Vor Ablauf dieser Frist, oder deren geschehener Prorogation, muß der Appellant, bey Strafe der Desertion, seinen Appellations-Libell, welchem sofort die abgeschriebenen Acten erster Instanz beygefügt seyn müssen, dem Rath überreichen, damit die Sache nicht aufgehalten werde *a*). Die Original-Acten bleiben bey dem Unterrichter.

Kann indessen der Appellant die Acten vor Ablauf dieser Frist nicht einbringen, so muß er um Prorogation nachsuchen, und dem Prorogations-Gesuch ein Attestat von der Canzley, oder den Secretariis des Untergerichts beylegen, daß die Abschrift der Acten zeitig genug bestellet worden, jedoch wegen Behinderungen nicht fertig werden können. Die Secretarii müssen deshalb auch den Tag, an welchem theils um die Abschrift der Acten gebeten, theils solche dem Appellanten zugefertiget worden, auf den Acten-Umschlag verzeichnen *b*).

*a*) Auch nach dem Fuldischen Rechte muß der Appellant seinem Libell sogleich die Acten erster Instanz in Abschrift beylegen. Thomas Fuldisches Privat-Recht, 3ter Band (Fulda, 1790.) S. 297.

*b*) Gerichts-Ordnung, cap. 30. §. 6 und 8. Gem. Bescheid N. 3 und 39. Ist der Appellant arm und ist solcher zum Armen-Rechte gelassen, so wird die Verabfolgung der Original-Acten verstattet.

§. 99.

§. 99.

In Sachen, wo Gefahr beym Verzug, oder welche Bauten, Kirchen, Gotteshäuser und Alimente betreffen, oder sonst unter diejenigen gehören, welche summarisch, ohne ordentlichen Proceß zu erörtern, kann der Unterrichter, (die Cämmerey, oder das Gericht, Consistorium) von Amtswegen, auf die intimirte Appellation, zur Einführung und Rechtfertigung derselben einen Steckternmin setzen, welcher gewöhnlich 4 Wochen zu enthalten pflegt *a*). Der Bescheid ist z. B. dieser:

„Publicatum jov. d. 30. Dec. 1790.

In Sachen ꝛc. ergehet zum Bescheide: Es wird der von klägerischer Seite von der am 15ten dieses ergangenen Verabscheidung eingewandten Appellation, cum praefixione termini von 4 Wochen, deferiret und sollen nicht nur vorkommenden Umständen nach *b*) Sportulae creditiret, sondern auch bey Fortsetzung der Appellation, acta originalia einem Hochedlen Rath eingereicht, jedoch auch dieserhalb der Gebühren wegen, die Zuständnisse reserviret werden.“

*a*) Gerichts-Ordnung cap. 30. §. 3.

*b*) Dem Kläger war schon vorher das Armen-Recht zugestanden worden, weshalb auch die Verabfolgung der Original-Acten an die höhere Instanz bewilliget worden war.

§. 100.

§. 100.

Was II) die Appellation vom Rath an das Königl. Hofgericht anlanget, so ist das fatale introducendae et justificandae appellationis gleichfalls eine dreymonathliche Frist, welche von Zeit der eingewandten Appellation zu laufen anfängt. Vor Ablauf dieser Frist muß der Appellant beym Königl. Hofgericht die Processe extrahiren, auch solche insinuiren, und zugleich bey dem Rath das Appellations-Instrument, worinn die Gravamina angeführet seyn müssen, desgleichen 5 Rthlr. Legegeld, citata parte einbringen und sich sowohl zur Ablegung des Appellations-Eides, als zur Bestellung der Caution erbieten *a)*.

Damit aber vor Ablauf dieser 3 monathlichen Frist die Appellations-Processe nicht nur bey dem K. Hofgericht extrahiret, sondern auch vor Ablauf dieser Frist insinuiret und wegen der praestandorum das nöthige verordnet werden könne; so muß der Appellant, bey Strafe der Desertion, wenigstens 3 Wochen vor Ablauf der 3 monathlichen Introductions-Frist, einen Appellations-Libell bey dem Königl. Hofgericht einreichen *b)*. Die Acten werden nach insinuirten Processen, nur in Abschrift an das Königl. Hofgericht eingesandt. Auch werden keine rationes decidendi von dem Rath gefordert. Bey dem Königl. Hofgericht wird mit dem Appellationstions-Libell nur ein simples Appellations-Document überreicht.

a) Erbvertrag §. 5. Ger. Ordn. c. 31. §. 10. Gem. Besch. N. 18.

b) Gem. Bescheid des R. Hofgerichts N. 3. Visitat. Abschied des R. Hofgerichts von 1774. §. 57.
ad Part. 3. Tit. 4. §. 9.

§. 101.

Ist der Appellant nach eingewandter Appellation ohne Erben gestorben, so ist die Appellation erloschen a). Hat er aber einen Erben hinterlassen, so kann dieser, wenn er sich bey der vorigen Urthel nicht beruhigen will, die Appellation fortsetzen und rechtfertigen. Doch ist er dazu nicht verbunden, ausgenommen, wenn einem Dritten an der Fortsetzung gelegen ist, und dieser sie verlanget b).

Wird aber die Appellation fortgesetzet, so kömmt dem Erben nicht nur die rückständige Zeit, welche dem verstorbenen Appellanten übrig war, zu gut, sondern ihm sind auch überdies noch 4 Monathe zur Fortsetzung der Appellation c) eingeräumt worden, und diese 4 monathliche Frist fängt an zu laufen, sobald der Erbe die Erbschaft angetreten hat d).

Heut zu Tage muß bey den mehresten Landes-Gerichten jede Parthey einen Procurator ad acta bestellen und selbigen mit einer Vollmacht, die auf Erben gerichtet ist, versehen *e*).

Sollte jedoch eine Partey noch keinen Procurator ad acta bestellet gehabt haben, und während des Appellations-Processes gestorben seyn, so muß der Erbe sich erklären, ob er den Proceß fortsetzen wolle, zu welchem Ende ihm vom Richter eine Zeit gesetzet werden kann, binnen welcher er sich erklären muß *f*).

In sofern übrigens ein Dritter nicht dabey interessiret ist, kann der Erbe der Appellation renunciiren *g*).

Hat ein Vormund in Angelegenheiten seines Pupillen die Appellation eingewandt und stirbt, so ist der Erbe des Vormundes schuldig, die Appellation fortzusetzen, doch nur in dem Fall, wenn der Vormund vor beendigter Vormundschaft, oder vor abgelegter Vormundschafts-Rechnung gestorben war *h*).

*a*) *L. un. pr. D. si pendente appellat. mors intervenerit.*

*b*) *cit. L. un. pr.*

*c*) *L. fin. C. si pendente appellat.* (7. 66.)

*d*) *cit. L. fin. C. si pendente appell.* vid. *Mev.* 3. D. 182. n. 1. — Während der Deliberations-Zeit laufen dem Erben keine Fatalien. *Brunnemann* C. 2. D. 4.

*e*) R. h. Trib. O. P. 1. Tit. 12. §. 33. add. Pufendorff 4. obs. XI.

*f*) Von der citatione ad reassumendam litem S.

J. R. A. §. 99. Hofmanns T. R. Pr. §. 1085.

*Mev.* 4. D 243. *Io. Frid. Wernher* de reassumtione litis. Wittenb. 1732.

g) *Mev.* 6. D. 190. 191. 192. 259.

h) *cit. L. un.* §. 1. *D. Si pendente appellat.*

## §. 102.

Wenn die Appellation bey dem Oberrichter noch nicht eingeführet und gerechtfertiget worden, mithin noch keine Gemeinschaft der Appellation vorhanden ist, so kann der Appellant sich der Appellation begeben *a*). Hat der Appellant eine wahrscheinliche Ursache zu appelliren gehabt, so kann der Appellat auch keine Erstattung der Kosten verlangen *b*).

Ist die Appellation bey dem Obergericht eingeführet und gerechtfertiget, so kann der Appellant die Appellation, da sie eine gemeinschaftliche Rechtswohlthat für beyde Partheyen geworden, nicht wider Willen des Appellaten fallen lassen; und der Appellat kann solche, ohngeachtet der gegenseitigen Renunciation, fortsetzen und seine Beschwerden vortragen; ausgenommen, wenn der Appellat die Appellation vorher angefochten hätte.

Es kann übrigens der Appellat auch die vom Appellanten vorgetragenen Beschwerden einräumen *c*) und dadurch der Appellation und dem Proceß ein Ende machen.

a) Hoff

a) *Hoffmann* de communione et adhaesione appellationis. *Pütteri* opusc. p. 485.

b) *Mev.* 6. D. 192, 6.

c) *Thönniker* advocat. prud. in foro civili p. 490. — Besonders ist hier weiter nachzusehen Iac. *Brunnemann* D. de eo quod justum est circa renitentem. p. 74. add. *Brokes* de renunciatione in foro inutili, p. 22.

## Von dem Gesuch des Appellaten bey dem Obergericht um Verwerfung der Appellation und um Coarctation der Fatalien.

### §. 103.

Nach eingewandter Appellation stehet es auch dem Appellaten frey, dem Oberrichter die wahre Beschaffenheit der Sache vorzustellen und daraus die Unzuläßigkeit und Frivolität der eingewandten Appellation zu zeigen. Dies geschiehet in der *exceptione frivolae appellationis*. Diese Exceptions-Schrift muß vor Einreichung des Appellations-Libells, oder wenigstens vor erkannten Appellations-Processen, übergeben werden. Sie wird dem Appellanten nicht communiciret und bestehet

1) aus dem Eingange, oder Veranlassung zu dieser Vorstellung;

2) aus einer der Wahrheit gemäß vorgetragenen und hinlänglich documentirten Geschichts-Erzählung, die, wie sich von selbst verstehet, deutlich und chronologisch abgefaßt seyn muß.

3) aus der Proceß-Geschichte; die angefochtene Sentenz wird mit allen übrigen Actenstücken und Urkunden, worauf der Appellat sich beziehet, in origine oder in beglaubter Abschrift beygeleget, damit der Oberrichter, in den Stand gesetzet werde, sich von der wahren Beschaffenheit der Sache völlig zu überzeugen.

4) aus der Abhandlung selbst; worinn der Appellat sich vorzüglich angelegen seyn läßet, eines Theils die Gerechtigkeit der angefochtenen Entscheidung, aus factischen und Rechts-Gründen, andern Theils aber auch die daraus hervorgehende Ungerechtigkeit und Frivolität zu zeigen, mit welcher der Appellant die gerechte Entscheidung des Iudicis a quo anzufechten sucht.

5) aus dem Schluße und Gesuch dem Appellanten einen Abschlag zu ertheilen, oder die von demselben gebetenen Appellations-Processe nicht zu erkennen.

Das hierauf erfolgte Rejectorium ziehet in der Regel den Ersatz der Kosten nicht nach sich *a*), die indessen auch nicht sehr beträchtlich zu seyn pflegen *b*).

Auf

Auf die eingereichte exceptionem frivolae c) wird aber nicht sofort ein Abschlag ertheilet, sondern es wird zuvörderst auch der appellantische Libellus gravaminum erwartet d).

a) von Engelbrecht obs. 104.

b) Wenigstens die gerichtlichen Kosten sind sehr geringe. Der Bescheid auf die exceptionem frivolae kostet bey der K. Tribunals-Canzley 10 ß. und die dabey erfolgende Copey des Decreti auf den Appellations-Libell 2 Schillinge. Auch dem Procuratori wird pro cura gleichfalls ein billiges entrichtet.

Visitat. Proceß des K. h. Tribunals §. 15., wo es heißt: „muß sich damit begnügen lassen, wenn ihm pro opera ein billig mäßiges entrichtet wird.“

Bey dem K. Hofgericht, wenn bey selbigem die exceptio frivolae eingereicht wird, erhält der Procurator, so wie sonsten, für die jedesmahlige Extrahirung eines Bescheides, 12 Schilling. H. G. O. P. 1. Tit. 12. §. 1. Visitat. Receß des K. Hofger. von 1737. §. 28. u. neuer Visit. Receß des K. Hofger. von 1774. §. 29. c. l. p. 55.

c) Nach dem Reichs-Cammergerichts-Styl wird diese Exceptio frivolae eine Supplic um Ertheilung eines Documents der abgeschlagenen Processe genannt und der Appellat bittet den Oberrichter, ihm über die abgeschlagenen Processe ein Document verabfolgen zu lassen. Pütter proc. imp. §. 350. Cramer obs. 121. §. 9.

Auf solcher Exceptions-Schrift oder Supplic beruhet sehr viel, und es kann dadurch, wenn sie gut und meisterhaft abgefasset ist, dem ganzen Proceß mit einemmahle ein Ende gemacht werden. Muster derselben stehen im Anhange.

d) *Mev.* 4. D. 342. P. 6. D. 13. n. 10. *Gail.* 1. obs. 31. n. 9.

## §. 104.

Der Appellat kann auch den Oberrichter ersuchen, daß derselbe das fatale introducendae abkürze und coarctire a). Gewöhnlich pflegt der Appellat mit der exceptione frivolae das Coarctations-Gesuch zu verbinden, welches weder nöthig noch rathsam zu seyn scheinet. Wenn indessen der Appellat in der exceptione frivolae zugleich um Coarctation des fatalis introducendae gebeten hat, so wird diese Exceptions-Schrift mit dem darauf erfolgten mandato coarctatorio dem Appellaten in Abschrift communiciret. Dies verursacht dem Appellaten nicht geringe Kosten, besonders, wenn der exceptioni frivolae viele und starke Beylagen beygeleget worden, als welche alle wiederum abgeschrieben werden müssen. Besser ist es also, das Gesuch um Coarctation der Fatalien entweder ganz wegzulassen, als welches ohnehin keinen oder sehr geringen Nutzen haben dürfte, oder die exceptionem frivolae in einer besondern Schrift auszuführen und sich in dem besonders abgefaßten Coarctations-Gesuch blos auf selbige zu beziehen, in welchem Falle blos das Coarctations-Gesuch mit dem darauf erkannten coarctatorio dem Appellanten communiciret wird *b*).

Nicht leicht wird der Appellant verurtheilet, dem Gegner die auf das Coarctations-Gesuch verwandte Kosten zu erstatten *c*).

Wenn übrigens der Appellant behindert wird, seinen Appellations-Libell vor Ablauf des coarctirten Fatalis einzubringen, so kann er noch allemahl um die nöthige Befristung bitten, die ihm nicht leicht versagt wird. Das Coarctations-Gesuch wird also, wenigstens in vielen Fällen, nur von geringen Nutzen seyn, weil der Appellant zuvor mit seiner Rechtfertigungs-Schrift oder mit seinem Appellations-Libell gehöret werden muß. Vorzüglich kommt es daher auf die exceptionem frivolae an. Ist diese gegründet und hinlänglich ins Licht gesetzt, so wird der Zweck derselben nicht verfehlet werden.

a) T. O. 2. 2. §. 9. „wenn sich füglich die Kürzung der Fatalien thun ließe, — dem Appellanten einen kurzen Termin zur Einführung und Fortsetzung der Appellation anzusetzen." von Engelbrecht obs. 104. p. 106. *Mev.* 3. D. 245.

b) von Balthasar de terminis ac fatal. p. 93.

c) R. Trib. *protocoll. extrajudic.* vom 15. März 1757. von Engelbrecht obs. 104.

## Von den Erkenntnissen des Oberrichters, welche vor Einsicht der vorigen Acten auf die Einführung und Rechtfertigung der Appellation erfolgen.

### §. 105.

Wenn die Appellation bey dem Oberrichter eingeführet und der Appellations-Libell überreicht ist, so überlegt derselbe zuvörderst 1) ob die Fatalien oder Formalien beobachtet worden, und 2) ob dessen Jurisdiction in der Sache gegründet sey und die Sache also vor ihn gehöre *a*).

Wenn

ad 1) die Fatalien nicht beobachtet worden, so wird die Appellation für desert erkläret. Wobey noch folgendes zu bemerken; nemlich wenn

A) der Appellant die Appellation nicht einmahl bey dem Oberrichter eingeführet und keine Prorogation der Fatalien gesucht hat, so kann der Iudex a quo seine Sentenz vollziehen und weiter in der Sache verfahren, so bald aus der Canzley des Obergerichts das behufige Attest wegen nicht geschehener Einführung und nicht gebetener Prorogation der Fatalien bey demselben eingereicht worden *b*).

B) Wenn

B) Wenn hingegen der Appellant die Appellation bey dem Oberrichter bereits eingeführet, oder Prorogation der Fatalien gebeten hat, demohngeachtet aber solche ablaufen läßt, so kann und muß der Oberrichter, auf Anhalten des Appellaten, die Appellation für desert und erloschen erklären, wenn es aus den Acten klar ist, daß die Appellation deseriret worden *c*).

Wenn

ad 2) die Jurisdiction des Oberrichters wegen nicht vorhandener Appellations-Summe, oder aus andern Ursachen in der vorliegenden Sache, nicht gegründet ist und die Sache vor den Oberrichter nicht gehöret, so wird erkannt: daß die Sache anhero nicht erwachsen und die Beschwerde deshalb nicht anzunehmen *d*).

*a*) H. Hof- und Regierungs-Raths Hanzely's Grundriß des Reichshofräthlichen Verfahrens in Justiz- und Gnaden-Sachen mit nöthigen Formeln. (Stutgart 1786. 8.) 3. B. 1. Abth. §. 230.

*b*) S. z. B. Visit. Rec. des R. Hofger. von 1774. §. 56. (ad P. 3. tit. 4. §. 3.) T. O. P. 2. Tit. 2. §. 6. „dem Richter erster Instanz unbenommen, nach vorgebrachten glaubhaften Schein, daß die Appellation zu vorgedachter Zeit nicht introduciret, oder prosequiret auf die abgesprochene Urthel mit der Rechtshülfe

hülfe, oder was sonst in der Urthel begriffen, ferner, Unsers Obergerichts Verordnung unerwartet, zu verfahren; doch also, daß dem Appellanten, zur Prästation und Erstattung des Erkannten (Erkenntniß) eine solche Zeit gesetzet würde, daß er mit Bericht (dafern er etwa an der Introduction behindert und Prorogation erhalten, oder auch contra lapsum fatalium Restitution zu erlangen verhoffte) einkommen könnte, womit er dann, besonders (bevorab) auf vorgebrachten Schein von dem Obergericht, zu hören."

c) S. T. O. P. 2. Tit. 38. §. 14. „wie die Appellationen in Ansehung der Formalien und in puncto devolutionis beschaffen ꝛc. „u. P. 2. Tit. 3. §. 2. u. 3. „aus solchem Libell" add. Visit. Receß des K. Hofger. von 1774. §. 56." „Wäre aber die Appellation bey der Ober-Instanz introduciret und derselben dorten deferiret, oder daselbst über die Desertion erkannt, hat Dicasterium aller weitern Cognition darüber sich zu entäußern." *W. A. Schöpff* de processu unilaterali ex qualitate causae. p. 18. add. Rescript des K. h. Tribunals an d. K. Consistorium vom 6 Jul. 1753. u. an das K. Hofgericht vom 15. Dec. 1767.

d) *Zanger* de except. P. 2. c. 20. n. 10. *Beck* de remediis etc. p. 17.

Desertion und Non-Devolution sind sehr verschieden. Die Devolution wird von der Sache, welche an das Obergericht gebracht wird; die Desertion hingegen wird von der Appellation, oder Appellations-Klage praediciret. Die Non-Devolution beziehet sich auf die innere Qualität der Sache; die Desertion beziehet sich darauf nicht, sondern

sondern entsteht blos aus Versäumniß der Fatalien, oder Formalien.

Ausführlicher handelt hievon der R. Cam. Ger. Assessor Freyh. von Cramer in obs. 611. Sobald die Appellation eingeführet und hierauf desert worden ist, ist allemahl eine sententia declaratoria erforderlich. Auch selbst in dem Fall muß die Appellation für desert und erloschen erkläret werden, wenn die Nullität oder Iniquität der angefochtenen Sentenz aus den beygebrachten Documenten klar seyn sollte. *Mev.* 7. D. 53. add. *Coler* Decis. 104. n. 24.

Von dem Fall, wenn über die Devolution der Appellations-Streit entstanden. S. *Mev.* 3. D. 304.

Nach welchen Gesetzen die Non-Devolution zu beurtheilen, S. *Mev.* 7. D. 272. add. P. 7. D. 294. n. 2. 3. 4.; P. 3. D. 188. §. 87.

## §. 106.

Hienächst kömmt vorzüglich alles auf die Erheblichkeit der Beschwerden, oder Materialen an, und ob die gebetenen Appellations-Processe zu erkennen. Wobey drey verschiedene Fälle zu bemerken. Nemlich, wenn I. schon aus der bloßen Gegeneinanderhaltung des vorigen Erkenntnisses mit der Rechtfertigung der Beschwerden klar ist, daß die Beschwerden ungegründet, hinfolglich keine Beschwerden vorhanden sind, so wird, wegen Mangels der Beschwerden, die Appellation sofort ohne Acten-Einforderung verworfen *a)*; hinfolgfolglich wird dadurch die vorige Sentenz bestätiget und es ist so gut, als wenn keine Appellation eingewandt worden ist *b*).

Die Appellation wird daher verworfen und die Proceße werden abgeschlagen, A) wenn die Beschwerden blos auf Rechtsgründe gebauet sind und diese nicht Stich halten, oder ungültig sind; oder, wenn B) alles auf factische Umstände ankömmt, diese aber so beschaffen sind, daß, wenn sie sich auch würklich so verhielten und für erwiesen angenommen würden, es demungeachtet bey dem vorigen Ausspruch gelassen werden muß c). Die Formel des Rejections-Bescheides ist z. B. „wird, was gebeten, nicht erkannt." Wegen des offenbar gemißbrauchten Rechtsmittels wird der Appellant und dessen Schriftsteller mit Verweiß und Strafe belegt.

a) H. G. O. 3. 4. §. 12. Bey der Querel ist zu bemerken: wenn die Nullität notorisch ist, so wird sie gleich durch ein Rescript gehoben. Erfordert sie aber eine nähere Untersuchung, so erfolgt ein Rescript an den Unterrichter: „das Gravamen von selbst zu heben, oder Acten einzusenden." von Engelbrecht obs. 64. n. 7. p. 339.

b) *Decision. Cassel.* 94. n. 40. Besonders *Krause* de arbitrio judicis restricto §. 32. — *Mev.* 5. D. 203. n. 3.

c) T. O. 2. 3. §. 3. Claproth von Relat. §. 143.

§. 107.

## §. 107.

Wenn ein Rejections-Bescheid erfolgt ist, so ist es dem Appellanten vergönnet, mit einer anderweiten verbesserten Vorstellung einzukommen und aufs neue um die Appellations-Processe nachzusuchen *a*). Nur muß er neue und erhebliche factische Gründe hinzufügen und die Sache gehörig ins Licht setzen, so daß der Oberrichter dadurch bewogen werden kann, nunmehr die Appellation anzunehmen und die gewöhnlichen Proceße zu erkennen *b*).

Dieses wiederhohlte Gesuch um Annehmung der Appellation und um Erkennung der Appellations-Proceße, pflegt das *Remedium novorum narratorum* genannt zu werden und muß bey eben dem Richter, welcher den Abschlag ertheilet hat, binnen der sonst gewöhnlichen Ordnungs-Frist, von Zeit des erhaltenen Abschlags an zu rechnen, eingebracht werden *c*). Uebrigens kann von solchem abschläglichen Bescheide, wenn noch ein Oberrichter vorhanden ist, appelliret werden *d*).

*a*) Pütter proc. imp. §. 81. dessen Erläut. des R. Proc. p. 156. Cramers W. Beytr. I Abhandl. 26. Pütters Rechts-Fälle I. B. S. 346. f.

Gem. Bescheid des Kayserl. u. Reichs-Camm. Gerichts vom 18. März 1785. n. 5.

*b*) T. O. 2. 3. §. 5. „Wann die Proceße abgeschlagen, soll dagegen keine Imploratio pro restitutione in integrum — zugelassen werden,

den, sondern allein den Appellanten frey stehen, da sie vermeinten, in den narratis gefehlet zu haben und daß daher die Proceße nicht erkannt worden, dasjenige, welches zu dem Abschlag Ursach gegeben zu haben vermeinet würde, in einer Supplic kürzlich vorzubringen; darauf dann zu erwarten, ob sich daraus befinde, daß auf die veränderten Narrata die Proceße zu erhalten." ad §. 6. *Scharrenhorst* concil. Decis. Mev. p. 208. Gem. Besch. des R. h. Trib. vom 17. Oct. 1692. Num. 21. „so soll sich ferner des in der Ordnung P. 2. Tit. 3. §. 5. vergönnten Rechtsmittels Niemand bedienen, er habe und bringe denn *vere nova*, *eaq. in facto* bestehende *narrata* vor, von welchen er vorhin nicht genugsame und eigentliche Nachricht haben können."

c) T. O. 2. 9. §. 7. von Engelbrecht obs. 64. n. 3.

d) *Mev.* 1. D. 18. n. 6.

## §. 108.

Wenn hienächst II) die Beschwerden offenbar gegründet sind, so daß der Appellat nichts dagegen einwenden kann, der Oberrichter auch versichert ist, daß der Appellant keine solche Umstände vorgebracht, oder wahre verschwiegen hat, so kann sofort ohne Actenforderung die vorige Sentenz abgeändert und dem zufolge dem Judici a quo aufgegeben werden, die gegründete Beschwerde zu heben *a*).

Der

Der Appellant überreicht zu dem Ende dem Unterrichter das erhaltene Rescript wegen Aufhebung der Beschwerde, mit Bitte, dem Appellaten davon Copey zur Nachricht zu ertheilen und der Unterrichter muß dem Rescript, wenn er nichts erhebliches dagegen einzuwenden hat, Folge leisten, mithin seine gesprochene Sentenz, dem oberrichterlichen Befehl gemäß, ohne Widerrede abändern *b*). Sollte der Appellat sich durch das Rescriptum de gravamine tollendo beschweret finden, so steht ihm frey, bey dem Oberrichter, als demjenigen, der das Mandat wegen Aufhebung der Beschwerde ertheilet hat, gegründete Vorstellung zu machen und die Einrede der Sub- und Obreption dagegen vorzuschützen *c*).

*a*) *Mev*. 8. D. 221. n. 4: add. P. 5. D. 321. sq. P. 3. D. 67. D. 108. n. 4. P. 4. D. 124. it. D. 29.

Krause c. l. §. 32.

*b*) Pufendorff 3. obs. 215. §. 97. p. 619. *Mev*. 8. D. 221. n. 4. Hat der Unterrichter gegründete Einwendungen dagegen, so muß er solche sofort dem Oberrichter anzeigen und Bericht abstatten. *Mev*. c. l.

*c*) Freiesleben problema pract. mandato sine clausula poenali ob exception. sub- et obreptionis impune non pareri.

Betrift die Appellation blos einen Fehler im Proceß, so erfolgt an den Unterrichter ein Rescript zur Abänderung des Proceßes (Rescriptum de emendando processu) und derselbe wird angewiesen, wie er verfahren soll. Die Acten werden nicht eingefordert Claproth Proc. §. 373.

§. 109.

Wenn endlich III) die Beschwerden einer nähern Untersuchung bedürftig sind, indem sie gegründet zu seyn scheinen, oder zweifelhaft erachtet werden, der Oberrichter also vor abzugebendem Erkenntniße nöthig findet, die Acten voriger Instanz einzusehen, und selbige mit den angebrachten Beschwerden zusammenzuhalten, so erkennet der Oberrichter die Appellations-Proceße, oder erläßt an den Judicem a quo ein Rescript zur Einsendung der Acten mit den Entscheidungs-Gründen *a*), um nach geschehener Zusammenhaltung der Beschwerden mit den vorigen Acten, was den Rechten und Acten gemäß ist, erkennen zu können. Die Inhibitorialen, oder der Befehl an den Unterrichter, nicht weiter in der Sache zu verfahren, sind nicht schlechthin erforderlich, weil, sobald die Appellation gehörig eingewandt und dem Judici a quo bekannt worden ist, solche schon ohnehin eine Suspensiv-Wirkung hat, so daß der Judex a quo nicht weiter in der Sache verfahren darf.

*a*) Visit. Receß des R. h. Trib. §. 24. „Die rationes decidendi zugleich nicht mit — eingesandt sind, gleichwohl, weil der jüngere Reichs-Abschied von 1654, wie auch die Obser-

Observanz des Kayserl. und Reichs-Cammer-Gerichts und des Reichshofraths solches haben will, und der heilsamen Justiz ersprießlich ist; also wird den Richtern a quibus mittelst dieses aufgegeben, die rationes decidendi entweder zugleich mit den Reverentialen, oder auch, wenn das K. h. Tribunal solche zeitiger begehren solte, verschloßen einzuschicken."

Nach dem neuern Gerichts-Gebrauch werden die wichtigsten Entscheidungs-Gründe schon in der Sentenz selbst angeführet Visit. Receß des K. Hofgerichts von 1707. §. 84. (ad P. 12. Tit. 30. §. 10. p. 123.) Indeßen müßen sie doch den Reverentialen vollständiger beygefügt werden. Visit. Rec. des K. Hofger von 1707. §. 110. (ad P. 3. Tit. 4. §. 7.)" jedesmal den Reverentialen beyzufügen."

§. 116.

Im Zweifel sind allemal die Proceße zu erkennen *a*), und es ist dabey nicht erforderlich, daß die Beschwerde gleich anfangs bey der Appellation erwiesen sey, sondern es ist schon genug, daß die Beschwerde wahrscheinlich sey, oder gegründet zu seyn scheine. Genug daß der Oberrichter nicht sagen kann, daß der Appellant offenbar überall nicht beschweret, oder die Beschwerde offenbar ungegründet sey *b*).

Ein Zweifel, weswegen die Proceße zu erkennen, ist aber vorhanden: 1) wenn es bey Entscheidung einer Sache auf ein streitiges Recht ankömmt; 2) wenn ein Vertrag einer zweifelhaften Interpretation fähig und von sol-

 cher

cher Erklärung die Entscheidung abhängt; 3) wenn bey einem Beweise Zeugen für und wider Jemanden vorkommen; 4) wenn die beschwerliche Sentenz, in Ansehung der vorhergehenden eine reformatoria war; 5) wenn mehrere wider einander laufende, jedoch aller Wahrscheinlichkeit nach, für den Appellanten streitende Umstände vorhanden; 6) wenn die Entscheidung der Beschwerden nach dem Appellations-Libell darauf beruhet, was in dem vorigen Acten vorkömmt. In solchen und andern zweifelhaften Fällen werden die Proceße erkannt *c)*.

*a)* H. G. O. 3. 4. §. 15.

*b)* Gail 1. obs. 31. n. 1. Cramer W. Nebenst. P. 1. p. 107.

*c)* Cramer W. Beytr. P. 2. Abhandl. 21. p. 199. und 226.

Wobey jedoch zu distinguiren: an dubium sit *de ipso gravamine*; an vero tantum *de narratis appellantis*, an scilicet haec vera. *Scharnhorst* conciliatio Decisionum Mevianarum, apparenter contrariarum p. 207. sq. Wenn der Oberrichter, selbst bey Voraussetzung: daß das vorgetragene Factum völlig wahr sey, annoch zweifelhaft ist, ob ein Gravamen vorhanden sey, und ob der Appellant beschweret worden, so werden die Proceße in der Regel nicht erkannt, bis die Beschwerden beßer, als geschehen, ins Licht gesetzet worden. *Mev.* 7. D. 319. n. 8.

11) Von

## 11) Von den Appellations-Prozeßen und dem Rescript, worin Acten und Bericht von dem Judice a quo gefordert werden.

### §. 111.

Wenn von dem K. Hofgericht, an das K. h. Tribunal appelliret ist, und selbiges die vorigen Acten einzusehen nöthig findet, so werden förmliche Appellations-Proceße, mithin Compulsorialen zur Einsendung der Original-Acten, nebst der Inhibition, und zugleich Citation an den Appellaten erkannt. In den Compulsorialen werden die Gravamina besonders und einzeln angeführet, auch die Rechtfertigungs-Gründe kürzlich hinzugefügt. Daher der Appellations-Libell dem Judici a quo nicht in Abschrift communiciret wird. Die Compulsoriales werden dem Judici a quo offen, mit dem darunter gesetzten Gerichts-Insigel zugestellet. Die Acten werden in origine gefordert, mit dem Befehl, selbige dem Appellanten verschloßen, und gewöhnlich mit der Clausel: „gegen ziemliche Gebühr" (wodurch der vierte Theil der sonst gebührenden Abschrifts-Kosten verstanden wird, im Fall nemlich die Acten würklich abgeschrieben worden wären; den Bogen, ordnungsmäßig geschrieben, zu 3 gr gerechnet *a*). Mit den Entscheidungs-Gründen verabfolgen zu laßen *b*). Nach erkannten Proceßen muß auch bey dem Königl. Hofgericht

richt der Appellations-Eyd abgestattet, und die gewöhnliche Caution bestellet werden.

Wenn hingegen eine Partey sich mittelst eingewandter Appellation *querulando* an das K. h. Tribunal gewandt hat, so werden keine Appellations-sondern gewöhnliche Querel-Proceße erkannt. Es ergehet nehmlich an den Unterrichter ein Rescript zur Einsendung der Original-Acten, welchem der Libellus gravaminum in Abschrift beygelegt wird. Das Rescript wird dem Unterrichter verschloßen zugestellet, worauf ohne Praestation einiger Solennien, die Acten mit den Entscheidungs-Gründen eingesandt werden müßen.

a) Rescript des K. h. Tribunals an das K. Hofgericht vom 22. Sept. 1786. und vom 9. März 1787. in S. des K. Preußischen Majors von Normann wider den Praesidenten ꝛc. Grafen zu Putbus pto debiti.

b) Die Acten werden indeßen dem Appellanten nicht zugestellet, sondern dem Tribunals-Bothen mitgegeben, oder durch den Hofgerichts-Bothen übersandt. Ist die Clausel: „gegen ziemliche Gebühr:" in den Compulsorialen nicht enthalten, so wird an Schreibgebühren nichts, sondern nur ½ Rthlr. dem Protonotario entrichtet. Visit. Absch. des K. Hofger. von 1707. §. 111. (ad P. 3. tit. 4. §. 7.)

Die Transmissions-Gebühren von 3 thlr. 24 ßl. werden jedesmal und in jedem Falle, besonders entrichtet.

§. 112.

§. 112.

Sobald die Appellations- oder Querel-Proceße von dem K. h. Tribunal erkannt sind, müssen beyde Parteyen einen Procuratot ad Acta bestellen *a*). Die insinuirten Proceße müßen beym Obergericht in der nächstfolgenden Juridic reproduciret werden. *) Desgleichen soll der appellantische Procurator gleichfalls in dieser ersten, nach erkannten Proceßen erfolgenden Juridic die Acten bey dem Obergericht produciren, oder, wenn dies nicht geschehen kann, muß er zur Production der Acten, Befristung bitten *b*). Wenn der Unterrichter die Acten nicht einsendet, so kann der Appellant erforderlichen Falles, nach beygebrachter Bescheinigung der richtig geschehenen Insinuation der Proceße, den Oberrichter ersuchen, geschärftere Befehle an den Unterrichter zu erlassen *c*).

Sind die Original-Acten bey dem K. h. Tribunal angelangt, so wird von den Procuratoren beyder Partheyen um Ansetzung eines Termins zur Eröfnung der Acten gebeten; nach geschehener Eröfnung werden selbige, wenn sie richtig befunden worden, auf Anrufen der Procuratoren, zur Relation gegeben.

Wenn übrigens von dem K. Hofgericht an das K. h. Tribunal die Acten eingesandt werden sollen, so wird kein Termin zur Inrotulation der Acten angesezt. So wie auch bey Untergerichten keine Inrotulation üblich ist, sondern

dern die Acten werden ohne Beyseyn der Partheyen weggesandt.

*a*) Gem. Besch. des K. h. Trib. vom 26. Jan. 1748. n. 3. und vom 22. Jan. 1751. —

*) Ist indeßen die Reproduction der Proceße unterblieben, so ist die Appellation deshalb nicht desert worden. *Mev.* 2. D. 363. *Coch* prax. p. 129.

*b*) T. O. 2. 10. §. 2. — *c*) T. O. 2. 3. §. 13. *Conc*. d. L. G. O. 2. 34. §. 13.

§. 113.

Wenn von dem Rath zu Stralsund an das K. Hofgericht appelliret ist, so werden auf eingereichten Libell die gewöhnlichen Appellations-Proceße, hinfolglich sowohl Compulsoriales und Inhibitoriales, welche in einem Rescript enthalten sind und welchem der Appellations-Libell in Abschrift beygelegt zu werden pflegt, als auch Citation an den Appellaten ad videndum produci acta erkannt. In dem Rescript werden zugleich die Beschwerden und deren Haupt-Gründe angeführet. Bericht und Entscheidungs-Gründe werden nicht gefordert und die Acten werden in Abschrift exhibiret (§. 65.).

Wenn hingegen von andern Untergerichten an das K. Hofgericht appelliret worden und dieses nach eingekommenen Appellations-Libell die

Ein-

Einsicht der Acten nöthig findet, so wird an den Unterrichter ein Rescript erlassen, worinn ihm nicht nur die geschehene Appellation, mittelst beygelegter Abschrift des Appellations-Libells, bekannt gemacht, sondern auch dabey anbefohlen wird, die bisher verhandelten Acten fordersamst und längstens binnen Rechtsfrist (3 Wochen) mit Bericht einzusenden, im Fall die Acten noch nicht eingesandt seyn sollten (H. G. O. P. 3. Tit. 4. §. 3.).

Dieses Rescript wird in origine mit der angelegten Abschrift des Appellations-Libells, von der Canzley dem appellantischen Procurator, (der sich unter dem Libell unterschrieben hat) zugestellet; vom Appellanten aber dem Iudici a quo und zwar gewöhnlich mittelst einer Exhibitions-Schrift überreicht. Worauf der Unterrichter, nach erlegten Transmissions-Gebühren, die sämmtlichen Original Acten, (welchen der Bericht mit den Entscheidungs-Gründen *a*) besonders versiegelt beygelegt wird), mit der Post, oder mit einem Bothen an einen Procurator des Königl. Hofgerichts zur weitern Beförderung sendet *b*).

Nach Ueberreichung dieser Acten erläßt das K. Hofgericht die Citation an den Appellaten und sezt zur Publication der Sentenz einen Termin an *c*). Der Appellat aber muß hierauf einen Procurator ad acta bestellen, widrigenfalls derselbe ex officio bestellet wird *d*).

 a) Die

*a)* Die Entscheidungs-Gründe müssen allemahl den Reverentialen beygefügt werden. Visit. Rec. des K. h. Trib. §. 24.

Es ist zwar in der Folge in dem Visit. Rec. des K. Hofger. von 1707. §. 84. (ad P. 2. Tit. 30. §. 10. p. 123.) verordnet, daß bey Verfassung der Urthel allemahl rationes decidendi inseriret werden sollen. Allein in der Sentenz werden doch nur die wichtigsten Entscheidungs-Gründe und zwar in möglichster Kürze angeführet. In dem Bericht hingegen werden solche umständlicher und vollständiger ausgeführet. add. Visit. Rec. des K. Hofger. von 1707. §. 110. (ad P. 3. Tit. 4. §. 7. p. 141.).

*b)* Die Acten sollen den Parteyen nicht zugestellet werden. Visit. Rec. des K. Hofger. §. 111. (ad P. 3. Tit. 4. §. 7.); besonders Original-Acten, die leicht verlohren gehen könnten.

In Armen-Sachen werden die Acten unentgeldlich eingesandt. Visit. Rec. des K. Hofger. von 1737. §. 79 (ad P. 3. Tit. 4. §. 13.) *Conc.* der C. G. O. I. 55. §. 5.

Nach dem ältern Gerichtsgebrauch wurden die Acten bey Appellationen jedesmahl abgeschrieben und in Abschrift eingesandt, so wie dies noch bey Appellationen vom Rath zu Stralsund an das K. Hofgericht, üblich ist.

*c)* Die Citation wird in origine dem appellantischen Procurator zugestellet, der sie dem Appellatischen Procurator insinuiret und die abschrift der Citation mit dem darunter gesezten documento insinuationis ad acta einreicht.

*d)* Bey dem K. Hofgericht, Tribunal, Landgericht zu Bergen und dem Rath zu Stralsund

sind

sind gedruckte Vollmachten üblich, welche gehörig ausgefüllet und von den Partheyen eigenhändig unterschrieben werden müssen. Ist die Parthey des Schreibens unerfahren, so kann sie sich von einem Notario die Hand führen lassen, oder wenigstens mit eigener Hand ein Creuz zeichnen, worüber der Notarius das behufige Document ausfertigen muß. Cramer obs. 206. —

## Von den Appellations-Solennien.

### §. 114.

Zu dem Feyerlichen der Appellation wird die Ablegung des Appellations-Eydes, Erlegung der Verlustgelder, oder Succumbenz-Gelder und Caution des Appellanten gerechnet a).

Nach hiesigem Gerichtsgebrauch ist davon folgendes zu bemerken: Wenn von dem K. Hofgericht an das K. h. Tribunal appelliret und die Compulsorialen dem Iudici a quo insinuiret worden, so muß der Appellant sich bey dem Iudice a quo ohne Verzug melden und zur Abstattung des Appellations-Eydes und andrer Solennien sich erbieten, auch zugleich um Ansetzung eines Termins und um Citation an den Appellaten, um zu sehen, wie die Appellations-Solennien praestiret werden, ansuchen. Worauf der abgestattete Appellations-Eyd ad acta

acta verzeichnet wird und die Einsendung der Acten an den Oberrichter erfolget *b*).

Der Appellations-Eyd kann übrigens auch vor Commissarien und durch einen Procurator abgeleget werden *c*).

*a*) Fuchs de Solennibus appellationum. Kil. 1705
Schütz de onere appellationis. Alt. 1764.
Pachelbel von Gehag de Solennibus et de Iurament. appellationis.
König de Iuramento appellationis. ad §. 118. R. I. N. Marburg 1745.
Heineccius de pecunia in casum si causa ceciderint, ab appellantibus, alioque remedio utentibus, deponenda, vulgo, von Succumbenz-Geldern. Halle 1736.
Wildvogel de pecunia succumbentiae. Iena.
Schleusing de mulcta frivole appellantibus, in casum succumbentiae imponenda. Lips. 1682.
Breitenbach de cautione appellationis sollenni. Marburg 1746.
von Engelbrecht obs. 65. p. 341. sq.

*b*) T. O. 2. 3. §. XI. H. G. O. 3. 4. §. 4. Visit. des O. Hofger. von 1737. §. 78. ad. P. 3. Tit. 4. §. 13.

*c*) Visit. Rec. des K. Hofger. von 1707. §. 107. u. §. 108. a. a. O. *L. C.* 5. p. 93.

§. 115.

Nach der Stralsundischen Gerichts-Ordnung c. 30. §. 10. 13 u. 14. ist von den

den Appellationen, die von dem Rath an das Königl. Hofgericht zu Greifswald gerichtet werden, folgendes zu merken:

1) der Appellant muß, nachdem er sich zur Praestation der Solennien erbothen, in einem dazu angesetzten Termin, selbst in Person vor dem Rath erscheinen und den Appellations-Eyd vor offenem Gericht schwören, auch zugleich in eben dem Termin, wegen der Kosten die nöthige Caution bestellen. (Gem. Besch. Num. 15. S. 225.)

   Die Wittwen der Senatoren pflegen aber vor einem Commissarius den Eyd abzulegen. S. Raths-Protocoll vom 11 Jul. 1652. in Sachen Maria von Schevens ꝛc.

2) Die Acten müssen, auf des Appellanten Requisition, abgeschrieben werden. Sobald die Abschrift fertig, wird solches dem Appellanten oder dessen Procurator angezeiget und der Tag dieser Anzeige auf die Acten verzeichnet. Worauf der Appellant schuldig ist, die Acten binnen 3 Monathen, von Zeit da sie abgeschrieben und dem Appellanten solches angekündiget worden, auf dem nächsten Gerichtstag bey dem Königl. Hofgericht verschlossen einzubringen. In derselben Juridic sollen auch die Acten eröfnet werden. (Erb-Vertrag §. 5. n. 5. S. 28.)

Die

Die Kosten für die Abschrift und Vidimation der Acten, (welche eben nicht sehr stark zu seyn pflegen), können etwa 3 Thlr. oder etwas mehr betragen. Hiezu kommen 5 Rthl. Legegeld, welche bey Ueberreichung der Intimations-Schrift mit dem beygefügten Appellations-Instrument entrichtet werden müssen, jedoch zurückgegeben werden, wenn die Sache durch gütliche Handlung beygeleget, oder wenn die angefochtene Urthel, wenigstens zum Theil, reformiret worden.

§. 116.

Bey Appellationen von andern Untergerichten an das K. Hofgericht, so wie auch von dem K. Consistorium an das K. h. Tribunal, ist der Appellations-Eyd und Cautions-Bestellung nicht üblich.

## Von dem Bericht des Iudicis a quo, welcher bey Absendung der Acten an den Oberrichter abgestattet wird.

§. 117.

Der Oberrichter kann Bericht fordern:

1) Noch vor Erkennung der Processe; und zwar fordert derselbe

A) ent-

A) entweder blos einen Bericht, ohne Acten *a*),

B) oder Bericht und Acten zugleich *b*).

2) oder der Oberrichter erkennet die gewöhnlichen Processe und fordert die Einsendung der Original-Acten mit Bericht. Blos von diesem Fall ist hier die Rede.

In dem Eingange des Berichts wird der Compulsorialen oder des Rescripts zur Einsendung der Acten gedacht. Der Bericht selbst, bey welchem auf Wahrheit und Deutlichkeit vorzügliche Rücksicht zu nehmen, enthält das Factum, nebst der Prozeß-Geschichte und hienächst insonderheit die Gründe, warum der Richter so und nicht anders erkannt oder verfahren habe; nicht minder, im Fall der Appellations-Libell dem Unterrichter communiciret worden, eine Widerlegung der vom Appellanten in seinem Libell zur Unterstützung der Beschwerden angeführten Gründe. Der Schluß des Berichts enthält gewöhnlich die Anheimstellung zu dem höhern Ermessen. Sodann folgt die Unterschrift nebst Versiegelung und der Bericht wird mit der gewöhnlichen Aufschrift versehen. Z. B. an das Königl. hochlobsame Hofgericht in Greifswald. Man kann auch das Factum mit den Entscheidungs-Gründen besonders entwerfen und dem Bericht beylegen. Der Bericht wird nicht in den Acten-Paquet geleget, sondern beson-

besonders versiegelt und auf die gleichfalls besonders versiegelten Acten gebunden.

Die Acten selbst müssen foliiret, gehörig rubriciret und billig auch mit einem genauen Verzeichnisse der in dem Acten-Bande enthaltenen Stücke versehen werden, dabey vollständig, d. h. weder mangelhaft, noch überzählig seyn *c*). Acten, welche an das K. h. Tribunal gehen, werden zuvor geheftet.

Wenn keine Acten-Einsendung und Berichts-Erstattung erfordert worden, so wird im Eingange des Berichts blos der Punct bemerklich gemacht, welcher zu der gegenwärtigen Berichts-Erstattung und Acten-Einsendung Gelegenheit gegeben. Z. B. „Die Berufung des N. auf Ew. Königl. Majestät allerhöchsten Ausspruch verpflichtet uns, in gegenwärtigem unterthänigsten Bericht einen Rechtshandel vorzutragen, welches bisher zwischen — obwaltet."

*a*) Diese Berichts-Erforderung ohne Acten ist noch jezt bey dem Reichs-Camm. Gerichte üblich, wenn wegen Erkennung der Proceße Zweifel entstehen. Der Grund hievon lieget darinn, weil die Acten an das R. C. Gericht nur in Abschrift eingesandt werden, diese Abschrift aber viel Zeit und nicht selten beträchtliche Kosten erfordert, überdies der Appellant, im Fall die Prozeße hienächst abgeschlagen würden, nur vergebliche und unnöthige Kosten haben würde.

de. Pütter proc. imp. §. 199 u. 183. Mev. 1. D. 153. n. 1. Bertram c. l. §. 10. sq,

b) Diese Berichts-Erforderung mit der Acten-Einsendung vor Erkennung der Proceße, ist in Rücksicht auf den ältern Gerichts-Gebrauch auch in der K. h. Trib. Ordnung für zuläßig erachtet worden, im Fall wegen Erkennung der Proceße Zweifel entstanden, welches zum Verständniß der Ordnung zu bemerken S. T. O. 2. 3. §. 4

H. G. O. 3. 4 §. 13. Visit. Receß des K. h. Trib. §. 31. n. 1. Visit. Rec. des R. Hofger. von 1737. §. 78. (ad 3 4 § 13.) und gründet sich darinn, daß ehedem die Acten in der Regel in Abschrift eingesandt werden mußten. — Auf Abschlag wurden die Original-Acten vom Oberrichter mit dem abschläglichen Bescheide zurückgesandt; sonst aber mit den erkannten Proceßen an den Iudicem a quo remittiret, um solche Acten abschreiben zu lassen und in Abschrift an den Oberrichter zu senden. S. H. G. O. 3. 4. §. 13. und den daselbst angeführten Visit. Absch.

c) Privat-Briefe, die an den Richter gerichtet werden und dergleichen unnütze Papiere, die nicht zu den Acten gehören, müssen weder bey den Acten geleget, noch dabey gelassen werden.

(von Trützschler) Anweisung zu Abstattung der Berichte, über rechtliche Gegenstände. Leipz. 1785. verb. 1788. 8. Walchs Einl. in d. Wissensch. aus Acten einen Vortrag zu thun rc. S. 49. (Hermanns) allgem. Bemerkungen über Berichte. Eisenach 1788.

 8. (recens.

8. (recens. in d. A. Litteratur-Zeitung. Jena 1789. S. 196.)

§. 118.

Von dem Appellations-Berichte sind aber diejenigen Berichte unterschieden, welche ein Richter noch vor Abfassung und Publication der Sentenz abstattet und darinn um die Entscheidung eines vorkommenden zweifelhaften Falles bittet.

Dergleichen Berichte sind auch noch heut zu Tage zuläßig, wenn würklich Fälle vorkommen sollten, die in den Gesetzen nicht entschieden sind, oder wenn die Gesetze so dunkel abgefasset seyn möchten, daß sie einer authentischen Interpretation bedürftig wären *a*). Die Acten müssen aber mit dem Bericht eingesandt und der Bericht den Parteyen abschriftlich communiciret werden *b*). Gewöhnlich pflegt man aber die Acten an eine Juristen-Facultät zu senden *c*).

*a*) K. Justinians Constitution de confirmatione. Digestorum §. 18. u. tit. D. de appellat. et relat.

*Gudelinus* de I. Noviss. L. 4. c. 12.

J. F. Göckel de relationibus judicum, superioribus factis. p. 8. sq.

*b*) Göckel c. l. p. 11. et 12.

*c*) *Schack* c. l. thes. 62.

Von

## 14) Von den Erkenntnissen des Oberrichters, welche nach genommener Einsicht der vorigen Acten, über die Erheblichkeit der Beschwerden erfolgen.

§. 119.

Wenn die Acten voriger Instanz mit Bericht bey dem Oberrichter angelangt sind, so kann über die Beschwerden selbst erkannt werden. Wobey sodann in Erwegung zu ziehen, ob die Sache annoch zuvor zum fernern Verfahren zu verweisen sey.

Wenn nemlich der Oberrichter die Acten eingesehen und mit den Beschwerden zusammengehalten hat, dabey aber findet, daß der Appellations-Libell neue, zur Sache gehörige und erhebliche factische Umstände oder auch sonst etwas enthält, welches einer nähern Untersuchung und Aufklärung bedürftig, so wird dem Appellaten die Copey des Appellations-Libells erkannt, mit der Auflage, sich darüber binnen Ordnungs-Frist vernehmen zu lassen *a*). Worauf der Appellant repliciret und der Appellat hienächst duplicando antwortet. Zuweilen wird auch wohl zuvörderst ein Termin zur Güte angesezt. Ueberhaupt ist der Proceß in der Appellations-Instanz eben derselbe, der in erster Instanz statt hat *).

Enthält hingegen der Appellations-Libell keine neue erhebliche factische Umstände und überhaupt nicht so etwas, worüber der Appellat annoch zuvor zu vernehmen oder worüber eine nochmahlige, oder nähere Untersuchung anzustellen; so wird, ohne erkannte Copey-Ertheilung des Libells, die Sentenz gesprochen *b*), welche entweder eine *interlocutoria*, oder *definitiva* ist.

*a*) T. O. 2. 36. §. 1. *Mev.* 2. D. 109. n. 10. — *) *Schack* c. l. thes. 47. ibiq. *Vultej.* L. 4. c. 2. n. 161.

*b*) T. O. 2. 10. §. 10. *Mev.* 2. D. 10. n. 3. u. 5.

§. 120.

Wenn nemlich die Entscheidung der Frage: „ob die vorgetragene Beschwerde gegründet sey?" von der Ableistung eines Erfüllungs- oder Reinigungs-Eydes, von der Beybringung oder Recognition einer Urkunde, von einer Beweißführung, oder sonst von einem Umstande abhängt, welcher vor der Definitiv-Sentenz zu berichtigen ist, so wird darauf zuförderst interloquiret, und die Endurthel, wie auch das Erkenntniß wegen der Kosten noch zur Zeit ausgesezt.

§. 121.

Die Definitiv-Sentenz kann 1) eine *reformatoria* seyn. Denn wenn die Beschwerde gegrün-

gegründet befunden worden, so wird die vorige Sentenz abgeändert. Diese reformatorische Sentenz ziehet gewöhnlich die Compensation der Kosten nach sich, ausgenommen, wenn die Appellation blos aus den vorigen Acten gerechtfertiget worden und selbst nach den Acten voriger Instanz eine reformatoria erfolgen mußte; als in welchem Falle der Appellat, ob er gleich in erster Instanz eine gute Urthel erhalten, in die Kosten condemniret wird *a*).

Die reformatorische Sentenz ist übrigens entweder eine unbedingte, oder bedingte, wenn nemlich eine Sentenz unter einer Bedingung, (z. B. „wenn N. zuvor das Suppletorium schwören würde") reformiret wird *b*).

*a*) *Selecta Jurid. Rostock.* 1. p. 258. Claproth Proc. §. 384. Gail. 1. obs. 152. n. 5. *Reinhardt* de compensatione expensarum litis. §. 43. *Schröter* de Stylo curiae. c. 3. §. 15.

*b*) Wernher Ipd. formular. Lips. 1758. p. 12. 135. 152.

## §. 122.

Die Definitiv-Sentenz kann 2) eine confirmatoria seyn. Denn wenn nach eingesehenen Acten sich findet, daß die Beschwerde ungegründet, mithin der Appellant keine Ursache gehabt hat, sich über die vorige Sentenz zu beschweren, so wird selbige bestätiget.

Die Bestätigungs-Urthel kann gleichfals eine unbedingte, oder bedingte seyn *a*); desgleichen *rei judicatae inhaesiva*, oder *non inhaesiva*. Durch jene wird eine rechtskräftige, durch diese eine von der Rechtskraft suspendirte Sentenz bestätiget. Von der Inhaesiv-Sentenz kann nicht weiter appelliret werden *b*).

Ist die Urthel schlechthin bestätiget worden, so wird der Appellant in der Regel, in die Kosten vertheilet und nicht leicht werden die Kosten ausdrücklich oder stillschweigend compensiret *c*).

Bey der frevelhaft befundenen Appellation wird der Appellant und dessen Schriftsteller mit Verweiß und Strafe beleget *d*).

*a*) Werner c. l. p. 150. *Wildvogel* de sententia conditionali. §. 5.

*b*) Schröter de Sententia confirmatoria p. 11. u. 32 Von der Interpretation der Bestätigungs-Urtel, ibid. p. 5..

*c*) *Hert.* Decis. 16. n. 4. u. Decis. 994. n. 4. *Jo. Adam fo* de causis expensarum litis victori a victo non refundendarum, sed compensandarum. Altorf 1731. Inzwischen können doch nach den besondern Umständen und wenn probabilis litigandi causa vorhanden war, die Kosten gar wohl compensiret werden S. z. B. die Sentenz des K. h. Tribunals vom 7 Jul. 1783. In Sachen des Cammerraths Bühring in Siverin, Appellanten gegen den gemeinen Anwald und die curatores bonorum

Wahren-

Wahrendorffischer creditorum, Appellaten in pcto. Erbschafts-Gelder,, wo erkannt ward: „daß die Beschwerde als ungegründet zu verwerfen und die Kosten dieser Instanz aus Bewegniß gegen einander aufzuheben."

d Claproth Proc. §. 385.
De mutatione sententiae in deterius, S. *Horn* de permissa judicis sententia gratiosa. §. 68. in fin.

## §. 123.

Die Definitiv-Sentenz kann 3) eine vermischte seyn, die aus einer reformatorischen und confirmatorischen zusammengesetzet ist. Sie findet statt, wenn eine oder einige Beschwerden gegründet, die übrigen hingegen ungegründet befunden worden. Die reformatorische Sentenz wird vor der confirmatorischen gesezt und die einzelnen Beschwerden, weswegen reformatorisch oder confirmatorisch erkannt wird, werden benannt. Die Kosten werden hier gegen einander aufgehoben *a*).

*a*) Gail 1. obs. 110. n. 6. Die Condemnation in die Kosten wird nach der gemeinen Meinung nicht als Entschädigung für den Sieger, sondern blos als eine *poena temerariae litis* angesehen und nicht erkannt, wenn nicht temeritas litigandi vorhanden ist. *Mev* 6. D. 192. n. 2. Wobey jedoch die Abhandlung des H. Professors Weber zu Kiel, über die Proceß-Kosten. (Schwerin 1790.) desgleichen der

Beytrag zu der Rechtstheorie von Erstattung der Proceß-Kosten von H. Postdirector Hennemann in Schwerin und Jac Fried. Georg Emmerichs D. de litium expensis, quoad causas civiles.. Götting. 1790. zu vergleichen.

## §. 124.

Die Definitiv-Sentenz kann endlich 4) eine declaratoria seyn. Diese erklärende Urthel ist eine Gattung der confirmatorischen Sentenz *a*) und in der Regel werden auch hier die Kosten compensiret, oder mit Stillschweigen übergangen *b*).

*a*) Die Formel ist z. B. diese: „daß wohl gesprochen, jedoch mit dieser Erklärung ꝛc. „oder: daß es zwar bey der Sententia a qua zu lassen und solche zu bestätigen sey, jedoch mit der Erklärung: daß, da gestalten Sachen nach, es keine Unmöglichkeit ist, die Wahrheit des Facti anders, als durch Jüdische Zeugen zu erweisen, diese aber in der Regel gegen einen Christen keine gültige Zeugen sind, Appellatin schuldig, diejenigen Puncte, worüber sie blos Jüdische Zeugen vorgeschlagen, auf andere rechtliche Art darzuthun. V. R. W.“ Pufendorf I. obs. 109. u. obs. 159. §. 4. add. Schroter c. l. p. 52.

*b*) Hofmanns R Prax. §. 1052. Man sehe auch z. B. die Sentenz des K h. Tribunals vom 1. May 1786. in S. Burgermeister und Rath zu Loitz, Appellanten contra den Procuratorem domaniorum Appellaten, in pcto. eines

eines dem K. Bauhof vor Loitz entnommenen Pferdes und geschmälerter Weide-Gerechtigkeit, wo erkannt ward: „daß es wegen Unerheblichkeit der Beschwerden bey dem Publicato a quo um so mehr zu lassen, als es sich von selbst versteht, daß bey der neuen Local-Untersuchung nicht allein darauf, inwiefern durch die von Appellanten mit der Weyde vorgenommenen Veränderungen dem Königl Bauhof eine Abkürzung an der Mitweyde wiederfahren, sondern auch zugleich darauf die nöthige Rücksicht zu nehmen sey, inwiefern von Seiten des Domanii oder des Bauhofs Abkürzungen in der Weyde geschehen, ohne daß der Viehstand des Bauhofes verhältnißmäßig vermindert worden und solchergestalt, unter Compensation der Kosten dieser Instanz, acta zum fernern Verfahren an das K. Hofgericht wiederum zu remittiren. V. R. W."

## 15) Von der Remission der Sache an den vorigen Richter.

### §. 125.

Die Remission, oder Zurückweisung der Sache an den vorigen Richter, bestehet darinn, daß der Oberrichter die an ihn gebrachte Sache der Jurisdiction des competenten Unterrichters wieder überläßt und solche demselben wieder zustellet *a*).

Sie kann 1) geschehen, wenn die Sentenz, von welcher appelliret ist, reformiret worden.

Wenn nemlich der Oberrichter

A) eine Definitiv-Sentenz reformiret hat, so exequiret er sie auch und er ist nicht schuldig, die von ihm entschiedene Appellations-Sache, zur Vollziehung des rechtskräftig Erkannten, an den Unterrichter zurück zu schicken, indem er eine neue Sentenz gesprochen hat *b*). Allein der Oberrichter kann doch, wenn er es den Umständen angemessen zu seyn erachtet, die Sache zur Execution an den Unterrichter zurücksenden *c*), und in diesem Falle, wenn er die Sache nicht behalten will, wird die Remission ausdrücklich erkannt, weil sie sich sonst nicht von selbst verstehet *d*).

B) Wenn eine interlocutorische Sentenz reformiret worden, welche eine Beschwerde enthielte, die durch die Definitiv-Sentenz nicht füglich gehoben werden konnte, so werden die Acten zum weitern Verfahren nicht remittiret *e*). Indessen kann der Oberrichter, wenn er will, die Sache auch in diesem Falle remittiren *f*), und dem Unterrichter das fernere Verfahren, (z. B. das Beweißverfahren) überlassen, auch die Art und Weise des weitern Verfahrens vorschreiben. Wird aber diese vorgeschriebene Verfahrungsart nicht beobachtet, so kann der dadurch Beschwerde sich aufs neue an den Oberrichter wenden *g*).

*a*) Hof-

a) Hofmanns T. R. Pr. §. 1064.
b) *Mev.* 4. D. 349. Cramer obs. 556.
c) von Eyben op. p. 440.
d) von Engelbrecht obs. 69. n. 6.
e) T. O. 2. 1. §. XI. Gail. 1. obs. 131. n. 3. Cramer obs. 340.
f) von Engelbrecht obs. 23. n. 2. G. L. Böhmer de appell. interpos. renunc. §. 20. sq.
g) von Cramer obs. 688.

§. 126.

Wenn 2) eine Definitiv-Sentenz des Unterrichters bestätiget ist und der Condemnirte sich dabey beruhiget hat, so ist der Oberrichter auch befugt, die Sentenz zu vollziehen *a*); indessen wird gewöhnlich die Sache an den Unterrichter remittiret und die clausula remissoria ausdrücklich in der Sentenz gesezet *b*).

Wenn eine interlocutorische Sentenz bestätiget worden, so pflegt gleichfals die Sache an den Unterrichter remittiret und die remissorial Clausel ausdrücklich in der confirmatorischen Sentenz hinzugefügt zu werden *c*).

Ist 3) eine gemischte, oder 4) eine erklärende Sentenz erfolget, so kann der Oberrichter, wenn er will, die Sache remittiren und die remissorial Clausel wird hier gleichfals ausdrücklich hinzugefügt *d*).

a) Nov. 123. c. 21. *Auth. Si quis litigantium. C. de episc. aud.* R. C. G. O. 3. 50. §. 5. „daß die Execution in allen Sachen, die

die durch die Appellation an dasselbe erwachsen, daselbst geschehen sollen." add. *Schröter* de Sent. confirm. p. 45.

*b*) von Engelbrecht obs. 69. p. 364. Leyser sp. 656. m. 1.

*c*) T. O. 2. 1. §. XI. *c* 59. *X. de appellat.* „ad inferiorem remittat." Nach einer neuern Verordnung des canonischen Rechts (in *c.* 5. *de appell. in* 6.) ist der Oberrichter zwar nicht schuldig, die Sache zu remittiren, wenn der Iudex a quo der von einer interlocutorischen Sentenz eingewandten Appellation schlechthin deferiret hat. Allein dieser Fall dürfte bey uns wohl nicht leicht vorkommen, da nach dem Gerichtsgebrauch der eingewandten Appellation nicht simpliciter, sondern mit der Clausel: „in honorem Domini Superioris." deferiret wird, oder auch in dem Appellations-Bericht die Beschwerden widerlegt zu werden pflegen. G. L. Böhmer de appellat. interposit. renunc. §. 22.

Ob der Beweißtermin von Zeit der Remission der Acten, oder von Zeit des rechtskräftigen Erkenntnisses anfange zu laufen, S. *Cocceji* J. Controv. 49. 1. qu. XI.

*d*) von Eyben op. p. 440. Hofmann T. R. Pr. §. 1062. von Friedensberg pract. for. p. 387.

## §. 127.

Was das Gesuch um die Remission der Sache betrift, so muß eigentlich der Appellant, wenn solche rechtskräftig erkannt worden, darum bitten und die Kosten dazu hergeben *a*). Er

Er ist indessen nur schuldig, die Remission an denjenigen Unterrichter zu beschaffen, von dessen Sentenz er appelliret hat. Denn wer die Sache an das Obergericht gebracht hat, der muß sie auch wieder zurück und dahin beschaffen, wo sie zur Zeit der Appellations-Einwendung gewesen. Wenn also der Beklagte von dem Stadt-Gericht appelliret und bey dem Rath eine bessere Sentenz erhalten, der Kläger aber an das K. Hofgericht sich gewendet und eine ihm günstigere Entscheidung erhalten, dabey aber die Remission der Sache an das Stadt-Gericht erkannt worden, so ist der leztere Appellant nur schuldig, die Remission an den Rath zu besorgen und der erstere Appellant muß solche weiter auf seine Kosten an das Stadt-Gericht befördern *b*). Hat ein streitender Theil in allen Instanzen ein widriges Urthel erhalten und die Sache von dem ersten Richter an das höchste Appellations-Gericht gebracht, so muß der Appellant, wenn die Remission an die erste Instanz erkannt worden, die Kosten der Zurücksendung allein tragen.

Wenn der Oberrichter die Remission erkannt hat, so pflegt nicht selten der Appellant still zu sitzen und die Acten bey dem Ober-Gericht liegen zu lassen. In diesem Falle muß der Appellat, wenn die Sentenz die Rechtskraft erreicht hat, und kein Rechtsmittel dagegen eingewandt worden, den Oberrichter ersuchen, daß er dem Appellanten anbefehle, die erkannte Remis-

Remission zu beschaffen. Worauf das gebetene Mandat erkannt wird.

Nach erlegten Gebühren werden die Original-Acten voriger Instanz eingepackt, versiegelt und mit dem Remissoriali dem Unterrichter zugesandt.

Die in der Appellations-Instanz verhandelten Acten bleiben allemahl bey dem Ober-Gericht und es wird nichts weiter, als was an das Obergericht gesandt worden, remittiret, wobey zugleich eine Abschrift der in der Appellations-Instanz gesprochenen Sentenzen dem Unterrichter zugeschickt wird. Daher die Acten verschiedener Gerichts-Instanzen nicht zusammen geheftet werden. Sind die Acten in Abschrift eingesandt, welches geschiehet, wenn von dem Rath zu Stralsund an das K. Hofgericht appelliret ist, so bleiben die abgeschriebenen Acten bey dem Iudice ad quem. —

a) *Cocceji* I Contr. 49. 1. qu XI. not.

b) Wenn die Sentenz desjenigen Unterrichters, von welcher appelliret worden, reformiret ist, so wird die Sache nicht an diesen, sondern an den mittelbaren Unterrichter remittiret, welcher eine bessere Urthel gesprochen hat. *Mev.* 6. D. 338. Gail 1. obs. 131. n. 1 Hofmann T. R. Pr. §. 1065. Auf gleiche Weise wird, wenn die Sentenz des einen Unterrichters reformiret, die Sentenz des andern Unterrichters blos erkläret worden, die Sache an letztern

tern remittiret. von Engelbrecht obs. 23. in fine. Hofmann c. l. §. 1062.

## 16) Von den von beyden Theilen eingewandten Anfechtungs-Mitteln und von der Adhaesion.

### §. 128.

Zuweilen ergreifen beyde Parteyen ein Impugnativmittel gegen eine und eben dieselbe Sentenz. Wenn nun 1) eine jede Partey ein blosses Suspensivmittel, (z. B. die Restitution) bey eben dem Gericht, welches die Sentenz gesprochen hat, zur Hand nimmt, oder ein jeder Theil sich mittelst der Appellation an den Oberrichter wendet, so hat jeder Impugnant eben das zu beobachten, was er sonst nach der Ordnung zu beobachten hat. Allein es kann auch 2) geschehen, daß die eine Partey bey eben demjenigen Gericht, welches die Sentenz gesprochen hat, ein blosses Suspensivmittel, die andere Partey hingegen von eben der Sentenz die Appellation ergriffen hat.

In solchem Falle ziehet die eingewandte Appellation, weil durch selbige die Jurisdiction des Unterrichters aufhöret, das blos suspensivische Rechtsmittel nach sich und der Implorant (desgleichen der Deducent u. s. w.) muß, wenn gleich eher von ihm die Restitution, als von

von seinem Gegner die Appellation ergriffen wäre, dem Appellanten folgen, dergestalt, daß in solchem Falle keine Praevention gilt *a*).

Indessen pflegt, zur Vermeidung der Kosten, und zur Beschleunigung der Sache, *b*), das bey dem Unterrichter eingewandte bloß suspensivische Rechtsmittel auch bey demselben, so wie es sonst geschehen muß, justificiret und vor Ablauf der Justifications-Frist oder deren Prorogation, der Restitutions-Libell eingereicht zu werden *c*), damit solcher mit den Acten an den Oberrichter eingesendt werden könne. Nur darf der Unterrichter nicht über die Beschwerden erkennen, weil dessen Jurisdiction durch die eingewandte Appellation gänzlich suspendiret ist und er nicht weiter Richter in der Sache seyn kann.

Hat der Oberrichter auf den eingereichten Appellations-Libell die Appellations-Processe erkannt, oder ein Rescript zur Einsendung der Acten erlassen, so werden die vollständigen Acten, mit dem bey dem Iudice a quo eingereichten Restitutions-Libell, an den Oberrichter gesandt, damit dieser über sämmtliche, gegen eine und eben dieselbe Sentenz erhobene Beschwerden erkennen könne *d*), zumahl ohnehin dergleichen Beschwerden gewöhnlich genau mit einander verbunden sind.

Würde der Implorant angewiesen, bey dem Oberrichter seinen Restitutions-Libell zu überreichen,

reichen, und müßte er bey diesem zur Einbringung des Libells, Prorogation des fatalis justificandae R. J. J. suchen, so würde er, im Fall der Appellant auf seinen Appellations-Libell einen Abschlag erhalten hätte und Implorant hinfolglich mit seiner Restitution an den Unterrichter verwiesen worden wäre, nicht nur vergebliche Kosten haben, sondern die Sache würde dadurch auch sehr aufgehalten werden. Denn die bey dem Obergericht verhandelten Acten, mit dem bey demselben eingereichten Restitutions-Libell bleiben in der Ober-Instanz. Hinfolglich würde der Restitutions-Libell nochmahl umgeändert, abgeschrieben und bey dem Judice a quo überreicht werden müssen, welches, den Zeitverlust nicht zu rechnen, die gerichtlichen und aussergerichtlichen Kosten ohne Noth nicht wenig vergrößern würde.

a) *Mev.* 8. D. 425. von Balthasar de term. ac fatal. p. 65. Cramer obs. 1369. dessen Wetzl. Nbst. Th. 2. Abh. 5. §. 7. S. 80. cf. Leyser sp. 655. m. 61. sq.

b) Was zur Abkürzung der Processe und zur Verminderung der Proceß Kosten gereichen könnte, soll uberall beobachtet werden. Zufolge der Konigl. Confirmation der Trib. und Hofger. Ordnung, so wie auch an mehrern Stellen in den Gerichts-Ordnungen die möglichste Abkürzung der Processe und Verminderung des Kosten-Aufwandes empfohlen worden. *Mev.* in prodrom. Decision, S. R. Trib. in fine.

c) Zwar sind hierüber keine ausdrückliche gesetzliche Vorschriften vorhanden, daß der Restitutions-Libell bey dem Unterrichter, gegen dessen Sentenz Restitution gesucht wird, in dem Fall, wenn der Gegner appelliret hat, eingereicht werden soll. Allein die gedachte Verfahrungsart ist doch dem Gerichts-Gebrauch gemäß, wie mit mehrern Beyspielen bestärkt werden könnte. S. z. B. das Decret des K. Hofgerichts von 1. und 19. Sept 1785. in Sachen der Witwe Casten zu Barth, wider den Camerarium Passow daselbst in pcto. Ausantwortung der Materiorum. Indessen kann es seyn, daß bey dem Mangel ausdrücklicher Vorschriften es zuweilen anders gehalten worden, welches jedoch unnöthige und überflüßige Kosten und beträchtlichen Zeitverlust zur Folge haben, mithin der Absicht der Gesetzgeber entgegen seyn würde.

d) Diese Verfahrungsart ist z. B. unter andern auch in Sachen der Erben des Burgermeisters Lehment zu Tribsees, wieder B. M. Bethmann cum curatore, in puncto Ablegung einer Vormundschafts-Rechnung 1782. beobachtet worden. Indessen wird bey Untergerichten nicht allemahl eine Gleichförmigkeit in directione processus beobachtet. Ein merkwürdigeres, hieher gehöriges und die Sache trefflich erläuterndes Rescript des K. h. Tribunals, S. beym Pufendorff 2. Obs. 110. §. 2.

Es kann seyn, daß, wenn beyde Parteyen die Sentenz angefochten und die eine appelliret, die andere hingegen bey dem vorigen Richter Restitution gesucht hat, der Ober richter ohne Einsicht der Acten erster Instan und des eingebrachten Restitutions-Libells die Beschwerden des Appellanten, sofort durch

durch ein Rescript hebt. In solchem Fall würde der Iudex a quo nicht befugt seyn, über die in dem Restitutions-Libell vorzetragenen Beschwerden zu erkennen, weil dessen Jurisdiction durch die Appellation gänzlich suspendiret worden. Er würde daher ex officio, die gesammten Acten mit dem Restitutions-Libell dem Oberrichter zusenden müssen — oder es würde der Appellat und Implorant (wie z. B. in Sachen der Wittwe Casten, wieder den Camerarium Passow geschehen) die exceptionem sub- et obreptionis bey dem Oberrichter vorschützen können; worauf denn nach erforderten Acten eine anderweitige Entscheidung des Obergerichts erfolget.

## §. 129.

Zuweilen geschiehet es 3) daß beyde Parteyen von einer Sentenz appelliren a), oder daß 4) ein Theil der von einem andern bereits eingewandten Appellation beytritt, oder adhaeriret. In diesem Fall muß die Adhaesion nach hiesigen Gesetzen, vor Ablauf der 10 tägigen Nothfrist der rechtskräftigen Sentenz geschehen. In Ansehung eines Dritten fängt diese Frist erst von Zeit erhaltener Wissenschaft an.

Ueberhaupt muß nach hiesigen Gesetzen, ein Adhaerent, welcher dem von seinem Gegner ergriffenen Anfechtungs-Mittel, (z. B. der Appellation, Restitution,) beytritt, eben diejenigen Fatalien beobachten, welche dem Principal, (oder Adhaesiten) vorgeschrieben sind; mithin muß ein Adhaerent auch seinen libellum grauaminum vor Ablauf der Einführungs-Frist, einreichen, oder auch weitere Befristung suchen *b*).

Uebrigens muß der Mitappellant, desgleichen der Adhaerent die Hälfte der Transmissions-Kosten entrichten *c*).

*a*) T. O. 2. 14. §. 3. Zuweilen können von einer Sentenz zwey oder mehrere Appellationen, von verschiedenen Interessenten, an verschiedene Judices ad quos eingewandt und bey denselben fortgeführet werden. Pütters R. Fälle 2. B. S. 241. f.

*b*) Visitat. Abschied des R. Hofgericht §. 115. (ad Part 3. Tit. 4. §. 17.) „Wenn Jemand dem von seinem Gegner ergriffenen *Remedio impugnatiuo*, (als Deductionis nullitatis, Restitutionis I. I., et appellationis) adhaeriret; so ist er ebensfals schuldig, die in der Ordnung dem Principal, (oder Adhaesiten) festgesetzten Fatalia, a tempore notitiae, zu observiren.“

*Mev.* 1. D. 159. von Engelbrecht obs. 36. p. 168.

*Wildvogel* de consortibus litis p. 38.

*c*) T. O. 2. 3. §. 12 add. Reichs-Abschied von 1566. §. 118. „So setzen und ordnen wir, daß der Theil, so der Appellation, als beyden Theilen gemein, anzufangen bedacht, sich mit dem andern, der solche acta prioris instantiae redimiret und ausgelöset, deswegen

gen ausgelegter Unkosten und Expens halben vertragen und vergleichen soll. Da aber solches zwischen ihnen nicht statt haben möchte, so soll solches zu des Richters Entscheid und Mäßigung gestellet seyn." *Fabricius* ad *Mynsinger*. obs. Centur. 1. obs. 21. p. 41. sq. von Engelbrecht obs. 36. in fine.

## 17) Von Attentaten.

### §. 130.

Ein Attentatum ist jede eigenmächtige Handlung, wodurch der Zustand eines anhängigen Rechtsstreits verändert wird *a*). Welches hinfolglich auch in einer jeden, in der Ober-Instanz anhängigen Rechts-Sache vorkommen kann, und entweder von einer streitenden Parten *b*), oder von dem Unterrichter *c*) begangen wird; auch sofort von demjenigen Gericht, wo die Rechts-Sache anhängig ist, auf Ansuchen desjenigen, zu deßen Nachtheil es geschiehet, abgestellet und wiederrufen wird, wofern nur gewiß ist, daß dasjenige, was als ein Attentat angezeiget worden, wirklich geschehen, und solches auch ein wahres Attentatum sey.

*a*) Pütter proc. imp. §. 209. *tit. X. ut lite pendente nihil innouetur. Lancellot* de attentatis et innouatis. *Meier* de judice spoliatore p. 8. und 11. Die Litispendenz fängt an nach der Litis-Contestation, und heut zu Tage von

 der

der Citation. wenn solche dem Beklagten gehörig insinuiret worden; und dauret so lange, bis der Rechtsstreit rechtskräftig entschieden, und völlig beendiget worden. *Gasser* de vsu et abusu supplicationum — lite pendente. p. 14. sq.

b) Ja auch von einem Dritten kann zuweilen ein Attentat begangen werden. *Mev.* 4. D. 241. n. 4. und Decis. 286. n. 3. add. P. 5. D. 6. u. D. 90.

*Scaccia* de appellat. qu. 3. n. 63. add *Perez* ad Cod. tit. de appellat. n. 44. in fine.

c) Sobald die Appellation eingewandt ist, so muß alles, in eben dem Zustande bleiben, worin es zur Zeit des ausgesprochenen Urthels gewesen ist, und es darf keine Neuerung und Veränderung vorgenommen werden. *L. un. nihil innov appell. interpos.* Wenn also ein Incarceratus appelliret hat, so muß er doch im Gefängniß bleiben *L.* 12. *C. de appellat.* Der Unterrichter kann in der Sache nichts weiter vornehmen, wenn appelliret ist. Es bleibt alles so, wie es ist.

## §. 131.

Insonderheit kann dergleichen Attentat auch bey Appellations-Sachen *a*) vorkommen, und wird vom Unterrichter begangen, wenn derselbe

1) vor Ablauf der 10 tägigen Nothfrist der rechtskräftigen Sentenz *b*), oder

2) nach

2) nach eigewandter und intimirter Appellation *c*), bis zum Ablauf des fatalis introducendae oder deßen erhaltene und dem Judici a quo insinuirte Prorogation, oder wohl gar

3) nach erfolgter und dem Judici a quo insinuirten Inhibition *d*),

etwas zum Nachtheil des anhängigen Rechtsstreits, und der Appellation unternimmt. Dies ist eine Beleidigung der Gerechtsame des Oberrichters. Unternimmt eine Partey etwas zum Nachtheil des anhängigen Rechtsstreits, so ist dies Selbsthülfe. Beydes wird als ein Spolium angesehen, indem man von diesem auf Attentata zu schließen pflegt *e*).

*a*) So wie auch bey andern Impugnativ-Mitteln, z. B. bey der Restitutione I. I. und Deductione Nullitatis *Lancellot* de attentatis P. 2. in praefat.

*b*) Visit. Rec. des K. Camm. G. von 1713. §. 49. Pütter c. l. §. 211.

*c*) Ja, wenn der Judex a quo nur auf irgend eine Art Wissenschaft von der eingewandten Appellation erhalten hätte. *Mev*. 7. D. 82. n. 1. *id*. P. 7. D. 186. n. 2. et 3. *Mynsinger* cent. 3. obs. 87.

*d*) *Mev*. 4. D. 382. Auch die exceptio frivolae kömmt hier nicht in Betracht. Denn die Jurisdiction des Judicis a quo ist durch die Appellation suspendiret. *Mev*. 4. D. 483. Er kann aber provisionelle Verfügung machen.

Visit. Rec. des R. Hofgr. ad P. 3. Tit. 4. §. 3. Pütter R. Fälle 1. B. S. 346. u. 236.

e) *Mev.* 4. D. 286. n. 3. *Klein* de inhibitione judiciali in causis appellationum.

§. 132.

Die Attentaten-Sachen werden übrigens ganz summarisch betrieben, und es bedarf keiner ordentlichen Klage *a*). Indeßen muß die eigenmächtig unternommene Thathandlung deutlich vorgestellet und bescheiniget werden *b*), so daß der Oberrichter sofort ersehen könne, daß würklich ein Attentat begangen sey, worin solches bestehe, zu welcher Zeit und auf welche Art solches eigentlich verübet worden. Das Gesuch lautet so, wie der Kläger wünscht, daß der Oberrichter erkennen soll *c*).

*a*) *Mev.* 2. D. 27. n. 1. und Decis. 46. n. 1.

*b*) *Mev.* 2. D. 46.

*c*) *Mev.* 1. D. 152.

Von Attentaten wird übrigens ausführlich gehandelt, in der Königl. h. Tribunals Ordnung Part. 2. Tit. 35. „Daß in rechtshängigen Sachen keine Neuerungen vorgehen, noch die streitigen Güter verändert werden sollen.“

18) Von

## 18) Von den übrigen Rechtsmitteln gegen richterliche Erkenntnisse.

§. 133.

Ausser der Appellation giebt es noch andere Suspensiv-Mittel. Denn diese sind überhaupt in Rücksicht auf ihren wahren und zureichenden und von den Gesetzen selbst bestätigten Grund von zweyerley Art. Bey einigen derselben bedarf es

1) weiter nichts, als daß man nur den allgemeinen Grund aller Suspensiv-Mittel, nemlich eine vom Richter zugefügte Beschwerde anführe und erweise, dahin gehöret die Appellation.

2) Bey andern Suspensivmitteln hingegen muß ausser der Beschwerde, oder außer dem allgemeinen Grund der Suspensivmittel, auch noch **ein besonderer Grund** eintreten, von welchem allein die Befugniß abhängt, ein solches bestimmtes Suspensiv-Mittel zu gebrauchen, dergestalt daß die bloße Beschwerde nicht zureichet und keinen Grund enthält, weshalb man dergleichen bestimmtes und besonderes Rechtsmittel zu gebrauchen befugt seyn könnte *a*). Dahin gehöret nun vorzüglich

A) Das Rechtsmittel der Wiedereinsezung in den vorigen Stand. (remedium restitutionis in integrum), welches durch eine bloße Beschwerde keineswegs begründet wird, sondern neue, und zwar erhebliche factische Gründe, aus welchen die Verletzung oder die Beschwerde klar ist, wesentlich erfordert, welche also vor der abgefaßten beschwerlichen Sentenz, in den Acten nicht vorgekommen, oder nicht ausgeführet worden, und welche, wenn sie dem Richter vor Abfaßung der beschwerlichen Sentenz bekannt gewesen wären, eine andere Entscheidung zur Folge gehabt haben würden.

B) Das Rechtsmittel der *deductionis nullitatis*, wie auch die querela nullitatis, so nicht allein eine beschwerliche, sondern auch überdies eine nichtige Sentenz, oder Nullität voraussetzet und wobey der Impugnant nicht nur die vorgeschützte Nichtigkeit, sondern auch die dadurch zugefügte Beschwerde aus den bisherigen Acten zeigen muß.

a) Pütter de querelae nullitatis et appellationis conjunctione (Götting. 1758.) §. 15. in opusc.

Georg Ludwig Böhmer de remedio revisionis. (Götting. 1774.) §. 2 u. 3.

§. 134.

§. 131.

Was die hiesige Gerichts-Verfaßung betrift, so ist gegen den Ausspruch des Königl. h. Tribunals in Wismar *a*) blos die Revision, wodurch die Sache an die Visitation dieses höchsten Appellations-Gerichts gebracht wird, statt derselben aber, die Restitution oder Deduction, zuläßig *b*). Wer jedoch eines dieser blos suspensivischen Rechtsmittel, nemlich entweder blos die Restitution, oder blos die Deduction gebraucht hat, kann das andere nicht weiter anwendlich machen. Die Restitution kann mit der Deduction cumuliret und verbunden werden. *c*). Die Revision findet blos gegen Definitiv-Sentenzen statt *d*), und ist, wie die Restitution und Deduction, nur in appellabeln Fällen zuläßig *).

Die *Deductio nullitatis* setzt eine nichtige Sentenz und eine dadurch zugefügte Beschwerde voraus, und muß, wie die Revision, aus den vorigen Acten gerechtfertiget werden *e*). Die Restitution erfordert wesentlich neue erhebliche und noch nicht ausgeführte factische Gründe, aus welchen die Beschwerde ersichtlich ist *f*).

*a*) Gegen die Sentenzen des Reichs-Camm. Gerichts findet blos die Restitution und die Revision statt, und durch diese wird die Sache an die Reichs Cammergerichts-Visitation gebracht.

gebracht. Schwreder de concursu et electione vtiliori remediorum contra sententias in supremis imperii tribunalibus latas. in deßen Disput. Tom. 2. Disput. 34.

J. C. L. von Schellwitz D. de remedio reuisionis ex legibus imperii et praxi camerae imperii, praeprimis recentiori. (Götting. 1760.) und deßen ulteriores obseruationes de h. m.

Gegen die Sentenzen des Reichshofraths hat blos die Restitution und Supplication statt. Letztere wird auch eine Revision genannt. Hanzely's Grundriß des Reichshofräthlichen Verfahrens. 3. Band 1. Abth. §. 252. von dem Revisions-Proceße bey dem R. Hofrath." Hellfeld s. Resp. Kreidemann de remediis legitimis aduersus sententias, praesertim in augustissimo consilio imp. aulico. Jena 1756.

Von dem Reichshofrath und dem R. C. Gericht können nach der Observanz diejenigen Reichsstände, die sich durch die Sentenz dieser höchsten R. Gerichte beschweret achten, annoch einen Recurs an die allgemeine Versammlung zu Regensburg nehmen, mit dem Gesuch, daß durch einen Reichsschluß die Beschwerde gehoben werde. Dies Remedium recursus ad Caesarem et comitia imperii suspendiret aber nicht die Execution der angefochtenen Sentenz. Pütter J. publ. §. 318. Christian Nettelblat progr. de variis contra sententias in summis imperii tribunalibus latas competentibus remediis, et praecipue *de recursu ad comitia.* Greifswald 1736.

b) *Mev.* 7. D. 220. c) Eine nichtige Sentenz, wogegen blos die Restitution eingewandt worden,

den, kann in der Restitutions-Instanz reformiret werden, wenn gleich keine neue factische Umstände vorgebracht worden, weil die Restitution in solchem Fall eine Nichtigkeits-Klage enthält. Pufendorf 1. obs. 156. Claproth Proc. 351. §.

d) T. O. 3. 5. §. 1. *Mev*. c. l. n. 6. add. Pufendorf 2. obs. 147.

*) *Mev*. 7. D. 220.

e) T. O. 3. 5. §. 5.

f) T. O. 3. 6. §. 5.

Von dem *Remedio relationis* und deßen Würkung, S. *Mev*. 5. D. 304.

## §. 135.

Bey dem Königl. Hofgericht und allen übrigen Landes-Gerichten, die in Ermangelung einer eigenen Proceß-Ordnung, oder andrer besondern Vorschriften, sich nach der Königl. Hofgerichts-Ordnung zu richten haben, sind außer der Appellation, keine andere Rechtsmittel gegen richterliche Erkenntniße zuläßig, als die vorgedachte Restitution und Deduction *a*), deren wesentliche Erforderniße eben dieselben sind, welche in der Königl. Tribunals-Ordnung festgesetzet worden *b*).

a) H. G. O. 3. 2. §. 1. Wird die Nichtigkeits-Klage bey dem Obergericht angebracht, so wird sie die Nichtigkeits-Querel genannt. Pütter proc. imp. §. 214.

b) Visit.

b) Visit. Rec. des R. Hofger. von 1737. §. 54 ad. P. 2. Tit. 20. §. 5. „und nicht ausdrücklich ratione processus und sonsten, in der R. H. G. und deßen Visitations-Receß etwas anders enthalten, — als in der Königl. Trib. Ordnung und deßen Visitations-Receße verfüget, sich auch nach diesen zu richten, aus demjenigen, was in diesen vollkommner, deutlicher, oder mehr, als in jenen enthalten, dieselben daraus suppliren, interpretiren und zu extendiren." add. H. G. O. P. 3. Tit. 4. §. 9.

§. 136.

Ist ein blos suspensivisches Rechts-Mittel bey eben dem Gericht, welches die Sentenz gesprochen hat, zur Hand genommen worden, so ist ein neuer Urthelsverfasser erforderlich. Daher zur Abfassung der Sentenz entweder 1) bey eben dem Gericht ein neuer Referent bestellet wird a), oder auch 2) die Acten an eine Juristen-Facultät oder Spruch-Collegium verschickt werden b).

Doch ist bey dem Königl. H. Tribunal, so wie bey den höchsten Reichsgerichten, die Transmission der Acten nicht zuläßig c), obgleich es einer jeden Partey frey gelassen ist, ein rechtliches Gutachten vor dem Schluß der Sache einzureichen d).

a) T. O. 2. 38. §. 10. P 3. Tit. 5. §. 4. P. 3. Tit. 6. §. 4. Hofger. Ordn. 3. 2. §. 3. ibiq. Rec.

*Rec. Vit.* §. 73. Dähnerts L. C. 5. S. 238. N. 39. „der vorige Urtelsverfasser ist vom Referiren und Votiren ausgeschlossen." add. Der K. Regierung Erklärung der Hofger. Ordnung P. 3. Tit. 2. §. 3. beym Dähnert c. l.

Bey dem Reichs-Cammergericht wird bey jedesmahligen Restitutions-Gesuche der Senat mit 4 neuen Votanten vermehret. S. von Selchow Conc. 1. Th. S. 208.

*b*) H. G. O. 2. 30. §. 17. u. der daselbst angeführte Visit. Rec. § 87. von Engelbrecht obs. 119. Cramer obs 1216. Krause de arbitrio judicis restr. §. 6. *Mev.* consil. 90. n. 37.

An eine einzelne Person dürfen die Acten in der Regel nicht verschickt werden. *Carpz.* proc. p. 557. *Albin.* de indole Dicasteriorum §. 10. Krause c. l.

*c*) T. O. 2. 38. §. 23. von Engelbrecht obs. 1. § 6. n. 3. Cramer obs. 816. Pufendorff 2. obs. CXI. Nicht einmahl in caussis domanii et Principis, nec in propria caussa ipsius Tribunalis. S. von Engelbrecht. c. l.

*d*) T. O 2 36. §. 6. J. R. A. §. 96 „Solche Consilia aber weder in referendo, noch votando Ziel oder Maaß geben, noch, so viel das Factum anbelangt, einigerley Weise attendiret werden sollen."

*Unkauff* de protractione justitiae, per responsa privatim a partibus obtenta. Alt. 1729.

§. 137.

§. 137.

Bey dem K. Consistorium zu Greifswald ist ausser der Appellation und Querel an das K. h. Tribunal *a*) blos die Revision zuläßig *b*). Allein selbige wird selten zur Hand genommen. Wer sich indessen derselben bedienet, kann nicht weiter appelliren und muß binnen drey Wochen von Zeit, da ihm die Urthel zur Wissenschaft gekommen, seinen libellum gravaminum beym K. Consistorium einbringen, auch ein Mandat an seinen Gegner, um binnen 3 Wochen schließlich auf den Libell zu handeln, ausbringen, und dasselbe unverzüglich insinuiren lassen. Worauf der Gegner mit seiner Gegenhandlung vor Ablauf der Frist einkommen muß und keine Verhandlung weiter verstattet wird.

Die Acten werden hienächst an eine Juristen-Facultät, in Fällen aber, welche die Lehre, oder Kirchen-Ceremonien betreffen, an ein auswärtiges Consistorium verschickt *c*). Auf erfolgte confirmatorische Sentenz kann der Revident kein Rechtsmittel weiter anwendlich machen. Gegen eine reformatorische Erkenntniß kann der Revisus annoch die Revision, oder statt derselben die Appellation ergreifen *d*). Das Fatale remedii revisionis ist eine 3 wöchentliche Frist *e*).

*a*) Consist. Instruct. P. 3. c. 4. §. 1. Beyde Remedia (Revisionis et appellationis) stehen

hen dem Beschwerten nur *elective* zu. von Engelbrecht obs. 64. p. 377. u. p. 601.

b) Consist. Instruct. P. 3. c. 4. §. 1. „keine andere Impugnativ-Mittel."

c) von Engelbrecht delin. status Pom. p. 274. nor. 5. in fine.

d) Consist. Instruct. P. 3. c. 4. §. 1. Hellwig de trib. sentent. conform. p. 41.

e) Consist. Instruct. P. 3. c. 4. §. 2.

## §. 138.

Gegen den Ausspruch des K. Gesundheits-Collegiums zu Greifswald kann die Restitution gesucht, und wenn es auf die kunstmäßige Beurtheilung des medicinischen Verfahrens ankömmt, um die Transmission der Acten an eine auswärtige medicinische Facultät gebeten werden. In Rechts-Fällen, (bey deren Behandlung man sich nach der K. Hofgerichts-Ordnung richtet) kann man an das K. h. Tribunal appelliren. In andern Vorfällen wendet man sich an die Königl. Regierung.

K. Medicinal-Ordnung von 1779. c. I. §. 19. (steht in dem 2ten Supplement der Landes-Constitut. S. 557.)

## §. 139.

Wer Restitution sucht, heißt der Implorant, dessen Gegner, der Implorat. Wer die Deduction gebraucht, wird Deducent, dessen Gegner aber, Deduct, oder gewöhnlicher Deducat genannt. Die Sentenz, gegen welche die Restitution oder Deduction ergriffen wird, heißt *Sententia contra quam;* der libellus gravaminum aber pflegt kurz der Restitutions-Libell, oder Deductions-Libell rubriciret zu werden.

## §. 140.

Ein Beschwerter, der gegen eine richterliche Sentenz die Restitution ergriffen, aber in der Restitutions-Instanz verlohren hat, kann bey eben dem Richter nicht das Rechtsmittel der Deduction gebrauchen. Er kann aber appelliren. Eben die Bewandniß hat es mit demjenigen, welcher das Rechtsmittel der Deduction zur Hand genommen.

Das Recht, was dem einen streitenden Theile zusteht, steht auch dem Gegner desselben zu und jede Parthey ist befugt, einmahl bey eben demselben Gericht, welches die Sentenz gesprochen, ein bloßes Suspensiv-Mittel, nemlich entweder die Restitution, oder die Deduction zu gebrauchen, oder auch beyde in einer Schrift zu verbinden, nur versieht sich, daß die gesetzlichen Erfordernisse dieser Rechtsmittel, mithin entweder neue erhebliche, factische Umstände, woraus die Laesion oder Beschwerde klar ist, oder Nullitäten vorhanden seyn müssen.

Wenn

Wenn also der Implorant in der Restitutions-Instanz wegen beygebrachten und erwiesenen neuen erheblichen factischen Umständen eine reformatorische Sentenz erhalten hat, so kann auch der Implorat an sich betrachtet, gegen die ihm nachtheilige reformatorische Sentenz gleichfalls die Restitution oder die Deduction gebrauchen, vorausgesezt, daß die wesentlichen Erfordernisse der Restitution, oder der Deduction vorhanden sind, weil er sonsten sich nur vergebliche Kosten machen, auch wegen des ungebührlichen Gebrauchs und Verzögerung des Processes, in Strafe und Kosten vertheilet werden würde. Hat der Implorat die Restitution vergeblich angewandt, so kann er auch, wenn er würklich beschweret seyn sollte, noch appelliren *a*).

Wenn die Sentenz eine neue Beschwerde enthält, oder von der vorigen abweicht, so kann sowohl derjenige, der bereits ein Rechtsmittel gebraucht hat, als auch dessen Gegner, gegen welchen der Beschwerte ehemahls ein Rechtsmittel zur Hand genommen, eben dasselbige, oder auch ein anderes zuläßiges Impugnativ-Mittel einwenden *b*), insofern dessen wesentliche Erfordernisse vorhanden sind.

*a*) Hofger. O. 3. 2. §. 2. Eine Erläuterung hierüber giebt der Landtags-Abschied vom 8. März 1708. beym Dähnert. L. C. 4. Band. S. 622.

 *b*) *Schaum-*

b) *Schaumburg* princ. prax. judic. Lib. I. Sect. 2. c. 1. §. 15. (Ienae 1769.) p. 375.
Seyfarts R. Proc, S. 463. u. Form. S. 536. f.
Pufendorff 2. obs. 150.
Wegen neuer Beschwerden kann auch öfter leuteriret werden, wo die Leuterung üblich ist. *ICti Erfordiens.* apud *Schorck* Sent. 51, n. 5. sq.

## §. 141.

Die blos suspensivischen Rechtsmittel gegen richterliche Erkenntnisse waren den Römern unbekannt und haben in dem ältern deutschen Rechte ihren Ursprung. Indessen sind nach Einführung des Römischen Rechts, die Grundsätze der Appellation, so weit es thunlich seyn wollen, auf die blos suspensivischen Rechtsmittel angewandt worden *a*).

Dies erstreckt sich auch insonderheit auf die Einwendung dieser Suspensivmittel; denn solche ist bey allen, zum Aufenthalt der Rechtskraft gereichenden Anfechtungs-Mitteln einerley und bestehet in der Erklärung oder Anzeige, daß die Urthel beschwerend sey und man daher selbige von der Rechtskraft, durch Einwendung des Impugnativ-Mittels abhalten wolle, oder, daß man daher genöthiget worden, das bestimmte Suspensiv-Mittel einzuwenden. Will also Jemand durch ein Suspensiv-Mittel die Rechtskraft der Sentenz suspendiren, so muß er auch

solches

solches vor Ablauf der 10 tägigen *b*), oder einer andern in der Gerichts-Ordnung bestimmten Nothfrist einwenden *c*).

*a*) Georg Ludewig Böhmer de provocat. Iur. German. cap. 1. §. 9. in Elect. J. Clis. Tom. 2.

*b*) Claproth Proc. §. 352.
Oeltze gerichtl. Prax. §. 392. n. 1. und §. 300. n. 5.

*c*) Im Hannöverschen pflegt der Beschwerte innerhalb der 10 tägigen Nothfrist, *quaevis remedia suspensiva* elective zu interponiren, muß aber innerhalb 30 Tagen erklären, welches von den eingewandten Impugnativ-Mitteln er zu verfolgen gesonnen sey.
Oeltze Proc. §. 300. n. 3.
Claproth Proc. §. 352. n. IV.

## 19) Von der Restitution insonderheit.

### §. 142.

Zu den blos suspensivischen Rechtsmitteln gehöret insonderheit das ordentliche Rechtsmittel der *Restitutionis in integrum* und *Deductionis nullitatis*. Beyde Impugnativ-Mittel werden bey eben dem Richter, welcher die Sentenz gesprochen hat, zur Hand genommen. Selbige setzen überhaupt eine Beschwerde voraus und gehen dahin, daß die angefochtene Sentenz wieder aufgehoben oder abgeändert werde.

Der besondere Grund, warum man Restitution suchen kann, ist eine Verletzung, oder Beschwerde, welche durch eine gültige, d. h. den bisherigen Acten gemäß abgefaßte, Sentenz, dem Beschwerten, ohne sein Verschulden, zugefüget worden *a*). Die Restitution sezt daher voraus, daß das in den Acten vorgetragene Factum unvollständig oder falsch ist, daß hinfolglich entweder

1) erhebliche, aber unerwiesene factische Umstände, (die in die Entscheidung der Sache Einfluß haben) übergangen worden, indem der Richter solche unerwiesene Facta, bey Entscheidung der Sache, nicht als wahr und richtig, zum Grunde legen können; oder daß

2) erhebliche, aber falsche, unwahre factische Umstände, wegen des beygebrachten Beweises, als wahr und erwiesen, haben angenommen werden müssen *b*).

Der Implorant muß daher dreyerley leisten; er muß

A) neue Gründe vorbringen; diese müssen

B) *in facto* bestehen *c*), und auch

C) erheblich, d. h. so beschaffen seyn, daß sie das bey der vorigen Entscheidung zum Grunde gelegte unvollständige oder falsche Factum, wesentlich verändern *d*), hinfolglich eine andere Entscheidung bewürken müssen,

müssen, auch schon vorhin bewürkt haben würden, wenn der Richter von der wahren Beschaffenheit der Sache besser unterrichtet gewesen wäre *e*).

*a*) *Mev.* Consil. 77. n. 3.

Cramer obs. 645. u. 731. §. 2; obs. 436. §. 2.

*b*) Dergleichen Umstände sind z. B. diejenigen, die, wie in der Folge sich ausgewiesen, auf falsche Zeugen, oder auf falsche Urkunden gegründet waren. Der Beklagte findet z. B. in der Folge eine Quittung, daß er bezahlet habe, und weshalb also die condemnatorische Sentenz wieder aufzuheben. Wäre sie vor der Condemnation bey den Acten gewesen, so würde der Richter ihn nicht zur Bezahlung verurtheilet haben. Die Restitution setzt daher allemal einen Irrthum und zwar einen Irrthum in Ansehung factischer Umstände voraus.

*c*) Neue, und in den vorigen Acten nicht angeführte **Rechts-Gründe** begründen keine Restitution.

de Ludolf obs. forens. 230. Auch ein Irrthum in Ansehung der Rechte (error in jure) kömmt bey der Restitution nicht in Betracht. Cramer obs. c. l. Wernher P. 4. obs. 247. Eisenhart de R. I. I. c. 7. §. 3.

Insofern jedoch die Existenz eines statutarischen oder Gewohnheits-Rechts eine quaestio facti ist, insofern kann auch der Irrthum in Ansehung der Existenz dieser besondern Rechte und Gesetze, eine Restitution begründen. Cramer obs. 367. und obs. 1405. §. 4.

 *d*) Nam

d) Nam in facto jus est positum. L. 52. §. 2. D. ad L. *Aquil.*

e) *Mev.* 2. D. 152. n. 5.
von Selchows Conc. 3. 62. §. 1. S. 474. f.

§. 143.

Die Restitution sezt neue factische Gründe voraus; das heißt: solche, die bisher nicht klar und erwiesen, mithin nicht actenkundig gewesen *a*). Auch die Reichs-Gesetze erfordern „*in facto* emergirende neue, erhebliche Umstände," und setzen also voraus, daß man sich in Ansehung des Facti geirret habe.

Die Restitutions-Gründe müssen aber sowohl in Ansehung des Richters, als auch in Ansehung des Implorantens neu seyn, so, daß dieser sie nicht eher an- und ausführen können und der Richter hinfolglich nicht im Stande gewesen ist, darauf rechtliche Rücksicht zu nehmen *b*).

Die neuen erheblichen factischen Umstände sind neu aufgefundene Urkunden und neu aufgefundene Zeugen, oder: die neuen, erheblichen, in facto hervorgehenden Umstände müssen aus den zur Hand gebrachten Urkunden und Zeugen genommen und bestärkt werden.

In der Restitutions-Instanz sind daher neue Beweise, neue Urkunden und neu aufgefundene

fundene Zeugen erforderlich *c*). Die Gesetze erfordern überhaupt *nova in facto* und schränken sich nicht auf Documente und briefliche Urkunden ein. Mithin ist es völlig einerley, ob man durch neu aufgefundene Urkunden, oder durch neu aufgefundene Zeugen die erheblichen, vorher noch nicht erwiesenen und actenkundig gewesenen Umstände beweise und in das gehörige Licht setze *d*).

Sind die neuen factischen Umstände nicht vollständig dargethan, so kann auch noch auf bessern Beweiß erkannt werden *e*).

Ausser den neuen factischen Gründen, können auch zugleich mit selbigen alle übrigen, in den Acten bereits vorgetragenen, factischen und Rechts-Gründe im Zusammenhange vollständig vorgestellet werden, besonders, wenn die in den Acten vorkommende Facta und Beweise nicht klar und deutlich genug sind, jedoch durch neue Facta, durch richtige Schlüße und Folgerungen, durch künstliche Beweise, mehr Licht erhalten *f*).

Der in der Königl. Hofgerichts-Ordnung (P. 3. Tit. 3. §. 2.) vorgeschriebene Restitutions-Eyd, pflegt nach dem gegenwärtigen Gerichtsgebrauch, nicht abgelegt zu werden.

a) Cramer Wetzlar. Beyträge P. 3. S. 121.

b) Cramers obs. 436. deßen Wetzl. Nebenst. P. 17. obs. 9. §. 38. und P. 15. Abhandl. 9. S. 81.

c) Cramers obs. 1248. und 1395. §. 24. und deßen Nebenst. P. 1. p. 14.

d) Der Beweiß durch Zeugen, die erst nach geschehener Publication des Zeugen-Rotuli produciret werden, wird jedoch in der Regel, wegen befürchteter Abrichtung und Subornation, nicht zugelaßen. Cramer c. l. Pufendorff T. 2. obs. 147.

Das Zeugen-Verhör zum ewigen Gedächtniß ist auch in der Restitutions-Instanz zuläßig.

Cramer obs. 648.

e) Auch kann die Eydesdelation statt finden. Aber sie allein begründet keine Restitution, weil dieses Impugnativ-Mittel neue Urkunden oder neu aufgefundene Zeugen erfordert. *Decis. Cassell.* 100. n. 8. add. Stryck de probatione meliori.

f) Cramers System. proc. §. 1448.

Schweder de conc. et elect. remed. advers. Sent. c. 4. §. 2.

g) von Selchows Conc. 3. S. 481. folg.

## §. 144.

In der Regel kann gegen jede beschwerliche Sentenz, insofern sie die Rechtskraft noch nicht erreicht hat, das ordentliche Rechtsmittel der Restitution gebraucht werden *a*). Doch findet es nicht statt

1) gegen ein simples Interlocut, auch

a) nicht

2) nicht gegen ein Mandat ohne Clausel *b*), wenn solches der Ordnung gemäß erkannt ist *c*), obgleich die exceptio sub- et obreptionis dagegen vorgeschützet werden kann *d*). Ist diese Einrede verworfen worden, so ist auch gegen das abschlägliche Decret keine Restitution zuläßig *e*). Ferner

3) nicht gegen ein in der Appellations-Instanz erfolgtes *decretum processuum denegatorium*. Gegen solchen Abschlag hat blos das Remedium ulterioris supplicationis, oder die so genannte Deductio nouorum narratorum statt *f*).

*a*) von Selchows Conc. 3. 62. pr. §. 1. u. 2. *Recess. deput.* von 1600. §. 138. Cramer obs. 353. §. 4.

Hofger. O. 3. 2. §. 1. Tribun. Ordn. 3. 6. §. 2. folg. u. 3. 5. §. 1.

Cramer obs. 436. §. 10.

*b*) Cramers Wetzl. Nebenst. P. 1. p. 15.

*c*) Pütter proc. imp. §. 196.

*d*) von Selchows Conc. 3. 42. §. 1. Trib. O. 2. 6. §. XI.

*e*) von Engelbrecht obs. c. XI. p. 619.

*f*) Trib. O. 2. 3. §. 5. Pütter Proc. imp. §. 81. deßen Erl. des R. Proc. S. 156.

§. 145.

§. 145.

Die Einwendung der Restitution geschicht 1) von demjenigen, welcher condemniret ist, etwas zu bezahlen, oder sonst etwas zu thun oder zu geben, vor Ablauf des fatalis rei judicatae, indem der Beschwerte gerichtlich anzeiget, daß er sich durch die Sentenz beschweret und daher genöthiget finde, annoch in dieser Instanz die Restitution zur Hand zu nehmen, mit Bitte, ihm zur Einbringung des Restitutions-Libells das ordnungsmäßige Fatale (welches in der Regel eine Zeit von 6 Wochen ist) offen zu laßen und dem Gegentheil hievon zu seiner Nachricht Copey zu ertheilen.

In liquiden Schuldsachen muß diese gerichtliche Anzeige schlechthin vor Ablauf des 10 tägigen fatalis rei judicatae geschehen *a*). Auch in andern Fällen muß derjenige, der condemniret ist, etwas zu bezahlen, oder sonst etwas zu leisten, und sich in eben der Instanz annoch eines Impugnativ-Mittels bedienen will, solches vor Ablauf des fatalis rei judicatae, gerichtlich anzeigen, damit nicht der Richter auf Anhalten des Gegentheils, weiter in der Sache verfahre *b*).

Wenn hingegen 2) ein Beschwerter nicht wozu verurtheilet ist, so pflegt er gewöhnlich die gerichtliche Einwendung zu unterlaßen, und dagegen blos vor Ablauf der 6 wöchentlichen Ein-

Einführungs-Frist seinen Restitutions-Libell zu überreichen, oder auch Befristung zu suchen *c*).

*a*) Visit. Rec. des R. Hofger. von 1774. §. 36. (ad. P. 2. Tit. 2. §. 7.) „Wenn *in causis liquidis* — die Zahlung mandiret worden, ist zwar dem Beklagten, sowohl das Beneficium R. I. I: oder Deductionis nullitatis, als auch Appellationis, *cum pleno effectu* unbenommen; in beider Absicht aber, (oder in Rücksicht dieser drey angeführten Anfechtungsmittel) wird das fatale praeclusiuum (iustificandae) auf 4 Wochen hiedurch gesetzet und muß *intra decendium* interponiret und (respectiue) intimiret werden. „(Die Intimation ist nehmlich nur von dem Fall zu verstehen, wenn die Appellation außergerichtlich vor einem Notar und Zeugen eingewandt worden, und deshalb dem Judici a quo, auch binnen 10 Tagen notificiret oder intimiret werden muß.) Die Intimation oder Notification setzt die außergerichtlich geschehene Einwendung voraus.

*b*) Nur nach eingewandten und respective intimirten Impugnativ-Mittel können vom Unterrichter Attentata begangen werden. *Lancellot* de Attentatis et innouatis, P. 2. in praefat.

*c*) In den hiesigen Gerichts-Ordnungen ist, außer dem angeführten Falle, bey liquiden Schuld-Sachen, es zwar nicht ausdrücklich vorgeschrieben, daß dergleichen ordentliche Suspensiv-Mittel, zum Aufenthalt der Rechtskraft, vor Ablauf des 10. tägigen fatalis rei judicatae eingewandt werden sollen. Allein es ist auch solches eben so wenig ausdrücklich aufgehoben, auch keine andere besondere Einwendungs-Frist vorgeschrieben worden. Mithin

hin dürfte es scheinen, daß auch das Rechtsmittel der Restitution und Deduction vor Ablauf des 10 tägigen fatalis rei judicatae eingewandt werden müße; zumal sich die schon nach der Natur und dem Wesen eines ordentlichen Suspensivmittels, (als durch welches die Rechtskraft einer Sentenz suspendiret werden soll,) von selbst zu verstehen scheinet auch dem Sinn der Gerichts-Ordnungen ganz angemeßen seyn dürfte; wie auch schon der H. Vice-Praesident von Palthasar in tr. de term. ac fatal. p. 90. sehr wohl bemerkt hat. — Allein nach dem Gerichtsgebrauch ist es, außer den in den Gerichts-Ordnungen ausdrücklich benannten Fällen, und wenn Jemand nicht wozu condemniret worden, nicht nothwendig, die Restitution und Deduction binnen 10 Tagen von Zeit der Publication der Urthel einzuwenden, sondern schon hinlänglich, wenn man solches Rechtsmittel binnen 6 Wochen einführet, oder auch Befristung suchet.

## §. 146.

In dem Restitutions-Libell *a*) wird zuvörderst

1) der richtigen Beobachtung der Fatalien gedacht, ohne eine Geschichts-Erzehlung voranszuschicken, da die Sache in eben der Instanz bleibet und dem Richter aus den daselbst vorhandenen vollständigen Acten bekannt ist.

2) werden

2) werden die Puncte, durch welche der Implorant beschweret zu seyn vermeinet, bestimmt und deutlich angezeiget;

3) folget die Rechtfertigung einer jeden Beschwerde, indem der Implorant zur Unterstützung derselben, neue erhebliche factische Gründe anführet, und mit selbigen die in den Acten bereits vorgetragenen Gründe erforderlichen Falls verbindet. Endlich folget

4) Der Schluß und die Bitte, die beschwerliche Sentenz, so weit sie als beschwerend angefochten worden, wieder aufzuheben und abzuändern.

a) Dieser Libell wird auch eine Deduction der Wiedereinsetzungs-Gründe, (deductio caussalium i. e. caussarum R. I. I.) genannt. Oeltze Proc. §. 305.

## §. 147.

Das *Fatale introducendae et justificandae R. I. I.*, vor deßen Ablauf der Restitutions-Libell eingereicht, oder Prorogation gebeten werden muß, ist in der Regel eine 6 wöchentliche Frist, welche sofort von Zeit der publicirten Sentenz zu laufen anfängt *a*); in klaren und liquiden Schuld-Sachen, wie auch in Concurs-Fällen ist es eine 4 wöchentliche Frist *b*).

a) T. O.

a) T. O. 3. 5. §. 2. Gem. Besch. des K. h. Trib. vom 17. Oct. 1757. doch kann es auch von Zeit erhaltener Wissenschaft zu laufen anfangen. Gem. Besch. des K. h. Trib. vom 21. April 1788 Hofger. O. 3. 2. §. 3. it. 3. 3. §. 2. „wie im vorigen Titel — gesetzet.“

b) Visit. Rec. des K. Hofger. von 1774. §. 36. (ad P. 2. Tit. 2. §. 7.)

H. G. O. 3. 6. §. 13. Visit. Rec. des K. Hofger. von 1774. §. 65. ibid. Gem. Besch. des K. h. Trib. von 1782. §. 1. u. 3.

## §. 148.

Auf den eingereichten Restitutions-Libell folgt die richterliche Erkenntniß. Wobey es in Ansehung der Formalien darauf ankömmt, ob das Rechtsmittel zuläßig, oder erloschen sey. In Ansehung der Materialien, oder Beschwerden, ist folgendes zu bemerken. Wenn die Beschwerden

1) offenbar unerheblich sind, so erfolget sofort ein Abschlag a)

2) Sind sie hingegen offenbar erheblich, so werden sie sofort gehoben b).

3) Bey einem Zweifel aber, oder wenn die Beschwerden einer nähern Untersuchung bedürftig sind, werden selbige zur weitern rechtlichen Erwegung angenommen c). Worauf die Acten zur Relation ausgethan, (oder nach

nach den Umständen auch verschickt) werden. Findet nun der Urthelsverfasser,

A) daß vor weiterm Spruch der Gegner über den Restitutions-Libell zu vernehmen, so wird ihm der Libell zu diesem Endzweck in Abschrift mitgetheilet, um sich darüber binnen Ordnungsfrist vernehmen zu lassen;

B) Ist dies nicht der Fall, so erfolget ohne vorhergegangene Copey-Ertheilung des Libells, die Sentenz; und zwar

1) entweder eine Sententia *interlocutoria*;

2) oder *definitiua*; und diese kann seyn,

a) eine *confirmatoria* d), pura oder conditionalis;

b) eine *reformatoria* e), pura oder conditionalis;

c) *mixta*;

d) *declaratoria*.

Eine Citation zur Publication der Sentenz wird nicht erlassen f).

a) Brunnemann proc. civil. cap. 28. n. 129.

b) Hofger. O. 3. 2. §. 5. u. der daselbst angeführte Visitat. Abschied §. 101.

c) Hofger. O. 3. 2. §. 5.

d) Cramer obs. 1442.

von Selchows Conc. der R. C. G. O. 3. 62. S. 474.

Gem. Besch. des K. h. Trib. vom 17. Oct. 1692: Vom Misbrauch der Restitution. Die Formel d. confirmatoriae ist z. B. diese: „daß wegen gänzlich ermangelnder nouorum beim hiesigen Ausspruch vom 19. April des v. J. es schlechthin zu laßen, Implorant auch in die Kosten der gegenwärtigen Instanz und sein Sachwald wegen offenbaren Misbrauchs des Remedii R. I. I. in 10 Rthlr. Strafe zu vertheilen, und daneben an den jüngsten gemeinen Bescheid zu erinnern. Publ. B. K. h. Tribunal in Wismar den 24. Jan. 1780."

e) Cramer obs. 1282. Pufendorff 2. obs. CXI.

f) Hofger. O. 3. 2. §. 5. und der daselbst angef. Visit. Absch. §. 74.

## 20) Von der Deductione nullitatis insonderheit.

### §. 149.

Das Rechtsmittel der Deductionis nullitatis setzt eine nichtige und beschwerende Sentenz voraus. Die Nullitäten überhaupt *a*) entstehen in dem gerichtlichen Verfahren, nach gemeinen Rechten,

1) entweder aus den Bestandtheilen des Gerichts, (ex constitutiuis judicii.); Das Gericht aber bestehet

A) aus

A) aus dem Richter,

B) den Parteyen und

C) dem Processe; dieser enthält

α) Theils wesentliche Stücke, welche aus dem wesentlichen Begrif des Processes fließen; (*Substantialia processus*, s. solennia juris naturalis.) z. B. daß ein Beklagter nicht ungehöret condemniret werde.

β) theils eigentliche so genannte Solennitäten, ohne welche der Proceß gar wohl gedacht werden kann, die aber durch die positive Gesetze, mehrerer Ordnung und Zuverläßigkeit wegen, eingeführet sind *b*); *accidentalia processus* s. solennia juris positivi), und wovon einige derselben bey Strafe der Nichtigkeit vorgeschrieben seyn können.

2) oder aus dem Inhalt der Sentenz *c*). (ex sententiae contentis, s. ex neglectu meritorum causae.) z. B. wenn die Urthel einer rechtskräftigen Sentenz entgegen lauft *d*).

*a*) Von den Nullitäten ist außer Pantius, Besold, Deckherr, Zoll, Brückner, Wahl, Sieber u. a. m., besonders zu bemerken: Pütter de querelae nullitatis et appellationis conjunctione Göttingen 1758. und dessen Programm: theoria generalis de nullitate in opusc.

Biedermann de vero sententiarum nullitate s. sanabili s. insanabili, ad R. I. N. §. 121. u. 122. Leipz. 1772.

A. W. Meyer de nullitate sententiarum sanabili et insanabili, R. I. N. determinata. Götting. 1777. 8.

A. J. Schnauberts Erörterung der Lehre von den heilbaren und unheilbaren Nullitäten. Gießen 1780. 8.

*b*) z. B. daß die Klage schriftlich angebracht, der Beklagte schriftlich citiret, Beweiß-Artikel entworfen, der Product ad videndum jurare testes citiret werde; daß Zeugen vor der Abhörung, in Gegenwart der Parteyen oder der Bevollmächtigten den Zeugen-Eyd ablegen sollen. Daß ein Zeugen-Rotulus verfertiget, über die Zeugen-Aussagen disputiret wird ꝛc.

*c*) Schnaubert a. a. O. §. 1.

*d*) Hat der Richter eine nichtige Sentenz gesprochen, welche gegen klare Gesetze und Rechte lauft, so ist er verpflichtet, den dadurch verursachten Schaden zu ersetzen. Er kann indessen selber solche nichtige Sentenz aufheben, oder verbessern; die nichtige Sentenz mag eine interlocutoria, oder definitiua seyn. Denn eine ipso jure nichtige Sentenz ist keine Sentenz. Welchem auch nicht *L.* 55. *de re jud.* entgegen zu stehen scheinet; weil dieses Gesetz nur sodann Anwendung finden kann, wenn keine nichtige Sentenz gesprochen worden. *Jo. Joach. Schöpffer* de falsa ratione decidendi. Rostock 1707. cap. 2. n. 88. sqq.

§. 150.

§. 150.

Die Quellen der Nullitäten können also seyn: I. der Mangel in der Person des Richters; II. einer Partey; III. der Mangel in dem Processe; und IV. in der Sentenz.

§. 151.

Die erste Quelle der Nullitäten ist der Mangel, der in der Person des Richters vorhanden ist. Dahin gehöret, wenn er in vorliegender Sache keine Jurisdiction hatte, und also ein incompetenter Richter war, und demungeachtet die Streitsache vor sich verhandeln lassen, solche untersucht und entschieden hatte *a*); oder wenn er abgesetzt war, oder zu einer bestimmten Sache gegeben und über Puncte erkennet, wozu er keinen Auftrag hatte; oder wenn er als ein Verdächtiger recusiret und doch in der Sache fortgefahren ist; oder wenn ein Richter in seiner eigenen Sache gesprochen *b*), oder rasend und wahnwitzig war. Auch sodann ist eine Nullität vorhanden, wenn der Gerichtsschreiber nicht beeidiget gewesen; denn in solchem Fall kann das Geschäft, welches einen geschwornen Gerichtsschreiber erfordert, nicht gültig und rechtmäßig werden *c*).

*a*) *Böhmer* introduct. in jus Digestor. tit. de judiciis §. 12. sq.

*L. 1. et tot. tit. C. si a non competente judice judicatum esse dicatur.* (7. 48.)

Die Competenz des Richters ist bey jedem Rechtsstreit der Hauptgrund, worauf zuvörderst ein Richter, auch von Amtswegen, Rücksicht nehmen muß; weil sonst der ganze Proceß als nichtig angefochten und vereitelt werden kann. Hofmanns T. R. Praxis §. 63.

*b*) *Böhmer* c. l. *L. 6. pr. C. de postulando. Mev.* ad Ius Lubec. L. 1. Tit. 1. art. 8. n. 16. *Bruckner* de nullitate processus sanabili et insanabili.

*c*) Estors Anfangs-Gründe des gemeinen und Reichs-Processes §. 1067. sq.

§. 152.

Die zweyte Quelle der Nullitäten ist der Mangel in den Personen der Parteyen; indem nemlich der Kläger oder der Beklagte nicht legitimam standi personam in judicio hat, oder vor Gericht nicht stehen kann, und demungeachtet der Richter die Sentenz spricht. Dahin gehören, wenn ein Unmündiger oder Minderjähriger ohne Tutor oder Curator *a*), oder nach Lübschen Rechte ein Frauenzimmer ohne Curator *b*), oder eine von der Obrigkeit zum Verschwender erklärte Person ohne Curator proceßiret *c*) und die Sentenz zum Nachtheil solcher Personen ausgefallen ist *d*); ferner wenn der Kläger sich zu seiner Forderung, weshalb er klagt, nicht legitimiret hat, und die Sentenz, bey dem Mangel der Legitimation zur Sache,

Sache, gesprochen worden *e*). Auch in einer persona minus principali kann ein Mangel seyn, welcher eine Nullität macht; wenn nemlich Jemand zum Procurator für eine nicht schon im Gericht anwesende Partey bis zum Ausgang des abgehandelten Rechtsstreits zugelassen ist, ohne sich durch eine ad acta gebrachte Vollmacht legitimiret zu haben, und bevollmächtiget gewesen zu seyn, auch keine Genehmigung des Principals erfolget ist *f*).

*a*) *L.* 45. *§.* 1. *de re judicata. L.* 54. *eod.*

*b*) *Mev.* 1. D. 133.

*c*) *Böhmer* c. l. *Cramer* proc. imp. §. 1339.

*d*) *L.* 14. *C. de procuratoribus. Carpzov* proc. p. 571. u. 575.

*e*) *Böhmer* Consultat. et Decis. Tom. 2. P. 2. Respons. 1235. n. 14. p. 740. *Brückner* c. l. §. 19.

*f*) *Mev.* 2. D. 126. *Cramer* syst. proc. §. 1341. *Becmann.* Decis. 17. — Nach der Stralsundischen Gerichtsordnung cap. 8. §. 10, u. 17. und den gemeinen Bescheiden von 1664. 1705. und vom 9. Jun. 1723. vom 8. Nov. 1743. vom 26. Jul. 1776. müssen von den Parteyen gleich beym ersten gerichtlichen Antrage einer Sache oder Uebergabe der gerichtlichen Klage, Litis-Contestation rc. Procuratores ad acta, oder mit einer schriftlichen Gewalt bestellet werden.

## §. 153.

Die dritte Quelle der Nullitäten ist der Mangel in dem Proceß; indem nehmlich ein wesentliches Stück des Processes fehlet. Dahin gehöret, wenn ein Beklagter nicht vorgeladen, oder derselbe ungehört condemniret worden; oder wenn keine Litis-Contestation oder keine Einlassung und Antwort auf die Haupt-Klage-Puncte vorhanden ist; wenn in contumaciam eine Sentenz gesprochen worden, obgleich kein Ungehorsam vorhanden war *a*); wenn ein Beklagter aus einem bloßen privat Document condemniret ist, ohne daß eine Recognition vorhergegangen, oder ohne daß solches in contumaciam für richtig angenommen worden, indem ein privat Document, so lange es noch nicht recognosciret oder in contumaciam für recognosciret angenommen ist, keine Beweiß-Kraft haben kann; ferner, wenn Jemand aus eines dritten Urkunde, welche er jedoch nicht für richtig anerkannt hatte, condemniret worden; oder wenn der Procurator die Urkunde recognosciret, aber keine Vollmacht dazu gehabt hatte *b*).

*a*) *Consil. Hallens.* Tom. 2. p. 1501.

*b*) *Böhmer* consil. et Decis. Tom. 2. P. 2. p. 744. n. 24 add. *Cramer* syst. Proc. imp. §. 1342 dessen Wetzl. Nebenst. P. 25. p. 96. *Mev.* D. 77 u. 78. *Wahl* de vitio nullitatis processus judiciarii.

§. 154.

§. 154.

Wenn die gesprochene Sentenz in Rücksicht auf die Hauptsache selbst, (quoad merita causae) gerecht und den bisherigen Acten gemäß abgefaßt ist, so kann die vorgeschützte Nichtigkeit, die blos aus dem Mangel der Sollennitäten entstehet, nicht in Betracht kommen, vorausgesetzt, daß die Sentenz von dem competenten Richter gesprochen worden, daß die Partheyen und deren Bevollmächtigte sich auch rechtlich legitimiret haben, und die Nichtigkeit nicht die Substantialien des Processes betrift, und also kein Mangel in den wesentlichen Stücken des Processes vorhanden ist a).

a) von Selchows Conc. der R. C. G. O. 3. 40. §. 1. S. 302. C. O. P. 2. Tit. 38. §. 13. „Bey den Relationen soll der Referent — zuvörderst ansehen, ob es mit dem Proceß so stehet, daß man *quoad merita causae* zur Urthel ohne Nullität gelangen möge; daben gleichwohl, wenn nur die Jurisdiction fundiret, und die Personen rechtlich zur Sache sich legitimiret haben, diejenigen Nullitäten nicht sollen consideriret werden, welche die Substantialien des Processes nicht betreffen, und ohne welche die merita causae und das Factum wohl vorgebracht und genugsam abzunehmen.“

add. *Mev.* P. 1. D. 78. n. 1. P. 2 D. 294 n. 4. P. 3. D. 232. u. 240. 4. D. 105. 6. D. 81. Gail. 1. obs. 42. n. 16. *Consil. Tubing* Tom. 1. Consil. 29. n. 51. „Sententiam *ex omissione ordinis vel solennitatis processus* nullam, si quoad merita causae justa fuerit, confirmat judex superior, euitatis ambagibus, nec attendit nullitatem, merita causae non respicientem. „*W. A. Schoepffii* processus appellationis, cum primis Ducatus Wurtembergici cap. 21. §. 7. p. 450.

§. 155.

Die vierte Quelle der Nullitäten ist der Mangel, der in der Sentenz lieget. Eine Sentenz, ist in Rücksicht auf ihren Inhalt, (ex neglectu meritorum causae) nichtig und ungültig,

1) wenn sie dem klaren Inhalt eines Gesetzes entgegen ist, es sey ein gemeines Recht, oder ein besonderes Landes-Gesetz *a*). Ist indessen ein Gesetz nicht klar, und ist es einer zweifelhaften Interpretation fähig, so kann man auch nicht sagen, daß der Richter gegen ein Gesetz gesprochen, und die Sentenz scheinet nicht nichtig zu seyn *b*),

2) wenn sie einer rechtskräftigen Sentenz *c*), oder

3) einer Befugniß widerspricht, welche Jemanden unstreitig aus einem klaren Vertrag, Transact, Testament, Stiftung, Concession, oder sonst aus irgend einem andern ungezweifelten rechtlichen Grunde zustehet *d*).

4) wenn

4) wenn eine Sentenz aus einem unstreitig falschen factischen oder Rechts-Grunde gesprochen ist, oder die auf unstreitig falschen Documenten und falschen Zeugnissen, oder sonst auf einem offenbaren Irrthum beruhet *). Was einer ausgemachten Wahrheit offenbar widerspricht, sie sey eine juristische, physische, oder mathematische, ist ein Widerspruch, und kann nach dem Satz des Widerspruchs, niemals für eine Wahrheit gehalten werden.

5) Wenn eine Sentenz Jemanden etwas, was unmöglich ist, aufleget *e*), oder

6) an sich widersprechende Dinge enthält, welche auf keine Weise zusammen stehen können *f*).

*a*) *Pütter* opusc. p. 319. sqq.
add. Cramer obs. 1114. u. 1115. u. 1405. §. 4.
Beckmann Consil. et Decis. P. 1. p. 77. n. 8. p. 403. u. P. 2. p. 147. *Mev.* 2. D. 268. „contra statuta." it: wenn der Richter gegen ein unstreitiges Gewohnheits-Recht spricht. *Mev.* 5. D. 149. *Hartmann* de nullitate sententiae contra consuetudinem ac stylum curiae latae.

*b*) Pufendorff 2. obs. 106. p. 437.

*c*) Denn eine rechtskräftige Sentenz wird für eine Wahrheit gehalten. *L.* 207. *de R. I.*

d) Beemann consil. P. 1. p. 260. n. 9. *Mev.* 6. D. 30. *Pütter* opusc. p. 320.

*) *Mev.* 3. D. 104.

*e*) Carp-

e) Carpzov procesf. p. 574. *Mev.* 6. D. 256.

f) *Consil. Tubingens.* Tom. 6. Consil. 15. n. 4. — 12., woselbst aus Acten das Beyspiel angeführet ist, da in einer Sentenz Jemanden die Durchfahrt, als eine Servitut und zugleich als ein Precarium zuerkannt war.

Von der Distinction, ob eine Sentenz *contra jus* in thesi gegen die Gesetze selbst, oder contra jus *in hypothesi*, wider die Gerechtsame einer Partey, gesprochen worden, S. *Krause* de arbitrio judicis restricto §. 66 " Von einigen wird diese Distinction verworfen, von andern für überflüßig gehalten, weil ein Richter nach den Gesetzen sprechen müsse, und in den Gerichten beständig von den Gerechtsamen der Parteyen und der Anwendung der Gesetze auf vorliegende Fälle die Rede sey, die einer Partey zugefügte Beschwerde aber eben darin bestehe, daß eine ihr zustehende Befugniß verletzet worden, mithin sich das Jus in thesi und hypothesi wohl schwerlich trennen lasse. *Krause*. c. l.

## §. 156.

Was die Einwendung des Rechtsmittels der Deductionis nullitatis, als eines blos suspensivischen Anfechtungsmittels, desgleichen die Rechtfertigung der Beschwerden in dem Deductions-Libell, und die dabey zu beobachtende Fatalien betrift, so gilt hier eben das, was schon vorhin (§. 125. 126. und 127.) bey dem Rechtsmittel der Restitution angeführet worden; nur daß hier die Beschwerden blos

blos aus den vorigen Acten gerechtfertiget werden müssen.

Von den richterlichen Erkenntnissen auf den eingereichten Deductions-Libell ist eben das, was dieserwegen vorhin, bey der Restitution (§. 128.) gesagt worden zu bemerken.

## §. 157.

In Rücksicht auf die Stralsundische Gerichtsverfassung ist folgendes zu merken.

Wer mit dem Ausspruch des Raths nicht zufrieden ist, der kann, nach der Stralsundischen-Gerichts-Ordnung (cap. 31. §. 1. u. 2.)

1) in denjenigen Sachen, da man von diesem Obergericht nicht appelliren kann, binnen des 10. tägigen fatalis rei judicatae, von Zeit der Publication der Urthel an zu rechnen, die Supplication und jedes andere bloße Suspensiv-Mittel, namentlich die in dortiger Gerichts-Ordnung §. 1. angeführte Restitution, Deduction oder Leuterung gebrauchen *a*). Er muß aber innerhalb der 10 tägigen Nothfrist seinen libellum grauaminum überreichen und dieses 10 tägige Fatale ist nicht prorogabel. Die Form des libelli grauaminum ist eben diejenige, welche bey blos suspensivischen Rechtsmitteln der Restitution, oder Deduction bey dem K. Hof-

Hofgericht gewöhnlich ist. Von dem Libell wird dem Gegentheil ad excipiendum, cum termino praeclusiuo von 14. Tagen, Copey ertheilet. Die Exceptions-Schrift wird dem Gegner nicht zur weitern Verhandlung, auch nicht einmahl zur Nachricht mitgetheilet. Sobald sie aber eingebracht ist, wird beyden Theilen ad communiter concludendum ein terminus praeclusiuus von 8. Tagen gesetzt, worin sie sich erklären müssen, ob sie die Transmission der Acten ad extraneos verlangen, oder zum Spruch des Raths submittiren wollen. Die Verschickung der Acten geschicht auf Kosten des Supplicanten (Gerichts-Ordn. c. 28. §. 7.)

2) Auch in denjenigen Fällen, worin die Appellation zuläßig ist, kann eine beschwerte Partey binnen 10. Tagen, α) die Supplication, oder ein anderes blos suspensivisches Rechtsmittel gebrauchen, oder auch β) appelliren. (G. O. c. 31. §. 2.) Wer aber ein bloßes Suspensiv-Mittel anwendlich gemacht hat, der kann von der erfolgten Bestätigungs-Urthel nicht weiter an das K. Hofgericht appelliren, auch sonsten kein anderes blos suspensivisches Rechtsmittel gebrauchen *b*). Dem Gegner des Impugnanten stehet es aber frey, im Fall auf das bloße Suspensiv-Mittel eine reformatoria erfolgt ist, entweder die Supplication, oder ein anderes

deres blos suspensivisches Rechtsmittel zu gebrauchen, oder auch, in den appellablen Fällen von der Reformatoria mittelst der Appellation an das K. Hofgericht sich zu wenden c).

a) Gewöhnlich pflegt man sich der Supplication zu bedienen. Uebrigens haben die hier benannte Rechtsmittel der Restitution, Deduction und Leuterung blos gegen die Urtheln des Raths statt; nicht aber gegen die Erkenntnisse der Untergerichte, nehmlich der Cämmerey oder des Gerichts und des Consistoriums. Ger. O. c. 31. §. 1. „Vom Obergericht nicht appelliren kann, soll ꝛc.“

b) Man kann sich doch mittelst der Querel noch an das Königl. hohe Tribunal wenden, wenn gleich das Rechtsmittel der Restitution und Deduction bereits bey dem Rath anwendlich gemacht worden; denn die Gerichts-Ordnung c. 31. §. 2. schließet keinesweges die Nichtigkeits-Querel aus. Dies bemerkt unter andern auch der Hr. Vice-Praesident von Engelbrecht in obs. 64. not. 4. p. 338.

c) Auch kann man sich mittelst der Nichtigkeits-Querel an das K. h. Tribunal wenden. von Balthasar de term. ac fatal. p. 70.

Bey den Rechtsmitteln der Supplication, Restitution, Deduction und Leuterung muß der Libell pünctlich binnen 10. Tagen, von Zeit der Publication der Urthel an zu rechnen, eingereicht werden. Doch pflegt man in Praxi, in den appellabeln Fällen, die Appellation binnen 10 Tagen, mittelst Beylegung des documenti interpositae, (welches nothwendig beygelegt

gelegt werden muß) zu intimiren, mit Bitte, salua appellatione, ein spatium deliberandi von 14 Tagen, a lapsu decendii an gerechnet, zu bewilligen. Welches auch zugestanden wird. Bey nicht appellabeln Fällen ist diese Intimation unschicklich.

§. 158.

Nach der Greifswaldschen Gerichts-Ordnung Tit. 5. §. 1. kann derjenige, der durch ein Urthel des Nieder-Gerichts sich beschweret zu seyn erachtet, solche entweder 1) bey dem Nieder-Gericht, mittelst der Restitution oder Deduction anfechten, oder auch 2) davon an den Rath appelliren.

Gegen die Urtheln des Raths ist gleichfalls die Restitution oder Deduction, (wofern deren rechtliche Erfordernisse vorhanden sind,) oder auch die Appellation an das K. Hofgericht zuläßig.

Die Deductio nullitatis, so auch die Restitution, wenn sie eine Suspensiv-Würkung haben soll, muß vor Ablauf der 10 tägigen Nothfrist der rechtskräftigen Erkenntniß intimiret, (Tit. 5. §. XI.), der Deductions- oder Restitutions-Libell aber binnen 4 Wochen, von Zeit der Publication der Urthel, oder von Zeit erhaltener Wissenschaft an zu rechnen, eingebracht werden. (ibid. §. 8. u. 11.)

## 21) Von der Revision beym Königl. hohen Tribunal in Wismar.

§. 159.

Die bey dem Königl. h. Tribunal in Wismar übliche Revision ist nach dem Beyspiel der Reichscammergerichtlichen *a*) eingeführet worden *b*) und durch sie wird die Untersuchung der Revisions-Beschwerden an die Visitation dieses höchsten Ober-Appellations-Gerichts gebracht. Sie hat große Aehnlichkeit mit der Appellation und die Grundsätze von der Appellation sind auch auf die Revision anzuwenden *c*), wofern nicht die Gesetze etwas anders bey der Revision festgesetzt haben. In den Fällen, in welchen die Appellation nach gemeinen Rechten nicht statt hat, ist auch die Revision nicht zuläßig *d*). Sie fält daher in geringfügigen Sachen weg. Die Revisions-Summe ist bey dem K. h. Tribunal auf 1000 Rthlr. Capital gesetzt; Zinsen, Interesse und Früchte werden nicht gerechnet *e*).

Ueber den Punct, ob die Revision zuläßig, und ob die Formalien beobachtet worden, erkennet, nach dem Beyspiel des Reichs-Cammergerichts *f*), das K. h. Tribunal. Durch die Revision wird übrigens die Execution der angefochtenen Sentenz in der Regel nicht suspendiret, außer wenn solche einen unersetzlichen Schaden nach sich ziehen würde *g*)

a) Von welcher besonders zu bemerken:

von Schelwitz de remedio revisionis. etc. Götting. 1760. und dessen ulteriores obseruationes de remedio reuisionis. etc.

Gottfried Daniel Hoffmann de odio reuisionis cameralis sublato ad capitulationem nouiss. art. 17. §. 2. Tübing. 1767. desgleichen de aetate et numero causarum reuisionis cameralium. etc. Tüb. 1767.

Biedermann de visitatione et reuisione camerali Leipz. 1772.

b) T. O. 3. 7. §. 8. „wie solchem bey dem R. C. Gericht — also wollen wir auch solchem gemäß. rc. it. §. XI. „Wir laßen es auch bey obgedachter Reichs-Constitution."

c) Diese Art der Revision, von welcher hier die Rede ist, wird daher für ein devolutivisches Rechtsmittel gehalten. Johan Gröning nova Instituta practica p. 215.

Die Revisoren bey dem Reichs-Camm. Gericht sind theils Kayserl. Commissarien, theils einiger Reichsstände hiezu verordnete subdelegirte Räthe. Die Revision bey dem K. h. Tribunal sind ein schwedischer Reichsrath, nebst einigen Regierungs-Räthen, und einige Landräthe mit dem Decano der Juristen-Facultät zu Greifswald. T. O. 3. 10. §. 2. 3.

d) J. R. A. §. 127.

e) T. O. 3. 7. §. 10.

f) Pütters I. publ. §. 314. Ueber die Beschwerden erkennet die Visitation. T. O. 3. 7. §. 3. u. 5.

g) T. O. 3. 7. §. ult.

§. 160.

§. 160.

Die Revision muß

1) binnen 6 Wochen, von Zeit der Publication der Sentenz an zu rechnen, bey dem Königl. h. Tribunal schriftlich angewandt werden; worauf der Revident mittelst eines Decrets, zum Gebrauch der Revision gelassen, zugleich aber auch demselben aufgegeben wird, sowohl eine bestimmte Summe an Succumbenz-Geldern, ad Depositum zu liefern, als auch die Revisions-Beschwerden aus den vorigen Acten zu rechtfertigen *a*).

2) der Revisions-Libell muß binnen 2 Monathen, (wofern dieses Fatale nicht prorogiret worden,) von Zeit der gesuchten Revision an zu rechnen, eingereicht *b*) und mit dem Libell muß zugleich die bestimmte Summe des Succumbenz-Geldes ad Depositum gebracht werden *c*). Worauf

3) der Revident mit seinem Sachwalde den Revisions-Eyd in Person ablegen, auch die Gebühren für die Abschrift der Acten erlegen muß *d*).

4) der Revisions-Libell wird dem Reviso in Abschrift communiciret, um binnen 2 Monathen, von Zeit prästirter Solennien an zu rechnen, sich darüber zu äussern *e*). Uebrigens ist dem Reviso vergönnet, gleich an-

fangs die exceptionem frivolae revisionis zu gebrauchen f).

5) Die Revision selbst ist von der nächsten Visitation zu erledigen; worüber es jedoch, im Fall selbige wieder angestellet werden sollte, wegen der durch den Friedens-Schluß von 1720 g), mit den Schwedischdeutschen Reichs-Provinzen geschehenen Veränderung, einer neuen gesetzlichen Anordnung bedürfen würde h).

a) Hiedurch unterscheidet sich die Revision von der Appellation, indem der Appellant auch neue factische Gründe an- und ausführen kann. Will der Beschwerte gegen die Sentenz des R. C. Gerichts und des K. H. Tribunals noua anführen, so muß er sich der Restitution bedienen. Denn diese erfordert wesentlich, daß der Beschwerte zur Begründung seiner Beschwerden noua in facto vortrage.

Die vom Revidenten beygefügte neue, in den bisherigen Acten nicht enthaltene Beylagen oder Ausführungen werden daher von den Acten verworfen. Hanzelys Grundriß des Reichshofräthlichen Verfahrens in Justiz- und Gnaden-Sachen. 3. Band. 1. Abtheilung §. 258. S. 41. f.

b) T. O. 3. 7. §. 1. Ein gutes Muster eines Revisions-Libells, ist auch in Hanzely's Grundriß des R. Hofräthl. Verfahrens 3. B. 1. Abtheil. S. 280. — 310. zu finden.

c) T. O. 3. 7. §. 9. Von 1000. Rthlr. werden 50. thlr., als Succumbenz-Geld, ad depositum gebracht.

d) T. O.

d) T. O. 3. 7. §. 7.

e) T. O. 3. 7. §. 1. So wie bey dem Reichshofrath. Hanzely cit. l. — Bey dem Reichs-Cammer-Gericht hingegen werden die punctsweise abgefaßte Revisions-Beschwerden gewöhnlich versiegelt überreicht, damit solche nicht widerlegt werden können; wie auch der R. C. Ger. Assessor von Cramer in syst proc. imp §. 1540. bemerkt. add. dessen Obs. 39.

f) Schweder de conc. et elect. util. remedior. c. Sentent. c. 4. §. 2. Verwirft das R. Camm. Gericht die Revision, als eine frevelhaft ergriffene, so wird die angefochtne Sentenz vollzogen. Allein die Visitatoren können doch hienächst die Gründe der Rejection untersuchen. von Neuman princ. proc. judicii imper. aulici hodierni (Francof. et Lips. 1747. 4.) p. 81.

g) Seit dem Jahr 1720. ist keine Visitation angeordnet gewesen. So wie überhaupt, ausser der im vorigen Jahrhundert angestelten Visitation, keine andere gehalten worden.

h) Gadebusch Pomm. Staatskunde 2. Th. S. 285.

## 22) Von den ausserordentlichen Rechtsmitteln gegen richterliche Erkenntnisse.

### §. 161.

Ausserordentliche Rechtsmittel gegen richterliche Erkenntnisse, oder nicht-suspensivische Rechtsmittel, sind solche, die zwar

 auch

auch gegen beschwerliche Sentenzen, aber nicht zum Aufenthalt der Rechtskraft derselben, zur Hand genommen werden *a*). Sie heißen auch **rescissorische Rechtsmittel**, insofern durch selbige eine Sentenz, die bereits rechtskräftig ist, oder dafür gehalten wird, aufgehoben werden soll, welches freilich ordentlicher Weise nicht geschehen kann.

*a*) Oeltze Anleit. z. gerichtl. Praxis §. 292. *tit. D. quae sententiae sine appellat. rescind.*

## §. 162.

Zu diesen ausserordentlichen Rechtsmitteln gehöret 1) die *Restitutio in integrum a*). Dieses ausserordentliche Restitutions-Gesuch setzt eine beschwerliche Sentenz voraus, und erfordert neue erhebliche factische Gründe. Es ist blos nach den Grundsätzen des gemeinen Rechts zu beurtheilen, wofern nicht die Landes-Gesetze etwas besonders deshalb verordnet haben *b*).

*a*) *tit. C. si. adversus rem judicatam Restitutio postuletur Mev.* P. 3. D. 103.

*b*) *Mev.* 2, D. 151. n. 5. et 6. P. 1. D. 133. n. 8. P. 1. D. 134. n. 10.

## §. 163.

Die Fälle, in welchen nach den Gesetzen eine rechtskräftige Sentenz, wegen neu aufgefundefundener Urkunden, oder Zeugen mittelst der Restitution, wieder aufgehoben werden kann, machen eine Ausnahme von der Regel *a)* und sind insonderheit folgende:

1) wenn eine Sentenz wider die gemeine Wohlfahrt, wider den Fiscus, eine Stadt, Kirche oder fromme Stiftung gesprochen ist *b)*;

2) wenn gegen eine Erklärungs-Urthel, welche auf den abgeschwornen Erfüllungs- oder Reinigungs-Eyd erfolgt, neue Instrumente, Urkunden oder Zeugen vorgebracht werden *c)*

3) wenn der Gegner die jetzt producirte neuen Urkunden vorhin böslich (dolo malo) unterschlagen hatte. Nur muß der Richter durch die geschehene Verhehlung der wahren Urkunden, zu dem beschwerlichen Urthelsspruch bewogen worden seyn *d)*.

a) *Mev.* 7. D. 57.

b) *L.* 35. *de re jud.* (42. 1.) *L.* 4. *C. eod.* (7. 52.) *Gothofred.* ad h. L. *L.* 3. *C. de I. Reipubl.* (XI. 29.) *L.* 1. *C. de Sent. adv. Fiscum latis* (10. 9.) Von der Retractation wodurch der Fiscus, wegen gefundener neuen Urkunden, binnen 3 Jahren, die Abänderung einer nachtheiligen Sentenz suchen kann, handelt *L. un. C. de Sententiis aduersus Fiscum latis retractandis* (10. 9.) „Causas, in quibus contra Fiscum judicatum est, *intra triennium retractari posse et post id tempus, si praeuaricatio* arguatur

guatur, vel *manifesta fraus* probetur, notum est. „Welches auf rempublicam, ecclesiam, pupillum extendiret wird. *Brunnemann* in Commentar. in Cod. ad h. L. n. 5. ibique *Christinaeus* Vol. 5. Decis. 13. n. 9.

c) *L.* 31. *de juris.* (12. 2.) *Voet.* ad D. eod. tit. §. 30.

d) *L.* 19. *C. de transact.* (2. 4.) *Mev.* 3. D. 103. P. 8. D. 103. u. D. 301. n. 1.

Pufendorff I. obs. 57. u. Tom. 2. obs. 47.

Claproth Proc. §. 347.

## §. 164.

Die Restitution gegen eine rechtskräftige Sentenz muß binnen 4 Jahren gesucht werden *a*). Diese Frist lauft nicht von Zeit der Publication der Sentenz, und deren erhaltener Wissenschaft, sondern von Zeit der gefundenen neuen Urkunden *b*). Aus den neuen Urkunden muß aber die Laesion oder die Beschwerde klar seyn. Denn wenn sie zur Entscheidung der Sache nichts beytragen und kein neuer wichtiger und erheblicher factischer Umstand aus den neuen Urkunden herauszubringen möglich ist, so können sie keine Restitution gegen eine rechtskräftige Urthel begründen *c*).

a) Auch bey der Retractation nehmen einige diese vierjährige Frist an. *Brunnemann* ad L. un. C. de Sentent. advers. Fiscum lat. retract.

b) *Decis. Cassell.* 94. u. Decis. 274.

c) *Decis. Cassell.* 94. n. 13. u. 36. p. 342. sq.

§. 165.

§. 165.

Die Restitution muß bey eben dem Gericht, welches die beschwerliche Sentenz gesprochen hat, gesucht werden. Wenn also der Unterrichter die Sentenz gesprochen hat, so kann man auch nur bey diesem Unterrichter, nicht aber bey dem Oberrichter, die Restitution suchen. Denn an das Obergericht kann die Sache nur mittelst der Appellation gebracht werden. Die Restitution ist kein Devolutiv-Mittel *a*).

Ist indessen die Sache in der Appellations-Instanz entschieden worden, so muß auch die Restitution bey dem Oberrichter gesucht werden *d*) zumal ein Unterrichter die Sentenz eines Oberrichters nicht aufheben kann *c*).

*a*) *Schoepff* procesf. appellationis. p. 504.

*b*) *Decis. Cassell.* 94. n. 39. *Mev.* 8. D. 104.

*c*) *Mev.* c. l. et P. 2. D. 152. P. 6. D. 72.

§. 166.

Zu den außerordentlichen Rechtsmitteln gegen richterliche Erkenntnisse wird auch II) die Nichtigkeits-Beschwerde gerechnet, mittelst welcher eine beschwerte Partey die Aufhebung einer Sentenz, weil solche nichtig ist, nach Ablauf der 10 tägigen Nothfrist des rechskräftigen Erkenntnisses, suchet und verlanget *a*).

 *a*) tit.

a) *tit. D quae sentent. sine appellat. rescind.* *Mev.* 3. D. 104. Cramer obs. 36.

## §. 167.

In dem jüngsten Reichs-Abschied von 1654. §. 121. ist die allgemeine Regel festgesetzet: „daß zu Verhütung unnöthigen Gezänks, künftig sowohl bey einer nichtigen als ungerechten Sentenz, (a Sententia tam nulla, quam iniqua) das fatale interponendae beobachtet werden solle.“

Diese Regel ist klar und bestimmt. Sie hat aber zwey Ausnahmen. 1) Die erste Ausnahme ist in dem folgenden §. 122. des J. R. A. deutlich enthalten, und ist diese: „In Ansehung derjenigen Nullitäten, welche einen unheilbaren Mangel aus der Person des Richters, oder der Partey, oder aus den Substantialien des Processes nach sich führen, soll es bey der Disposition der gemeinen Rechte a) bleiben.“

Nach den dürren Worten dieses angeführten Reichs-Gesetzes giebt es also nur drey Arten von unheilbaren Nullitäten, nemlich die aus einem unheilbaren Mangel A) in der Person des Richters, B) oder in der Person einer Partey, C) oder in den Substantialien des Processes entstehen. b).

Solche

Solche unheilbare Nullitäten sollen nicht an dem 10 tägigen fatali rei judicatae gebunden seyn, sondern eine Ausnahme von obiger in dem §. 121. des J. R. A. festgesetzten Regel ausmachen.

Alle übrige Nullitäten, selbst diejenigen, welche die Hauptsache betreffen, oder ex meritis causae herfließen c), sind zu den heilbaren Nullitäten zu rechnen, und hiefolglich vor Ablauf des fatalis rei judicatae anzufechten.

a) Man glaubt, daß hier *L.* 3. *C. de praescr.* 30. *annor.* gemeinet sey und die Nichtigkeits-Klage 30. Jahre daure. Dieses Gesetz handelt jedoch nur von persönlichen Klagen; dergleichen die Nichtigkeits-Klage eben nicht ist. Eine Nichtigkeit bleibt vielmehr eine Nichtigkeit zu ewigen Zeiten. Man kann z. B. nicht sagen, daß die Nichtigkeit, welche aus Mangel einer Vollmacht entstehet, mit Ablauf von 30. Jahren aufhöre. Estor R. Proc. §. 1066. ibique *Berger* Elect. Disceptat. forens. tit. 38. obs. 1. not. a. p. 954. *Mev.* 1. D. 100.

b) Diese neue Disposition des J. R. A. darf also nicht nach den Grundsätzen fremder und angenommener Hülfs-Rechte erkläret werden, denn die einheimischen Deutschen-Reichs-Gesetze derogiren den fremden, in subsidium angenommenen Rechten. Schnauberts Beyträge zum T. Staats- und Kirchen-Rechte 1. Th. Abh. 3. §. 2.

c) Wernher Tom. 1. P. 1. obs. 33. und Estor R. Proc. §. 1063. rechnet gleichfals diejenigen Nulli-

Nullitäten, welche die Hauptsache (merita causae) betreffen, zu den heilbaren Nullitäten. Daher ist es keine unheilbare Nullität, wenn eine Sentenz *ex falsa causa* gesprochen d. h. wenn eine Partey zufolge eines falschen, untergeschobenen Documents, oder nach den Aussagen bestochener Zeugen condemniret oder abgewiesen worden, oder wenn eine Sentenz ob errorem calculi null und nichtig ist. Man hat keine Ursache und kein Recht, von der deutlichen Vorschrift des J. R. A. abzugehen. Ausführlicher ist dies in das H. Hofraths Schnauberts angeführten Erörterung der Lehre von den heilbaren und unheilbaren Nullitäten S. 34. u. f. vorgetragen worden.

## §. 168.

2) Die zweyte Ausnahme von der in dem §. 121. des J. R. A. festgesetzten Regel: „daß eine nichtige Sentenz innerhalb des 10 tägigen fatalis rei judicatae angefochten werden solle“ ist zwar nicht in dem gedachten J. R. Abschied mit angeführet, jedoch in dem Reichs-Gutachten vom $\frac{10}{20}$ December 1653. enthalten, und in dem Reichs-Abschied von 1654. nicht aufgehoben und verworfen worden *a)*.

Diese zweite Ausnahme ist folgende: „wenn der überwundene Theil (oder der Beschwerte) erst nach erörtertem Processe, (nach Ablauf der 10 tägigen Nothfrist) die Nullität der Sentenz erfähret, so soll er auch noch nach der

der 10 tägigen Nothfrist des rechtskräftigen Erkenntnisses befugt seyn, Restitution zu suchen und die Nullität zu deduciren *b*).“ Das 10 tägige Fatale lauft also von Zeit der erhaltenen Wissenschaft.

Auch diese Ausnahme ist deutlich und klar, und keinem Zweifel unterworfen.

*a*) Schnaubert a. a. O. S. 38.

*b*) Johann Gottfried Meiern (Justiz-Rath und Archivarius zu Hannover) Acta comitialia Ratisbonensia publica, oder regensburgsche Reichstagshandlungen und Geschichte von den Jahren 1653. u. 1654. (Leipz. u. Götting. 1738. u. 1740. fol.) Tom. 2. p. 444. n. 11. p. 653., woselbst auch p. 640. sq. Die Kayserl. Resolution vom $\frac{11}{21}$ April 1654. zu finden, wodurch das Reichsgutachten vom $\frac{10}{20}$ Decemb. 1653. ratificiret worden. add. Schnaubert a. a. O.

## §. 169.

Die in dem R. Abschied von 1654. §. 121. festgesetzte allgemeine Regel mit den vorgedachten beyden Ausnahmen, müssen auch bey den Landes-Gerichten gelten, wofern nicht durch die Landes-Gesetze in Ansehung gedachter Regel, oder deren beyden Ausnahmen, etwas anderes festgesetzet worden *a*).

Daß

Daß bey hiesigen Landes-Gerichten nach Vorschrift des J. R. A. §. 122., wegen unheilbaren Nullitäten, annoch nach Ablauf der in den Gerichts-Ordnungen bey Nullitäts-Klagen, vorgeschriebenen Nothfrist, Beschwerde geführet werden könne, ist aus den Decisionen des Königl. h. Tribunals *b*), zu ersehen; so wie auch bey der hiesigen greifswaldischen Juristen-Facultät so erkannt worden *c*).

*a*) Schnaubert a. a. O. S. 39. ibiq. laudat. Biedermann c. l. p. 27. Meyer c. l. §. 32. add. Glücks Commentar über Hellfelds Pandecten 1. Th. §. 24. S. 160.

Schnaubert Beyträge z. T. Staats- und Kirchenrecht 1. Th. Abh. 3.

*b*) Beym *Mev*. P. 1. Decis. 100. add. *Jo. Gröning* noua instituta practica p. 209.

*c*) in Selectioribus consultationibus Collegii Ictorum *Academiae Gryphiswaldensis* p. 299. (Greifswald. 1741. Fol.) welche der damalige Professor und nachherige Vice-Praesident des K. h. Tribunals in Wismar H. H. von Engelbrecht herausgegeben hat.

add. von Balthasar de term. ac fatal. p. 69.

## §. 170.

Auf gleiche Weise wird auch die angeführte zweyte und in dem Reichs-Gutachten von 1653. ausdrücklich enthaltene Ausnahme bey den Landes-Gerichten statt finden müssen.

Wenn

Wenn also ein beschwerter Theil erst nach Ablauf des fatalis rei judicatae, oder des in den Landes-Gerichts-Ordnungen besonders festgesetzten Fatalis, aus neuen, ihm vorher unbekannten Urkunden wahrnimmt, daß nichtig geurtheilet worden; so kann er sich noch allemal nach Ablauf der bestimmten Nothfrist, der Nichtigkeits-Klage oder der Querel bedienen *a*); folglich auch besonders in dem Fall, wenn eine Sentenz gegen ein rechtskräftiges Urthel gesprochen worden, und der Beschwerte erst nach Ablauf des fatalis rei judicatae, oder des in den Proceß-Ordnungen vorgeschriebenen fatalis, die nöthige Kenntniß von solcher rechtskräftigen Urthel erhalten hätte *b*); desgleichen, wenn eine Sentenz gegen ein gültiges Testament gesprochen worden, von welchem der Beschwerte vorher keine Wissenschaft gehabt hatte. Denn die Gesetze und Landes-Gerichts-Ordnungen können nur diejenigen zur Beobachtung der vorgeschriebenen Fatalien verbinden, welche im Stande sind, oder denen es möglich ist, dieser Verbindlichkeit nachzukommen, aus Nachläßigkeit aber solches versäumet haben. Die Gerichts-Ordnungen sind also nicht auf den Fall auszudehnen, da es einer Parten unmöglich war, vor Ablauf der bestimmten Nothfrist, sich wegen der Nullität zu beschweren und ihre Beschwerden gehörig auszuführen *c*).

*a*) Die Nichtigkeits-Querel wird bey dem Oberrichter angebracht, und wegen unheilbarer Nullitä-

Nullitäten wendet man sich principaliter mittelst der querela nullitatis insanabilis an den Oberrichter. Tasinger Institut. Iprud. cameral. §. 715.

b) So erkannte auch das Königl. Tribunal und Oberappellations-Gericht zu Celle, wie aus des Hn. Vice-Praesidenten von Pufendorfs Tom. I. obs. 231. p. 563. zu ersehen.

c) „Non impeditis, sed *negligentibus* fatalia scripta sunt.“ von Pufendorff c. l.
add. *Carmon* de remed. suspensiuis p. 33.
*Tornou* de Feud. Mecklenb. p. 618
Seyfarts R. Proc. S. 581.
Martini Comment. forens. tit. 38. n. 22.
Oeltze gerichtl. Prax. §. 295.

## 23) Von dem ungebührlichen Gebrauch der Rechtsmittel gegen richterliche Erkenntnisse.

### §. 171.

Durch den Mißbrauch der Rechtsmittel gegen Sentenzen werden die Processe zum Nachtheil der Justiz und des gemeinen Wesens ungebührlicher Weise verzögert, mithin auch sehr kostbar *a*). Man hat daher den Vorschlag machen wollen, die niedern Gerichts-Instanzen, wo nicht ganz aufzuheben, doch wenigstens zu vermindern *b*). Ja, andere haben alle Rechtsmittel, ausser der Appellation, gänzlich abgeschaft wissen wollen; welches indessen, wenn es gleich aus mehrern Gründen c) vielleicht zu wünschen seyn möchte, doch wohl eben nicht nöthig seyn dürfte, wofern nur die Nieder-Gerichte mit geschikten und rechtschaffenen Männern besetzt, und solche auch wohl salariret wären d), übrigens aber ein jeder Richter, seiner Pflicht gemäß, vorzüglich darauf Rücksicht nehmen möchte, daß die wesentlichen Erfordernisse eines jeden Impugnativ-Mittels pünktlich beobachtet, im entgegengesetzten Falle aber solche Rechtsmittel, mit Bestrafung des ungebührlichen Mißbrauchs verworfen würden e).

*a*) von Engelbrecht obs. 44, §. 1. Gem. Besch. des K. h. Trib. vom 24. Jan. 1777. und vom 11. Jul. 1787.

Eine lesenswürdige Abhandlung von den Staatswissenschaftlichen Nachtheilen einer kostbaren und langsamen Justiz-Pflege findet man in des Hn. Prof. Erhardt Amalthea 1. Band. 1. Stück S. 49. (Leipz. 1789. gr. 8.)

*b*) Hauschild's Prüfung verschiedener Rathschläge zur Verbesserung der Justiz. Consil. 8. *Boeckelen* de prima mediator. inst. c. II. §. 2.

Die Unter-Instanzen, die eine große Wohlthat für ein Land sind, ganz aufzuheben, wäre gewiß nachtheilig. Ein Beyspiel giebt die Gerichts-Verfassung im Paterbornschen, wo der Mangel von niedern Gerichten die Verwaltung der Gerechtigkeit sehr drückend macht, indem die Unterthanen oft 12. Stunden Weges machen müssen, um wegen einer Sache, die leinen Thaler, oder weniger beträgt, an die höhern Gerichte, (Hofgerichte. u. s. w.) zu gelangen. Dies richtet die dortigen Unterthanen zu Grunde, und überhäuft die Obergerichte, die sonst mit geschickten und vortreflichen Männern besetzt sind, mit zu vielen unbedeutenden Rechtshändeln." Göttingisches historisches Magazin von Meiners und Spittler VI. Band, 4. Stück S. 741. add. Pufendorf 3. obs. 216. §. 94. p. 617. it. Des Abts St. Pierre Vorschläge das Recht zu verbessern, die Processe zu verringern und deren Quellen zu verstopfen, mit Anmerk. des K. Preuss. General-Fiscals Wagener.

Ein anderes wäre es, wenn in kleinen Städten, (so wie in den hiesigen kleinen Amts-Städten Franzburg, Richtenburg und Gütschow, desgleichen nach der Verordnung der Königl. Regierung vom 20. April 1787., auch in Grimm) blos die untere Instanz wegfiele, und dem Rath allein die Ausübung der Jurisdiction überlassen werden möchte; so wie solches auch im Preussischen, zum Besten der Partheyen, geschehen ist.

c) Wegen des häufigen Mißbrauchs der *Restitutionis in integrum*, und der *Deductionis nullitatis* in Fällen, wo in der That überall keine *nova in Facto*, auch keine Nullitäten vorhanden, möchte es wohl den Anschein gewinnen, daß es besser wäre, die Restitution und Deduction, wenigstens bey den Niedergerichten, abzuschaffen; zumal solche zum öftern mit Illiteratis besetzt und bey selbigen auf die wesentlichen Erfordernisse dieser Impugnativ-Mittel nicht allemal Rücksicht genommen, noch weniger der verübte, und dem unschuldigen Gegner

ner des Impugnanten nachtheilige Mißbrauch bestrafet worden; überdies durch den Mißbrauch und durch die daher verursachte Verlängerung des Processes, dem Gegner des Impugnanten, ein Nachtheil erwächst, der demselben auch durch keine Bestrafung ersetzt wird.

Vielleicht möchte der Vorschlag einer nähern Prüfung nicht unwürdig befunden werden, nach welchem, im Fall die Restitution oder Deduction gebraucht worden, die Appellation nicht weiter ergriffen werden dürfte; so wie solches auch bereits in einigen Gerichts-Ordnungen, z. B. in der Stralsundischen, c. 31. §. 2. p. 140. unter der gehörigen Bestimmung festgesetzet worden. Es müßten aber auch die Niedergerichte in den kleinern Städten eben so gut, wie in den größern Städten besetzt seyn, und dabey auch gut salariret werden, weil sich sonsten wohl nicht so leicht geschickte Männer zur Verwaltung so beschwerlicher Dienste hergeben möchten, besonders wenn, so wie in ältern Zeiten, der gelehrte Burgermeister mancher kleinen Stadt zuweilen nicht einmal so viel, oder wenigstens nicht mehr, als der Nachtwächter des Orts, am Lohn erhielte, wovon mehrere Beyspiele angeführet werden könnten.

d) Haupt Commissions-Receß §. 4. „Weil aber — die Handhabung der Justiz nicht richtig seyn kann, wofern nicht geschickte und gut besoldete Personen dazu bestellet werden; so sollen hinführo u. s. w." Der Verfasser dieses H. Comm. Recesses, ist der Vice-Praesident Mevius. — Ausführlicher handelt von dieser Materie der H. Hofrath Claproth

 in

in der vortreflichen Abhandlung von den Mitteln, einem — Staat wieder aufzuhelfen. (Götting. 1762. 8) §. 22. add. Vorschläge zur Abkürzung der Processe in Briefen, von einem vieljährigen Beamten. Eisenach. 1787 (recens. in d. A. d. Bibliothek. 78. Band S. 412.)

e) T. O I. XI. §. 7. Gem. Besch. des K. h. Trib. von 1777. u. 1787.

## §. 172.

Die Strafe eines frevelhaften Appellanten *a*) und überhaupt eines jeden, der ungebührlicher Weise ein Rechtsmittel gegen Sentenzen gebrauchet *b*), bestehet, ausser dem Verlust des Processes und Ersetzung der dem Gegentheil verursachten Kosten, Schäden und Interesse *c*), besonders darin, daß er mit einer Geldstrafe belegt wird, die nach den Umständen 10, 20. 30. 40. Rthlr. und drüber betragen kann *d*). Zuweilen hat er auch Gefängniß und andere Strafen zu erwarten. So wie auch der Schriftsteller nicht unbestraft bleibet.

*a*) *L. 5. C. quor. appell. non recip.* (7. 65.)
J. R. A. §. 120.
*T. O.* I. XI. §. 7; P. 2. Tit. 39. §. 1; P. 3. Tit. 5. §. 3:
*H. G. O.* 2. 16. §. 6. ibiq. *Recess. visit.* §. 71.

*b*) *T. O.* 3. 5. §. 2.
von Engelbrecht obs. 44. §. 2.

Mev.

*Mev.* 3. D. 128. n. 4. P. 8. D. 269.

c) *T. O.* 2. 39. §. 1. P. 1. Tit. 7. §. 12.
*H. G. O.* 1. 8. §. 7. ibi. *Recess. visit.* §. 25.
*Gail* 1. obs. 152. n. 7.
*Mev.* 3. D. 128. P. 8. D. 269.
Böhmer Consultat. et Decision. Tom. 2. P. 2. Respons. 1229. n. 4.

d) Welchem Richter diese Strafe zufällt, S. *Mev.* 1. D. 230.

§. 173.

Auch schon derjenige verdienet Strafe, der zum Aufenthalt des Processes und der Execution, die Appellation eingewandt und intimiret hat, ohne sie jedoch bey dem Oberrichter eingeführet zu haben *a*). Um so mehr ist daher derjenige strafwürdig, der seinen Gegner durch alle Gerichtshöfe führet, um bey einer ungerechten Sache seinen Gegner zu ermüden, oder vielleicht einen unbilligen Vergleich zu erzwingen. Zuweilen wird auch derjenige mit Geldstrafen belegt, welcher die Appellation desert werden lassen *b*).

a) Visit. Rec. des R. Hofger. von 1775. §. 56. ad P. 3. Tit. 4. §. 3.

„Dicasterium ist wohl befugt, die Partheyen, welche mittelst Intimation einer Appellation, ohne solche zu prosequiren, den Rechtsgang und die Execution der ausgesprochenen Urthel

Urthel aufzuhalten, bewandten Umständen nach, mit einer Geldstrafe (z. B. von 5 Rthlr.) zu belegen. "

Ist aber der Appellant aus rechtlichen Ursachen behindert worden, die Sache fortzusetzen, so verdienet er Nachsicht. *L.* 5. §. 3. *C. de tempor. et repar. appell.* (7. 63.)

b) Schweder de concursu et elect. util. remedior. contra sentent. cap. 2. §. 1.

*Mev.* 4. D. 287.

## 24) Von den im Mecklenburgschen üblichen Impugnativ-Mitteln.

### §. 174.

### Quellen dieser Lehre.

Die Quellen der Lehre von den im Mecklenburgschen üblichen Impugnativ-Mitteln sind theils die gemeinen in Deutschland geltenden Rechte, theils besondere Landes-Gesetze *a*). Zu diesen gehören hieher hauptsächlich folgende:

1) Land und Hofgerichts-Ordnung von 1622. Sie ist 1728. und 1733. in 4 mit einigen angehängten Verordnungen, auch mit dem Kaiserl. Privilegio de non appellando von 1651. wieder aufgelegt. Wobey auch die gemeinen Bescheide des L. u. Hofgerichts von 1575. bis den 24. April 1716. zu bemerken, welche nach vorgängiger Revision und

und Vergleichung mit dem jüngsten Reichs-Abschied von 1654. und den neuern Herzogl. Verordnungen, zur Abkürzung der Processe renoviret und publiciret worden. Die neueste Ausgabe der L. und Hofgerichts-Ordnung stehet im 2ten Theil der Sammlung Mecklenb. Landes-Constitutionen S. 727. f. Die gemeinen Bescheide stehen ebendaselbst S. 200.

2) Güstrowsche Canzley-Ordnung von 1669. 4 *b*); stehet gleichfals im 2ten Theil der Sammlung Mecklenb. L. Constitut. S. 884. folg.

3) Landesgrundgesetzlicher-Erbvergleich, vom dato Rostock den 18. April 1755; (besonders gehöret hieher dessen Artic. 21. vom Justiz-Wesen) nebst der Accessions-Acte des Herzogl. Strelitzschen Hauses zum Rostockschen Vergleich vom 30. Sept. 1755., mit Kayserl. Confirmation vom 14. April 1756.

4) Rostocksche neue Gerichts-Ordnung von 1586; 4. (die ältere ist von 1574.) Rostocksches Stadt-Recht, publiciret 1757. in 4.; der Verfasser desselben ist Jac. Henr. Balcke, Burgermeister und Professor zu Rostock. In dem 5ten Theile dieses Stadt-Rechts ist die Proceß-Ordnung enthalten. Auch gehöret hieher:

Der Rostocksche Erbvertrag von 1573. und von 1584. beyde mit Kayserl. Confirmationen; desgleichen der neueste Erbvertrag von 1788. in 4., welcher auch in Reuß Staats-Canzeley, 22. und 23 Theile abgedruckt ist.

5) Herzogliche Interims-Ordnung für die Untergerichte, vom 14. Julius 1770., nebst verschiedenen andern neuern Verordnungen, welche Auszugsweise in des H. Hofraths Spaldings Repertorio juris Mecklenburgici, Rostock 1781. in 4.; und in den beyden dazu gehörigen, vom H. Hofrath Ditmar herausgegebenen Supplementen, Rostock 1786. folg. zu finden.

a) M. s. z. B. Land- u. Hofger. Ordnung P. 2. Tit. 16. §. 2.

b) V. ihrer Uebereinstimmung mit der Hofger. Ordnung handelt *Manzel* in Pandectarum Juris Mecklenburgici spec. 1. p. 24.

§. 175.

## Schriftsteller.

Von den hieher gehörigen Schriften ist besonders zu merken

1) Jacob Carmons (Professors zu Rostock) Dissertat. de remediis suspensivis ordinariis, in Megapoli consuetis. Rostock. 1733. in 4.

2) Joa-

2) Joachim Christian Warnemünde, (B. R. D. u. Rathsherr zu Güstrow) Differentiarum juris civilis et Mecklenburgici specimen. Güstrow 1750. 4., worin S. 169. bis 185. in der Kürze und mit Anführung der dahin gehörigen gesetzlichen Stellen von der Appellation und andern Rechtsmitteln wider Beschwerden, welche durch richterliche Erkenntnisse zugefüget werden wollen, gehandelt wird.

In diesen sonst schätzbaren Schriften hat jedoch auf den Landes-Vergleich von 1755. und auf andere neuere Verordnungen, so wie auch auf den gegenwärtigen Gerichtsgebrauch, nicht Rücksicht genommen werden können.

## §. 176.

## Von den Landes- und Justiz-Collegiis überhaupt.

### A) in Mecklenburg Schwerin.

Die Landes- und Justiz-Collegia im Herzogthum Mecklenburg Schwerin sind

1) Die Herzogliche Regierung, und

2) die H. Lehn-Cammer; (Land-Vergleich von 1755. §. 463.) Beyde Collegia sind zu Schwerin. Von der Regierung unterscheidet sich noch das Geheime-Raths-Collegium,

zu welchem nicht alle Mitglieder der Regierung gehören.

3) Das Cammer-Collegium zu Schwerin. (aerarium principis,) welches die Einkünfte des Landesherrn besorgt.

Die Herzogliche Regierung ist zugleich ein Justiz-Collegium in folgenden Sachen.

a) in Appellations-Sachen von der Schwerinischen Canzley in Stifts-Sachen;

b) Bey Appellationen von dem academischen Gericht zu Rostock. (*Form. Concord.* von 1563. artic. 4.)

c) Bey Appellationen von den Regiments-Gerichten;

d) Bey Appellationen von dem Rostockschen Kloster-Gerichte. (Rostockscher-Erbvertrag von 1584. §. 38.)

e) Bey der querela manifestae nullitatis gegen Verordnungen der Landes-Gerichte. (Land-Vergleich von 1755. §. 397.) die Praxis hat, in Grundlage eben dieses Gesetzes, querelas simplices, (eigentlich denegatae justitiae) eingeführet, weil der Weg an die Reichsgerichte zu kostbar und zu umständlich ist. Nicht selten ist dies mit gutem Erfolg geschehen.

f) Bey

f) Bey den Recursen Rostockscher Bürger. Rostockscher Erbvertrag von 1573. §. Wo auch ein Bürger; Erbvertrag von 1584. §. 89. Erbvertrag von 1788. §. 169. bis 183.

g) Bey Steuern, Defraudationen und Contraventionen, und dem alsdann zuläßigen Recurs. (Landes-Vergleich von 1755. §. 57. Rostocksche-Convention von 1748. §. VI. lit. i.)

Ausser diesen angeführten, werden bey der Regierung keine Partey- und Streit-Sachen angenommen, sondern an die ordentlichen Justiz-Collegia verwiesen. (Land-Vergl. von 1755. §. 394.)

4) Die ordentlichen Justiz-Collegia; nemlich

a) Zwey Justiz-Canzeleyen; die eine zu Schwerin, und die andere zu Rostock. Die Justiz-Canzeleyen haben mit dem Hof- und Land-Gericht concurrente Jurisdiction. (Pütters R. Fälle, 2. B. S. 245. Carmon a. a. O. S. 18.)

b) Das Herzogl. Consistorium zu Rostock, welches sich nach der Kirchen-Gerichts-oder Consistorial-Ordnung vom Jahr 1570. und nach der recipirten Kirchen-Ordnung von 1552. u. 1602. richtet. (Land-Vergl. von 1755. §. 415. u. §. 483. add. §. 416.)

c) Das

c) Das gesammte Herzogliche Hof- und Land-Gericht zu Güstrow für beyde Herzogthümer Schwerin und Strelitz.

Bey sämmtlichen Landes-Gerichten soll auf die Abkürzung der Processe Rücksicht genommen und bey den Processen kurz, jedoch rechtmäßig verfahren werden. (Landes-Vergleich von 1755. §. 403. u. 404.)

Die Verschickung der Acten ist verstattet, wenn bey einer Sache das Landesherrliche Interesse mit eintritt, oder die Stimmen im Collegio gleich sind, oder eine oder die andere Parthey die Versendung der Acten verlangt. (Land-Vergleich von 1755. §. 399.). Die Verschikung der Acten wird auch häufig und fast allgemein erkannt, wenn das Gericht schon einmal gesprochen hat, und sodann Restitution gesucht worden.

§. 177.

B) H. Mecklenb. Strelitz. Land-u. Justiz-Collegia

Die Herzogl. Mecklenburg. Strelitzischen Landes- und Justiz-Collegia sind

1) Die Herzogl. Regierung, 2) die H. Lehn-Cammer. 3) das H. Cammer-Collegium; 4) die Regierung zu Ratzeburg; und 5) die ordentli-

ordentlichen Justiz-Collegia; nemlich: a) die Justiz-Canzeley zu Neu Strelitz; b) das H. Consistorium; ebenfalls zu Neu-Strelitz. (M. s. die dem Land-Vergleich von 1755. angehängte Accessions-Acte §. 16.) und c) gehöret hieher gleichfalls das gesammte Land- und Hofgericht zu Güstrow.

In Absicht beyder Herzogthümer Schwerin und Strelitz ist übrigens keine Communion und Condominium vorhanden, und jeder Landesherr hat die völlige Landeshoheit in seinem Lande (M. s. die angeführte Accessions-Acte §. 2. und 3.); welches auch auf die von den Parteyen zu bestellende gerichtliche Caution von Einfluß seyn kann.

Wenn also einer aus Mecklenburg-Schwerin Jemanden bey den Mecklenburg-Strelitzischen Gerichten verklagt, so kann der Beklagte im Strelitzischen von dem Kläger Caution pro reconventione et expensis fordern, wenn der Kläger nicht im Strelitzischen angesessen ist a); weil beyde Herzogthümer als zwey verschiedene Länder zu betrachten und die Unterthanen derselben gegen einander, als Ausländer anzusehen sind, wenn gleich sonsten in Absicht beyder Länder ein gesammtes Hofgericht errichtet worden.

*a*) So ward auch noch neulich erkannt in Sachen der Witwe des verstorbenen Mühlenmeisters und Peters zu Tetero, Klägern, wider den Mühlenmeister Joachim Peters zu Jlenfeld bey Neubrandenburg, Bekl., wegen Schuld.

## §. 178.

### Von den Impugnativ=Mitteln überhaupt.

Die in Mecklenburg üblichen ordentlichen Impugnativ-Mittel gegen richterliche Erkenntnisse sind:

1) Die Restitution;

2) Die *Deductio nullitatis;* beyde Rechtsmittel können mit einander verbunden werden.

3) Die Appellation, welche zwar nicht mit der Restitution, wohl aber mit der Nichtigkeits=Querel verbunden werden kann.

Alle diese Rechtsmittel werden nach den Grundsätzen des gemeinen Rechts beurtheilet, insofern nicht ausdrücklich in den Landes-Gesetzen etwas besonders *a*) deshalb festgesetzet ist.

4) Die Verschickung der Acten in Kraft der Revision (Beneficium transmissionis actorum in vim revisionis) *b*) in nicht appellablen Fällen, hat gleichfalls bey dem Hof- und Land-Gericht statt, wenn nicht schon vorher die

die Acten versandt gewesen. Ob dieses in den Reichs-Gesetzen begründete Rechtsmittel auch bey den Justiz-Canzeleyen zuläßig, scheinet wegen der Freyheit, ans Hofgericht zu appelliren, zweifelhaft zu seyn *c)*.

5) Die Supplication, welche bey den Justiz-Canzleyen und dem H. Consistorium *d)*, desgleichen bey dem Hof- und Land-Gericht, statt der Appellation, jedoch blos in geringen Fiscalischen Straf-Sachen, im Fall die Strafe unter 30. bis 40. Rthlr. gehet, zuläßig ist *e)*.

*a)* M. s. die Vorrede zu der Güstrowschen Canzley-Ordnung. ibiq. „Nach Anleitung der gemeinen Rechte.“ u. s. w.

Land- und Hofger. Ordn. P. I. Tit. 4. §. 5. „Nach des heil. Röm. Reichs gemeinen Rechten. u. s. w. — und P. 2. Tit. 16. §. 2. ib. „Dann in denselben, wie in allen andern Fällen, davon in unsrer Ordnung keine sonderliche ausdrückliche Versehung geschehen, das gemeine beschriebene Recht, in unserm Hof-Gericht wir gehalten haben wollen.“

*b)* Reichs-Abschied von 1600. §. 16. J. R. Abschied §. 113. *Pütter* proc. imp. §. 180.

Gottlob Eusebius Oeltze in d. Anleitung zur gerichtlichen Praxis überhaupt und insbesondere zu dem ordentl. Civil-Proceß. Jena 1782. §. 293. S. 453.

Georg Ludwig Böhmer de remedio revisionis. §. 4.

Coccej

*Cocceji* de revisoriis judiciis, cum in genere, tum in specie statuum imperii. Wilder de revisione particulari juris cummunis in causis ex privilegio Principum et statuum imperii inappellabilibus, ex Recess. imp. de A. 1600. §. 16. et 1654. §. 13.

c) Mir ist nur ein Fall bekannt, wo von diesem Beneficio transmissionis actorum in vim revisionis bey der Justiz-Canzley Gebrauch gemacht und wo solches meines Erachtens mit Recht abgeschlagen ward, weil Acta schon vorher versandt gewesen waren.

d) Land-Vergleich von 1755. §. 428. u. 429.

e) Carmon c. l. Warnemünde c. l. Torlemann de appellat. Rostock. 1622.

Wieweit aber bey Nieder-Gerichten Fiscale und Supplication statt finden, ist wohl so ausgemacht nicht.

## §. 179.

## Von den Appellations-Instanzen überhaupt.

Zuvörderst wird von der Appellation und den Appellations-Instanzen das nöthige anzuführen seyn. Von diesen ist überhaupt folgendes zu bemerken.

Wer sich durch die bey den Niedergerichten, mithin bey den adelichen und Stadt-Gerichten, als erster Instanz, ausgesprochenen Erkenntnissen beschweret erachtet, und die Sache an die höhern Landes-Gerichte bringen will, der

der muß die in den gemeinen Rechten vorgeschriebenen Formalien und Feyerlichkeiten beobachten. (Land-Vergl. §. 426.)

Indessen bleibt den Landes-Gerichten unbenommen, bey armen, geringen, oder der Rechte unkundigen Personen, ihres richterlichen Ermessens sich zu bedienen und überall mehr auf Wahrheit und Gerechtigkeit, als auf bloße Formalitäten zu sehen, auch die Protocolle und Acten erster Instanz abzufordern, um von der wahren Beschaffenheit der Sache besser urtheilen zu können. (L. Vergl. §. 427.)

Die Sache selbst darf übrigens nicht geringschätzig seyn, sondern muß wenigstens die Summe von 5 Rthlr. übersteigen, auch nicht von der Art seyn, daß sie nach Maßgabe der L. u. Hofger. Ordnung P. 2. Tit. 1. summarisch und mündlich abzuthun gewesen. (L. Vergl. §. 426) *a*).

*a*) Bey Appellationen von den Justiz-Canzleyen und dem H. Consistorium an das Hof- und L. Gericht, ist die Appellations-Summe zu 30. rthlr. gesetzet. Land-Vergleich §. 384., Wovon in folgenden §. 184. n. 4. die Rede.

## §. 180.

## Von den Appellations-Instanzen insonderheit.

In den mehrsten Städten ist ein Herzogliches Stadt-Gericht (M. s. den Mecklenb.

Staats-Calender im Anhange). Der Magistrat hat dagegen blos das Waysen-Gericht und ist keinesweges das Obergericht. Die mancherley Ausnahmen von dieser Regel und die Theilnahme der Magistrate durch Beysitzer bey den Stadt-Gerichten, läßt sich hier nicht angeben.

Von solchen Stadt- und andern Niedergerichten erster Instanz kann man entweder an eine Justiz-Canzley, oder sofort an das Hof- und Land-Gericht appelliren. Wobey man die Wahl hat, ob man sich an die Justiz-Canzley zu Schwerin, oder an die zu Rostock wenden will; ausser, daß die Appellation in solchen Sachen, welche das ehemalige Bisthum und jetzige Fürstenthum Schwerin, oder dessen Eingesessene betreffen, von den Untergerichten nur allein an die Justiz-Canzley zu Schwerin, von dieser aber an die H. Regierung gehet. (S. Verordn. vom 16. Jul. 1749.)

Zu dem Bisthum Schwerin gehören jetzt

1) die drey Stifts-Städte a) Bützow b) die Neustadt Schwerin, oder die Schelfe; und c) die Stadt Warin; desgleichen

2) folgende Aemter; nemlich a) das Amt Bützow; b) das Amt Marnitz, c) das Amt Rühn; d) das Stifts-Amt Schwerin; e) das Amt Tempzien; f) das Amt Warin. (M. s. die Monaths-Schrift von und für Mecklenburg

lenburg 1789. May S. 430; auch den Mecklenb. Staats-Calender von 1791. 2 Theile S. 27.)

In andern Fällen wendet man sich in der Regel von den Justiz-Canzleyen, an das Hof- und Land-Gericht. (Land-Vergleich von 1755. §. 429. und §. 464.)

In Rostock, wo mehrere Untergerichte *a*) sind, desgleichen in Parchim, muß von den Untergerichten an den Rath appelliret werden *b*).

Von dem Herzogl. Consistorium *c*) und von dem Magistrat zu Rostock geht die Appellation unmittelbar an das Hof- und Land-Gericht *d*).

*a*) In Rostock sind 4. Untergerichte; wohin auch die Cämmerey, und das Waysengericht, auch das Wein-Amt gehöret.

*b*) Cramer c. l. p. 19. *Krafft* de competente foro violant. etc. p. 15.

*c*) Land-Vergleich §. 429.

*d*) Abdruck des *Regulativi Jurisdictionis et juris Politiae*, so in dem 8ten §. der Convention vom 26. April 1748. der Stadt Rostock vorbehalten; woselbst es in §. 2. und 3. P. 3. f. heißt: „das Hofgericht ist nach dem ersten Erbvertrag das ordentliche Forum des Raths und der Gemeine zu Rostock, und die Appellationen gehen, soweit sie den Erbverträgen nach zuläßig sind, vom Senat nur allein an das Hofgericht. — Von der Justiz-Canzeley sollen daher keine Klagen, Supplica-

 tionen,

tionen, Appellationen und Recurse gegen den Senat zu Rostock angenommen, sondern sofort abgewiesen werden. — So wie auch die H. Justiz-Canzley keine Jurisdiction gegen Bürger oder der Stadt-Gerichtsbarkeit unterworfene Einwohner und Fremde, gegen städtische Pächter, Unterthanen oder gegen die in dem Stadt-Gebiete sich aufhaltende Fremde (nur die im §. 5. ausgenommen) zu exerciren hat rc.

Kein Appellant kann sich also von den Aussprüchen des Magistrats zu Rostock an die Justiz-Canzley, sondern nur einzig und allein an das Land- und Hofgericht wenden.

## §. 181.

### Fortsetzung.

Von der H. Regierung, und Lehn-Cammer, desgleichen von den Justiz-Canzleyen und vom Land- und Hof-Gericht wird in den nicht ausgenommenen Fällen, an die höchsten Reichs-Gerichte *a*), oder während eines Interregnums, an das Sächsische Vicariat appelliret *b*).

Auch in Rostockschen Sachen, welche an die höchsten Reichs-Gerichte qualificiret sind, kann der Kläger oder Appellant, nach der richtigern Meinung, sich entweder an den Reichs-Hofrath, oder an das Reichs-Cammer-Gericht wenden; da diese jedem Appellanten zustehende freye Wahl nirgends ausdrücklich aufgehoben ist; so wie es auch nicht an Beyspielen fehlet

fehlet, wo man sich in solchen Sachen an den Reichs-Hofrath gewandt hat und von diesem die Appellation angenommen worden.

a) Landes-Vergleich §. 431. und §. 464.
b) *Kraft* de competente foro violantium privilegium Caesar. de non appellando. p. 41.

## §. 182.

## Von dem uneingeschränkten privilegio de non appellando.

In dem Frieden zu Teschen ist den Herzögen von Mecklenburg das uneingeschränkte Privilegium de non appellando ausbedungen a) und hienächst durch ein Conclusum des Reichshofraths vom 11. April 1781., unter verschiedenen erst zu berichtigenden Einschränkungen zuerkannt worden b). Inzwischen ist zur Zeit noch kein Ober-Appellations-Gericht errichtet worden.

a) H. Prof. Jac. Fr. Rönnbergs gemeinnützige Notiz vom K. privilegio de non appellando etc. Rostock rc. 1785. 8. Eine Apologie derselben stehet in des H. Doctor Koppe schätzbaren Archiv und Magazin für die gesammte Rechtsgelahrtheit.

b) Das Reichshofraths-Conclusum vom 11. April 1781. stehet in des H. G. J. R. Pütters Literatur des Teutschen-Staatsrechts. 3ter Th. (Götting. 1783. gr. 8.) S. 478. — 480. incl.

§. 183.

## Von den ganz inappellablen Fällen.

Nach dem Mecklenburgischen Landes-Vergleich von 1755. §. 384. hat die Appellation, welche von den Canzleyen und dem Consistorium an das Hofgericht gehet, in folgenden Fällen überall nicht statt; nemlich

1) in peinlichen und Fiscalischen-Sachen, welche an Leib und Leben gehen, ohne Rücksicht darauf zu nehmen, ob darin mittelst des Untersuchungs- oder Anklage-Processes verfahren und erkannt worden.

2) Wenn Jemand in einer Verschreibung oder sonst, der Appellation sich ausdrücklich begeben hat.

3) Wenn die eingewandte Appellation, wegen Versäumniß der in der Hof- und Landgerichts-Ordnung vorgeschriebenen Formalien für desert und erloschen erkannt worden.

4) In geringschätzigen Sachen, welche sich nicht über 30. Rthlr. belaufen.

5) Wenn eine Erkenntniß, oder ergangene Executions-Verfügung sich auf eine rechtskräftige Urthel beziehet. Wegen gegründeter Beschwerden über einen etwanigen

Exceß

Exceß bey der Execution, bleibet die Appellation zuläßig,

6) Wenn die nach gerichtlich geleisstetem Eyde gesprochene Urthel Jemanden condemniret oder absolviret (*Stryck* de causis ad cam. imp. non appell. c. 4. §. 16.)

7) Wenn in einer Sache drey gleichlautende Urtheln vorhanden sind.

8) Wenn Jemand von einer bloßen, und sonst keine beschwerliche Clauseln in sich fassenden Citation appelliret; oder, wenn Jemand gehörig citiret ist und keine rechtmäßige Ursache seines Ausbleibens ausgeführet hat, folglich wegen seines ungehorsamen Ausbleibens, (ob contumaciam *in non comparendo*) verurtheilet werden.

9) Wenn einer nach ergriffenem Rechtsmittel der Restitution, oder Deduction (Remedio Restitutionis in integrum vel deductionis nullitatis) sachfällig geworden.

10) Wenn in klaren und liquiden, auf reine Hand und Siegel beruhenden Schuld-Wechsel-Gelübds- und Bürgschafts-Sachen erkannt worden. Jedoch bleibet einem jeden unbenommen, seine etwa habende Einreden, vor demselben Gericht, welches die Sentenz gesprochen, besonders anzubringen und auszuführen; mithin sich danächst der Appellation

zu bedienen. (L. u. Hofgerichts-Ordnung 2., 27. §. 1. Quistorps Beyträge S. 52.) add. Constitutions- und Executions-Ordnung von 27. Jan. 1619.) Es muß auch der Sieger, wenn er ein Ausländer und im Lande mit unbeweglichen Gütern nicht angesessen ist, auf die ihm zuerkannte Summe, hinlängliche Caution bestellen.

Diesen in vorgedachtem Landes-Vergleich §. 384. benannten Fällen, wird noch ein besonderer und in eben diesem Landes-Vergleich §. 57. angeführter Fall, hinzuzufügen seyn, nemlich:

11) Wenn Defraudationes, oder Contraventiones bey der Steuer (Accise und Consumtion) verübet worden, so soll von dem Ausspruch in der Sache, keine Appellation in der Sache statt finden. Doch bleibet dem Beschwerten der Recurs an die Herzogl. Regierung oder an das zum Steuer-Wesen verordnete Collegium offen.

§. 184.

Von den Fällen, in welchen die Appellation blos eine devolutiv Würkung hat.

Die Appellation von den Canzleyen und dem Consistorium an das Hofgericht hat nach dem Landes-Vergleich §. 385. in folgenden Fällen, nur eine devolutiv Würkung; nemlich:

1) Wenn

1) Wenn die Urthel entweder über ein Spolium, oder blos über den gegenwärtigen Besitz, (momentaneam possessionem), folglich in possessorio summariissimo ergangen ist.

2) Wenn nur eine *interlocutoria mera* gesprochen worden;

3) Wenn in Sachen der Kirchen, Schulen, Universitäten, Hospitäler, Armenhäuser, armer Wittwen und Waysen, oder anderer dürftigen und mitleidswürdigen Personen, endlich auch wegen Unterhalt oder Aussteuer adelicher Wittwen gesprochen und erkannt ist. (*A. F. Trendelenburg* dissertat. de Favore piarum causarum — respectu appellationis. Bützow 1771. Götting. gel. Anz. 1771. S. 1334. folg.)

4) Wenn die Urthel sich auf einen klaren Vertrag, oder Vergleich, oder auf klaren, vor den Landes-Gerichten geschlossenen Verträgen und Contracten gründet;

5) in Sachen, welche keinen Verzug leiden:

Als Beerdigung, Eröfnung eines Testaments, Besitznehmung einer Erbschaft, im Fall das Testament mit keinem sichtbaren Fehler behaftet ist; desgleichen Alimenten, verdienter Lohn, und Stipendien; oder, wenn sonst noch eine Gefahr mit dem Verzug der Sache, oder

 ein

ein unersetzlicher Verlust verknüpft ist; wohin die Policey-Bau-Wasserstauungs- und andere schädliche oder gefährliche Unternehmungen zum Nachtheil des gemeinen Wesens, oder eines dritten, und die darüber erkannten Inhibitoria, und Sequester zu rechnen sind; oder

6) Wenn sogar *periculum armorum*, oder andere gefährliche Erweiterungen zu befürchten, und dagegen in einer Urthel Vorsehung geschehen ist.

Diesen in den §. 385. des Land-Vergleichs angeführten Fällen dürfte nach dem §. 265. des Land-Vergleichs, noch gewissermaßen

7) Die Appellationen in Handwerks-Sachen hinzuzufügen seyn.

In diesen, in dem Landes-Vergleich ausdrücklich benannten Fällen, hat die Appellation blos eine devolutiv Wirkung, und der Appellat muß, wenn er im Lande mit unbeweglichen Gütern nicht genugsam angeseßen ist, dem Appellanten, bevor dieser der ausgesprochenen Urthel nachzukommen schuldig ist, zureichliche *Caution* de restituendo cum omni causa in casum succumbentiae bestellen. (Land-Vergleich §. 368.)

## §. 185.

### Von den nicht ausgenommenen Fällen.

In den übrigen, in dem vorgedachten Landes-Vergleich von 1755. nicht ausdrücklich ausgenommenen Fällen, sie mögen beschaffen seyn, wie sie wollen, haben nach den klaren Worten dieses Land-Vergleichs §. 387., die Appellationen von den Canzleyen und Consistorium an das Land- und Hofgericht ihren vollen Lauf und volle Würkung unverkürzt.

Es sollen daher, nach dem §. 388. des Land-Vergleichs, die Justiz-Canzleyen und das Herzogl. Consistorium, sich, ausser den, im vorhergehenden ausdrücklich ausgenommenen Fällen, aller Verwerfung der eingewandten Appellationen, desgleichen aller Erkenntniß über die Erheblichkeit der Beschwerden und über den Punct der Devolution, ganz enthalten; auch nach dem §. 389. des L. Vergleichs, wegen der Succumbenz-Gelder und Bestrafung der Advocaten, dem Inhalt der Constitution vom 23. Novemb. 1655. buchstäblich nachgehen.

Dagegen soll das Hofgericht nach eben dieser Constitution von 1655., in dessen Urtheln, bey Verwerfung der Appellation sowohl als bey den confirmatorischen Erkenntnissen, im Fall die Appellation frevelhaft ist, zugleich dahin mit erkennen:

erkennen: „es sey die Appellation frevelhaft mithin der Appellant und dessen Advocat zu bestrafen.“ (Land-Vergl. §. 390. *Brückner* de abusibus appellationum tollendis, et hac ratione litibus citius terminandis. occas. C. 3. C. de appellat.

§. 186.

Von den Fällen, in welchen nicht an die höchsten Reichs-Gerichte appelliret werden kann.

In Ansehung der Appellationen von den Landes-Gerichten an die höchsten Reichs-Gerichte, soll es bey dem *Privilegio de non appellando* von 1651. sein ungeändertes Verbleiben behalten. Nach den dürren Worten desselben kann nun in folgenden Fällen nicht an die Reichs-Gerichte appelliret werden, nemlich *a*):

1) In Sachen, welche nicht über eintausend Gold-Gulden, oder 2000. reinische Gulden Capital, mithin gerade 1000. Goldgulden, oder noch weniger betragen *b*).

2) In Injurien und Schmäh-Sachen, in welchen wegen Verläumdung, Frevel, Schmach und Scheltworte, bürgerlich auf die Aestimation geklagt worden, und die billige Schätzung die bestimmten 1000 Goldgulden nicht übersteiget.

In

In Injurien-Sachen, welche criminal sind, kann, wie sich von selbst verstehet, nach gemeinen Rechten nicht an die höchsten Reichs-Gerichte appelliret werden.

3) In Schuld-Sachen, da die Schuld bekänntlich, oder sonst scheinbar, liquide und richtig ist; wenn gleich desgleichen Schuld mehr, als die privilegirte Summe der 1000. Goldgulden beträgt.

4) In allen Sachen, in welchen die gemeinen Kayserlichen Rechte, oder die Constitutionen, Observanz, und löbliche Gewohnheiten des Landes keine Appellation verstatten *c*).

5) Nicht in Ehe- und Kirchen-Sachen; es wäre dann, daß Landstände wider die Kirchen-Ordnung, oder Landes-Gesetze beschweret worden.

In allen übrigen Fällen, die hierunter nicht begriffen sind, soll den Appellationen an die Reichs-Gerichte völlig und unweigerlich deferiret werden.

*a*) Diese Fälle sind auch in dem Land-Vergleich §. 391. und 392. angeführet.

*b*) Wie hoch ein Goldgulden zu rechnen, ist so ausgemacht nicht J. R. Abschied von 1654. §. 116. *Pütter* procesſ. imp. §. 176. add.

Warne-

Warnemünde c. l. p. 1-9. Krafft D. de competente foro violantium priuilegium caesareum de non appellando. (Rostock. 1712.) p. 41.

c) nemlich, (wie es in dem Land-Vergleich §. 391. lautet,) „nicht in allen den andern Fällen, die in dem Land-Vergleich §. 384., unter 10 Nummern, und in dem §. 385., unter 6 Nummern, ausdrücklich angeführet sind.“

§. 187.

## Von den Fällen, in welchen von den Urtheln des Raths zu Rostock an das Hofgericht nicht appelliret werden kann.

Von dem Rath zu Rostock kann, nach den klaren Worten des Erbvergleichs von 1584. §. 57. in nachstehenden Fällen nicht appelliret werden; nemlich:

1) in peinlichen- und criminal Sachen;

2) in Sachen, da die Klage und Hauptsache nicht über 70. Gulden Haupt-Summe, Mecklenburgischer Wehrung beträgt; jeden Gulden zu 24. Schilling lübisch gerechnet; (70 Gulden machen also 35 Rthlr.)

3) in Sachen, da klare Verschreibung in der Stadt Rostock Grund-Zeug- und Gerichtsbüchern vorhanden; oder, da die geforderte Schuld

Schuld bekänntlich, oder sonst scheinbar und richtig; obgleich solche Schuld-Sache und Forderung über 70 Gulden beträgt.

4) Von Eydes-Händen; (oder von einer Urthel, in welcher Jemand nach gerichtlich geleisteten Eyde, verurtheilet oder absolviert worden.)

5) In Aliment-Sachen.

6) In Sachen, welche alte und neue Gebäude, Wasserlaufe, heimliche Gemächer, oder sonst etwas, welches zum Schaden und Deformität der Stadt gereichen kann, betreffen.

Alle in solchen Sachen ausgesprochene Erkenntnisse des Raths sollen ungehindert vollstreckt werden.

Dahingegen soll in andern bürgerlichen Sachen, in welchen sonst, vermöge der Rechte, appelliret werden kann, einem jeden frey stehen, von den End-Urtheln, oder von einer Bey-Urthel, welche die Kraft eines End-Urthels hat, an das Hofgericht zu appelliren; und der Rath soll der Appellation unweigerlich deferiren.

Uebrigens hat die Appellation gegen den erkannten Arrest nur eine Devolutiv-Würkung. (Stadt-Recht 5 Theil tit. XI. §. 2.) und gegen den Ausspruch eines Schieds-Richters findet überall kein Rechtsmittel statt. (Stadt-

Recht

Recht 5 Theil, tit. 1. §. 3.). Auch ist nach verlohrner Restitutions-Instanz keine Appellation und Nichtigkeits-Querel zuläßig. (Stadt-Recht 5. 10. §. 9.)

## §. 188.

### Einwendung der Appellation.

Die Appellation kann überhaupt auf zweyerley Art eingewandt werden, nemlich

I) entweder gerichtlich, und zwar mündlich, sofort nach der Publication der Urthel. (viva voce et stante pede) *a*); jedoch nur bey Untergerichten *b*) und gewöhnlich mit Erlegung des Appellations-Groschens, welcher bey mehrern Gerichten 18. Schillinge zu betragen pflegt *c*).

Die Einwendung durch eine schriftliche Anzeige binnen zehen Tagen bey dem Judice a quo ist zwar nicht unzuläßig, aber nicht gewöhnlich.

II) oder außergerichtlich, binnen 10 Tagen vor einem Notar und zwey Zeugen; und zwar

A) Bey Appellationen an das Land- und Hofgericht sind Instrumente mit eingerückter Schedula, worin die Beschwerden angeführet seyn müssen, nothwendig; und es soll die Einwendung allemal mittelst dieser

Schedulae

Schedulae schriftlich geschehen. (Gemeine-Bescheide Class. IV. n. 2.)

B) Bey Appellationen an andere Gerichte bedarf es dessen nicht; sondern man interponiret der Kürze wegen und zur Ersparung der Kosten, die Appellation vor dem Notario mündlich, und gebraucht bloße Documente.

Von den Erkenntnissen des Raths zu Rostock kann man nicht mündlich appelliren; auch nicht mündlich von den Niedergerichten zu Rostock, im Fall man zur Anhörung der Publication der Urthel citiret worden. Im Gastrecht aber muß in continenti, mit Erlegung von 18 ßl. appelliret werden. (Stadt-Recht 5 Theil, Tit. 10. §. 2.)

a) L. und Hofger. Ordn. 2. 37. §. 2. „entweder von Stund an mündlich, oder binnen 10 Tagen schriftlich." Güstrow. Canzl. Ordn. 2. 38. §. 2.

b) *Mantzel* de appellatione, quae fit stante pede. Rostock 1738. p. 8. Schwerinsche Canzl. Ordn. tit. von Canzley-Substituten.

c) *Mantzel* c. l. *Carmon* c. l. p. 13. sqq.

## §. 189.

## Von der Einwendungs-Frist.

Das Fatale interponendae appellationis ist eine zehntägige Frist, welche von Zeit der Pu-

Publication der Urthel, oder von Zeit erhaltener Wissenschaft, zu laufen anfängt. Eine nach Ablauf dieser 10 tägigen Frist eingewandte Appellation ist ungültig und für erloschen zu halten *a*). Appelliret jemand nach 10 Tagen, unter dem Vorwand, daß er von der Urthel keine Wissenschaft vorher gehabt habe, so muß er solches vor Ertheilung der Appellations-Processe eidlich erhärten *b*).

Wird übrigens jemand behindert, die Appellation zu gehöriger Zeit einzuwenden, so kann er aus rechtmäßigen Ursachen, gegen den Ablauf des Fatalis, Restitution suchen *c*).

*a*) L. und Hofger. O. 2. 37. §. 2.

*b*) H. Constitution zur Erläuterung einiger Puncte der L. und Hofger. Ordn. von 1624.

*c*) *Mantzel* de duobus vel trib. viris honestis in — appellat. etc. p. 41.

## §. 190.

## Von der Intimation der Appellation.

Die vor dem Notar und Zeugen eingewandte Appellation muß dem Judici a quo binnen 30 Tagen, von Zeit der publicirten Sentenz an gerechnet *a*), schriftlich intimiret, und der Oberrichter darin benannt werden *b*). Die Intimation geschicht mittelst beygelegter Appellationstions-Documents, mit Bitte der eingewandten Appellation zu deferiren.

Der Appellations-Eyd, die Cautions-Leistung, und Deposition eines gewissen Legegeldes, ist nicht üblich *c*).

In Fällen, die mit Gefahr des Verzugs verknüpft sind, muß der Unterrichter auf eingewandte und intimirte Appellation die Acten mit Bericht sofort an den Oberrichter einsenden *d*).

Die unterlassene Intimation zieht den Verlust der Appellation nicht nach sich, im Fall an die Landes-Gerichte appelliret worden. Indessen ist es rathsam, die Appellation zu intimiren, damit der Unterrichter auf Anhalten des Gegners nicht weiter in der Sache verfahre und zur Execution schreite *e*).

*a*) Carmon c. l. p. 20.

*b*) Interims-Ordnung für die Untergerichte von 1770. n. 15. f. die Untergerichte (Stadt- und Amts-Gerichte) sind auch nicht schuldig, auf die Appellation zu achten, wenn bey deren mündlichen Einlegung, oder bey der binnen 30. Tagen schriftlich zu beschaffenden Intimation, der Superior nicht ausdrücklich benannt wird. „Es interessiret ja den Unterrichter sowohl, als den Appellaten, zu wissen, an welchen Oberrichter die Appellation gerichtet worden, da der Appellant sich nach der Mecklenb. Gerichts-Verfassung entweder an eine Justiz-Canzley, oder an das Hof- und Land-Gericht wenden kann.

c) H. Constitution vom 23. Nov. 1655. steht hinter der Land- und Hofger. Ordnung Carmon c. l. p. 23.

d) Interims-Ordnung für die Untergerichte von 1770. n. 15. f. (Sie geht auf alle Stadt- und Amts-Gerichte im Lande)

e) Carmon c. l. p. 21. ibiq. *Mev.* 4. Decis. 362. n. 8. *Mantzel* de requisitione consensus absque formidine denegationis. Vom Mundgönnen. Rostock. 1747. §. 29. S. 17.

## §. 191.

### Besonders nach der Rostockschen Gerichtsverfassung.

Wer sich durch eine bey den Niedergerichten zu Rostock ausgesprochene Urthel beschweret findet, der kann davon, fals die Sache über 10 Rthlr. beträgt, an den Rath appelliren. Er muß aber die Appellation binnen 10 Tagen, von Zeit der Publication der Urthel, fals er zur Anhörung derselben vorgeladen worden, vor einem Notar und Zeugen, gehörig einwenden. Ist die Urthel im Gastrecht ausgesprochen, so muß in continenti davon, mittelst Erlegung 18 ßl., appelliret werden. (Rostocksches Stadtrecht von 1757. 5 Theil, Tit. 10. §. 1. und 2.) *a*).

Wer in den erlaubten Fällen vom Rath an das Land- und Hofgericht appelliret, muß gleich

fals

fals binnen 10 Tagen vor einem Notar und Zeugen, die Appellation einwenden, danächst aber die Appellation vor dem Rath mit 5 Rthlr. oder 10. Gulden, belegen, und daselbst in offenen Gericht den Appellations-Eyd schwören. (Erbvergleich von 1584. §. 58.).

a) *C. H. Möller* d. de judicio summario peregrinorum; germ. vom Gastrecht; occasione ordinat. jud. Rostochiensis de 1586. P. 2. Tit. XI. Rostock. 1733.

## §. 192.

### Von der Einführung der Appellation bey dem Oberrichter.

Der Appellant muß hienächst dem Oberrichter die an denselben ergriffene Appellation bekannt machen. Dies geschiehet durch die Einführungs-Schrift; worin der Appellant nicht nur die richtige Beobachtung der Formalien zeiget, sondern auch die Beschwerden anführet, und die Appellations-Processe zu erkennen bittet *a*).

Nach der Land- und Hofgerichts-Ordnung P. 2. Tit. 37. §. 4. muß die an das Land- und Hofgericht ergriffene Appellation, bey Verlust derselben, binnen 6 Wochen, von Zeit der geschehenen Einwendung, introduciret werden *b*).

In der Einführungs-Schrift zeiget der Appellant dem Oberrichter, mittelst des beygelegten Appellations-Instruments, die richtig geschehene Einwendung der Appellation an, und bittet, nach Anführung der Beschwerden, sowohl um die gewöhnlichen Appellations-Processe, als auch um Befristung zur Einbringung des Appellations-Libells.

Der Oberrichter fodert von dem Judice a quo die Acten und nach den Umständen mit der Auflage, mit allem fernern Verfahren in dieser Sache Anstand zu nehmen; bewilliget auch dem Appellanten die nöthige Frist, vor deren Ablauf hienächst der Appellations-Libell eingereicht werden muß.

Wenn bey dem Hofgericht Appellationen von den Erkenntnissen der Canzleyen eingeführet werden, so erfolgt blos der gewöhnliche Bescheid, (Responsum solitum): „Würde Appellant bescheinigen, daß er beym Judice a quo, solennia praestiret, so ergehe weitere Verfügung.“ Der Appellant muß sodann bey dem Judice a quo um Anberahmung des Termini zur Abstattung der Solennien bitten, wenn es nicht schon vorher geschehen ist. Nach abgelegtem Appellations-Eyd erfolget in dem Judicio a quo der dimissorial Bescheid. Nach dessen Einreichung beym Hofgericht, wird keine Verfügung an die Justiz-Canzeley, sondern blos

eine

eine Citation an den Appellaten und ein Compulsorialbefehl an den Registrator der Justiz-Canzley erlassen *c*).

Die Erforderung eines Berichts von den Untergerichten findet in der Regel nicht statt. Nach Verschiedenheit der Gerichte und Sachen werden jetzt auch die Original-Acten von den Untergerichten gefodert, und sodann von diesen unmittelbar eingesandt.

Beym Hofgericht wird die Appellations- und Restitutions-Instanz in der Regel in den Quartal Juridiquen und durch eigene Procuratoren verhandelt.

*a*) H. Geheime-Justiz-Rath Oeltze in d. Anl. z. gerichtl. Praxis §. 311. S. 487.

*b*) Carmon c. l. pag. 25.

*c*) Man pflegt diese Form daher abzuleiten, daß dies eine appellatio ad parem sey, da die Justiz-Canzley mit dem Hofgericht concurrente Jurisdiction hat. *I. F. Taddel* d. de appellatione ad parem. Rostock. 1735. §. 7. pag. 9, add. *Bachow* ad *Treutler*. Vol. 2. D. 33. th. 1. Lit. B.

## §. 198.

## Von dem Appellations-Libell.

In dem Appellations-Libell muß vorzüglich das Factum, was zum Proceß Gelegenheit gegeben hat, der Wahrheit gemäß und deutlich vorgetragen werden. Dann folgt die Geschichte des Processes und die Anführung der beschwerlichen Sentenz. Die Beschwerden werden punctsweise angeführet und jede Beschwerde wird aus den Acten und Rechten deutlich und gründlich ausgeführet, wobey der Appellant sich auch neuer Beweißmittel bedienen kann. Endlich folgt der Schluß und die Bitte, welche so gefaßt wird, wie die künftige Sentenz lauten soll.

## §. 194.

## Vom Relevanz-Bescheide.

Wenn der Appellations-Libell überreicht ist, und die Acten eingekommen sind, so erfolgt nach Vergleichung der Acten mit dem Libell der Relevanzbescheid. Wenn in demselben die Sache auch zum weitern Verfahren angenommen wird, so hindert dies nicht, daß nicht hernach noch eine confirmatorische Sentenz erfolge. Bey dem Hofgericht gehet vor dem Relevanzbescheid eine Rotulation der Acten und eine förmliche Relation voraus. Uebrigens wird bey dem Hofgericht in Appellations- auch in Restitutions-Sachen bis zur Duplic verfahren. Bey der Regierung und Canzleyen hingegen wird mit der Exceptions-Schrift geschlossen.

## §. 195.

## Von der Einführung und Rechtfertigung der Acten nach Rostockschen Rechte.

Die vom Gastrechts-Urthel sofort mündlich eingewandte Appellation muß sogleich am ersten folgenden Rathstag eingeführet und gerechtfertiget werden, wenn gleich der Rath an solchem Tage auch nicht zusammen kommen möchte.

Bey andern Appellationen an den Rath muß die Einführung und Rechtfertigung binnen 14 Tagen, von der Einwendung an gerechnet, geschehen. Die gesuchte und erhaltene Prorogation wird von Zeit der abgelaufenen ersten Frist an gerechnet. Nach Ablauf der Frist kann keine Prorogation erfolgen, sondern die Appellation ist desert und erloschen. (Rostocksches Stadt-Recht. 5 Theil Tit. 10. §. 3. folg.)

Uebrigens werden gegenwärtig in Rostock beym Obergericht die Original-Acten von den Untergerichten gefordert *a*).

Ist vom Rath an das Land- und Hofgericht appelliret, so muß der Appellant nach der jetzigen Verfassung, seine Appellation binnen der gewöhnlichen sechswöchentlichen Einführungs-Frist, beym Hofgericht introduciren. (Neuer Erbvertrag §. 122.).

 a) Wo-

a) Wodurch also das wegfält, was ehedem von den Acten erster Instanz verordnet worden.

§. 196.

## Von der Appellation an die höchsten Reichs-Gerichte.

### A) von deren Einwendung und Intimation.

Wer an das Reichs-Cammer-Gericht, oder an den Reichshofrath appelliren will, der hat folgendes zu beobachten. Er muß

1) binnen 10 Tagen, von Zeit der Publication der Urthel, oder von der Zeit an, da er den Inhalt der Urthel vollkommen wissen können und sollen, die Appellation einwenden, und zwar geschiehet dies, nach dem Gerichtsgebrauch, vor zwey Notarien, welche bey dem Hofgericht, oder den Justiz-Canzleyen immatriculiret seyn müssen a).

Wobey den Notarien eine beglaubte Abschrift der beschwerlichen Sentenz, mit dem Appellations- und Requisitions-Zettel (Schedula appellationis) worin wenigstens die hauptsächlichsten Beschwerden angeführet seyn müssen, überreicht wird, mit Bitte, die eingewandte Appellation an- und zu Protocoll zu nehmen, und die gewöhnlichen Appellations-Documente und Instrumente auszufertigen.

fertigen. Die Beschwerden werden Punctsweise abgefaßt und unter fortlaufenden Nummern angeführet *b*).

2) Muß der Appellant binnen 30. Tagen, von Zeit der publicirten Sentenz, oder erhaltener Wissenschaft, mittelst eines Appellations-Documents, dem Gegentheil die Appellation bekannt machen, mit der Anzeige, daß er bereit sey, in dem deshalb anzusetzenden Termin, den Appellations-Eyd abzulegen, und dem Privilegio de non appellando von 1651. Genüge zu leisten. Sind mehrere Appellaten vorhanden, so muß jedem derselben solches durch einen Notar und zwey Zeugen, oder durch zwey Notarien, notificiret werden.

3) Der Appellant muß ferner binnen diesen 30. Tagen, die Appellation dem *Judici a quo*, mittelst eines Appellations-Documents, in welchem jedoch die Schedula appellationis eben nicht allemal eingerückt zu werden pflegt, intimiren und bekannt machen.

4) Muß der Appellant binnen 30. Tagen, von Zeit der eingewandten Appellation, die Acten mit den Entscheidungs-Gründen fordern; und

5) sich zur Praestation der Feyerlichkeiten, zur Bestellung der gewöhnlichen Caution und zur Erlegung der Gebühren für die Abschrift der Acten, erbieten *c*).

*a*) Daß

a) Daß die Appellation gerade vor einem bey dem Reichs-Cammergericht immatriculirten Notario und zwey Zeugen geschehe, ist nicht erforderlich. So wie auch in hiesigen Gegenden sich keine solche beym R. Camm. Gericht immatriculirte Notarien aufzuhalten pflegen. M. s. die Anmerk. über die R. Camm. Gerichts Ordnung in von Selchows Concepte der R. C. G. Ordn. P. 2. tit. 32. p. 282. Daß die Einwendung auch vor zwey Notarien ohne Zeugen geschehen könne, ist eben daselbst, pag. 285. bemerkt; desgl. in von Cramers System. process. imperii §. 1042.

b) Ist der Appellant nicht im Stande, die Schedulam appellationis zeitig genug auszufertigen, so pflegt er statt derselben, den Notarien vorläufig ein weisses zusammengelegtes Blat zu überreichen und in der Folge die Schedulam appellationis nachzubringen, damit die Appellations-Instrumente ausgefertiget werden können. Rathsam ist es, sich des Gebrauchs eines solchen Blanquets zu enthalten.

c) Ausführlicher hievon handelt *Krafft* c. diss. de compet. foro violantium etc. p. 44. sqq.

## §. 197.

## B) Von der Einführung der Appellation bey den h. Reichs-Gerichten.

### 1) von der Einführungs-Frist.

Wer von den Landes-Gerichten an das Reichs-Cammer-Gericht, oder den Reichshofrath appellirt hat, der muß 1) vor allen Dingen

gen seine Appellation bey diesen höchsten Reichs-Gerichten binnen 4 Monathen, von Zeit der Einwendung, einführen. Dies ist die erste Nothfrist und das *fatale appellationis extrajudicialiter introducendae*. Vor Ablauf dieser 4 monathlichen Frist müssen die Appellations-Processe nicht allein extrahiret, sondern auch bey Strafe der Desertion, dem Judici a quo, und dem Appellaten gehörig insinuiret werden.

Hienächst aber muß 2) der Appellant, die gehörig insinuirten Processe binnen 2 Monathen, von Zeit der geschehenen Insinuation an zu rechnen, in einer vidimirten Abschrift, dem Reichs-Cammer-Gericht, oder Reichshofrath wieder überreichen, d. h. reproduciren. Dies ist die zweyte Nothfrist, oder das *Fatale reproducendae appellationis s. fatale judicialiter introducendae appellationis*.

Beyde Fatalien dürfen nicht zusammen gerechnet und als ein einziges 6 monathliches Fatale betrachtet werden, gleichsam, als wenn überhaupt 6 Monathe zur Einführung der Appellation vorgeschrieben wären. Denn wenn man den Fall annehmen wolte, daß die Processe schon vor Ablauf dreyer Monathe, von Zeit der Einwendung an gerechnet, extrahiret und insinuiret wären, so würden sodann nicht noch 3. sondern von Zeit der geschehenen Insinuation, allemal nur noch zwey Monathe zur Reproduction übrig bleiben, die Insinuation mag so früh geschehen

geschehen seyn wie sie will *a*). Jeder Monath wird übrigens zu 30. Tagen gerechnet; 4 Monathe machen also 120. und 2 Monathe 60. Tage aus.

*a*) Pütters nov. epit. proc. imp. (1777.) §. 193. J. R. A. §. 67. „Soll sich der Appellant mit Ausbring- und Insinuirung der Processe, bey Strafe der Desertion, dergestalt befördern, damit die Insinuation wenigstens vor Ablauf der 4. ersten, nach interponirter Appellation folgenden, Monathen beschehen; und also nach der Insinuation zum wenigsten noch 2 Monathe, bis zur Verfließung der fatalium introducendae zur Reproduction, und dem Appellaten zu nothwendiger Bedenckzeit und Einbringung seiner Gegennothdurft übrig verbleiben; welche *fatalia* hinführo nicht so leicht — — prorogiret werden sollen.“

§. 198.

## 2) Vom Appellations-Libell.

Der Appellations-Libell, (libellus gravaminum) *a*) ist gewöhnlich eine Beylage der Introductions-Schrift, oder der Supplic um Erkennung der Processe *b*), und pflegt folgendermassen eingerichtet zu werden.

1) Die Formalien, in Beziehung auf die Einführungs-Schrift, in der Kürze gerechtfertiget; hienächst wird in Rücksicht der Materialien, oder Beschwerden,

2) Eine

2) Eine genaue Geschichts-Erzehlung vorausgeschickt; dann folgt

3) die Geschichte des Processes, mit der beschwerlichen Sentenz;

4) die Rechtfertigung der Beschwerden; die durch eine weitere Aus- und Beweißführung noch besser in das Licht gesetzet werden können;

5) Der Schluß und die Bitte, welche auf die Abänderung der beschwerlichen Sentenz gerichtet ist, und so abgefasset wird, wie die Urthel in der Ober-Instanz, nach dem Wunsche des Appellanten, lauten soll.

a) Muster eines solchen Appellations-Libells stehen in des H. G. J. R. Pütters Erläuterung des Reichs-Proc. S. 120. f. auch in des H. Hof- und Regierungsraths Hanzelys Grundriß des Reichshofräthlichen Verfahrens in Justiz- und Gnaden-Sachen, mit nöthigen Formeln. 3. Band 1. Abtheil. (Stutgard. 1787. 8.) Num. 541. 578. 792.

b) Muster solcher Introductions-Schrift, oder Supplic um Erkennung der Processe, stehen gleichfals in Pütters Erl. des R. Proc. c. l. u. Hanzelys-Grundriß c. l. Num. 512. 541. 578. 792.

§. 199.

§. 199.

## 3) Von der Introductions-Schrift.

Die Introductions-Schrift, oder, wie sie bey dem Reichs-Cammer-Gericht genannt wird, die Supplic um Erkennung der Appellations-Processe, (Supplica pro processibus appellationis) enthält

1) eine kurze Erzehlung des Inhalts der beschwerlichen Sentenz, und zugleich der daher entstandenen Beschwerden, weshalb die Appellation erhoben worden, mit Beziehung auf den Appellations-Libell.

2) Eine Bescheinigung der richtigen Beobachtung der Formalien und Fatalien;

3) Das Erbieten zur Ableistung der Feyerlichkeiten;

4) Die Begründung der Gerichtsbarkeit des Oberrichters und daß die Sache an denselben erwachsen sey;

5) Die Bitte, die völligen und gewöhnlichen Appellations-Processe, (nemlich die Citation des Appellaten, die Inhibition und Compulsorialen, nebst der Citation des Advocati causae *a*) ad iudicandum) zu erkennen *b*).

a) Dieser muß sich daher unterschreiben.

b) Pütters

b) Pütters proc. imp. §. 195. — Vom Gesuch um ein Document der abgeschlagenen Processe, *ibid.* Oeltze in d. Anleit. z. gerichtl. Praxis §. 312. S. 491. *Cramer* obs. 121. §. 9.

## §. 200.

### 4) Beylagen der Introductions-Schrift.

Dieser Einführungs-Schrift, oder Supplic, wird nicht nur 1) der Appellations-Libell, sondern auch 2) dasjenige, wovon appelliret ist, (nemlich die beschwerliche Sentenz, Decret, Citation, oder dasjenige, welches die Beschwerde enthält,) beygelegt; ferner 3) die Urkunden, welche bescheinigen, daß die Feyerlichkeiten und Formalien richtig beobachtet worden, oder daß alles dasjenige geschehen sey, was bey dem Judice a quo geschehen müssen; wohin besonders das über die vor dem Notar eingewandte Appellation ausgefertigte Instrument gehöret *a*).

Diese Introductions-Schrift oder Supplic muß bey Zeiten eingereicht werden, so daß vor Ablauf der 4 Monathe, oder des fatalis introductionis extrajudicialis, die Processe extrahiret und insinuiret werden können. Indessen ist es schon genug, daß blos diese Einführungs-Schrift bey Zeiten eingereicht werde, indem man zur Einbringung des Appellations-Libells und Beschaffung des

 übrigen,

übrigen, was sonst vor Ablauf der 4 monathlichen Nothfrist geschehen soll, aus erheblichen Ursachen, Prorogation suchen kann *b*).

Was sonsten hiebey noch zu bemerken und von den gegen die Erkenntnisse des Reichs-Cammergerichts und des Reichshofraths zuläßigen Reichsmitteln anzuführen seyn möchte, wird sich aus den neuern Werken über den Reichs-Proceß *c*) leicht suppliren laßen.

*a*) Pütters proc. imp. §. 196. dessen Erleutet. p. 119. f. Hanzely c. l.

*b*) Pütter c. l. §. 197.

*c*) z. B. eines Pütters, Hanzelys, Tafingers, Cramers, Johann Friedrich Hofmanns praxis juris et procesfus cameralis Wetzlar. 1690. 1721. 4. worin eine Menge Formulare zu finden.) G. M. von Ludolfs, Joh. Andr. Hofmanns, u. a. m.

### §. 201.

### Von den übrigen Impugnativ-Mitteln.

### 1) Von der Deductione nullitatis.

Ausser der Appellation, giebt es im Mecklenburgschen noch andere ordentliche Suspensivmittel gegen richterliche Erkenntnisse (§. 178.); von welchen hier nur noch folgendes zu merken:

Die

Die *Deductio nullitatis* ist nicht schlechthin, sondern blos in denjenigen Fällen zuläßig, da ein streitender Theil eine Nullität aus dem Mangel der Jurisdiction anzuführen und zu beweisen, oder, daß in der Hauptsache selbst, (in meritis causae) nichtig verfahren sey, aus den vorigen Acten darzuthun im Stande ist.

Wird die vorgeschützte Nullität aus den bisherigen Acten nicht beygebracht, so soll der Deducent in die Kosten und nach Beschaffenheit der Umstände in Strafe vertheilet werden.

Das Fatale dieses Rechtsmittels, ist eine Zeit von 6 Wochen, von Zeit der publicirten Sentenz an zurechnen *a)*, vor dessen Ablauf es eingeführet werden muß.

a) Land- und Hofger. O. P. 2. Tit. 35.
Güstrow. Canzl. O. P. 2. Tit. 36. §. 1.
Selten wird dieses Rechtsmittel der Deduction allein zur Hand genommen. Man pflegt es lieber mit der Restitutione I. I. zu verbinden. Daß die deductio vel querela nullitatis, allein gebraucht, auch bey dem Oberrichter, ohne Appellation angebracht werden könne, behauptet Carmon c. l. p. 35. mit andern Rechtslehrern, wiewohl solches nach der Hofgerichts-Ordnung P. 2. Tit. 35. und nach der Güstrowschen Canzley-Ordnung P. 2. Tit. 36. zweifelhaft zu seyn scheinet. In der Wismarschen Tribunals-Ordnung P. 2. Tit. 1. §. 16. hingegen, worauf sich *Mev.* 5. D. 138. beziehet, ist der Gebrauch der Querel ohne Appellation verstattet.

§. 202.

2) Von der *Restitution in integrum.*

Das Fatale dieses Rechtsmittels ist gleichfalls eine Zeit von 6 Wochen, von Zeit der Publication der Urthel an zu rechnen *a*). Vor Ablauf dieser 6 wöchentlichen Frist muß das Rechtsmittel der Restitution eingeführet, in der Introductions-Schrift aber die Beschwerden ausdrücklich angeführet werden. Zur Ausführung und Rechtfertigung der Beschwerden wird in der Einführungs-Schrift die nöthige Befristung gebeten, die auch auf 14. Tage, oder nach den Umständen auf längere Zeit, bewilli: zu werden pflegt.

Das bey dem Gebrauch der Restitution ehedem üblich gewesene Juramentum malitiae ist durch eine neuere Verordnung vom 4. Novemb. 1776. abgeschaft, auch bey der Deductione nullitatis nicht weiter gebräuchlich.

Die Restitution und Deductio nullitatis kann cumuliret werden; aber, wer sich des einen Rechtsmittels allein, oder beyder zugleich bedienet hat, der soll nachher nicht weiter appelliren können *b*). Indeßen giebt es Fälle, da auch nach beendigter Restitutions-Instanz, besonders wegen unheilbarer Nullität, die Appellation für zuläßig zu achten ist *c*).

*a*) Güstrow. Canzl. O. 2. 37. §. 3.

*b*) Land- und Hofger. O. 2. 36. §. ult. Güstrow. Canzl. O. 2. 31. §. fin.

*c*) *Mev.* 1. D. 154. Carmon c. l. p. 9.

§. 203.

## §. 203.

### Besonders nach dem Rostockschen Rechte.

Nach dem Rostockschen Stadt-Rechte von 1757. 5. Theil. Tit. 10. §. 7. stehet es einem jeden frey, sowohl bey den Nieder-Gerichten, als bey dem Rath, sich der Restitution zu bedienen. Dieses Impugnativ-Mittel muß aber binnen 6. Wochen eingeführet und auch gerechtfertiget werden.

Hat aber jemand einmal Restitution gesucht, und darin verlohren, so wird er nicht weiter dazu gelassen, außer, wenn die letzte Urthel eine neue Beschwerde enthält, als in welchem Fall eine anderweitige Restitutions-Instanz frey bleibet.

Nach verlohrner Restitutions-Instanz aber ist die Appellation, so wie auch die Querela nullitatis unzuläßig. (*ibid.* §. 8. u. 9.) Die Deductio nullitatis ist hier nicht üblich.

## §. 204.

### 3) Von der Supplication.

Das Rechtsmittel der Supplication ist gleichfalls ein ordentliches Rechtsmittel, und ist, wie bereits oben angeführet worden, statt der Appellation, jedoch nur in fiscalischen Sachen oder Straffällen (in causis fiscalibus s. mulctarum *a*), wenn die Strafe unter 30. bis 50. Rthlr. beträgt, zuläßig. Wenn die Strafe über 50. Rthlr. gehet, so kann von den Justiz-Canzleyen und dem Herzogl. Consistorium an das Hof- und Land-Gericht appelliret werden *b*).

Die Supplication stehet dem Fiscal, als Kläger, eben sowohl, als dem Beklagten zu, und muß von dem beschwerten Theile binnen 10 Tagen, von Zeit der publicirten Sentenz an gerechnet, eingewandt *c*) und zur Rechtfertigung der Beschwerden, oder zur Einbringung des libelli gravaminum die nöthige Befristung gebeten werden *d*).

*a*) Land-Vergl. §. 430.

*b*) Land-Vergl. §. 429.

*c*) Gewöhnlich wird die Supplication gerichtlich, mittelst einer schriftlichen Anzeige, ohne darin die Beschwerden anzuführen, eingewandt. Wiewohl die Einwendung auch vor einem Notar und Zeugen geschehen könnte. Carmon c. l. p. 45.

*d*) Krafft de competente foro violantium privilegium Caesar. etc. p. 23.

Ein Fatale introducendae et justificandae supplicationis ist in der Gerichts-Ordnung nicht vorgeschrieben. Carmon c. l. Man pflegt

pflegt daher in der Einwendungs-Schrift, zur Rechtfertigung der Beschwerden, um Befristung von etwa 3 oder 4 Wochen zu bitten. Krafft c. l.

§. 205.

Von den ausserordentlichen Rechtsmitteln.

Die vorhin angeführten Rechtsmittel der Restitution und Deduction sind ordentliche Suspensivmittel und an dem ordnungsmäßigen Fatale der 6. Wochen gebunden, vor deren Ablauf solche eingeführet werden müssen *a*). Indessen können sie auch nach Ablauf dieser Frist, als außerordentliche Rechtsmittel, in Gemäßheit der gemeinen Rechte *b*), zur Hand genommen werden, so wie es auch nicht an neuern Beyspielen dieser Art fehlet *c*).

*a*) Land- und Hofger. O. 2. 38. p. 151. „Daß der verlustige Theil der Urthel, gegen welche keine Restitution oder Deductio nullitatis gebeten. — binnen 6 Wochen Folge leiste, oder es sollen executoriales ertheilet werden.“

*b*) L. und Hofger. O. 2. 16. §. 2. p. 115. „Denn in allen Fällen, worin die Ordnung nicht ausdrücklich etwas besonderes festsetzet,

 soll

soll das gemeine Recht die Norm seyn. add. *Sieber* de nullitatis querela. (Götting. Gel. Anz. 1757.)

c) Carmon c. l. p. 34. ibique *Mu.* 1. D. 100. P. 7. D. 81.

Tornow de feudis Mecklenb. p. 618.

# Anhang

## A) Gemeine Bescheide des Königl. hohen Tribunals- und Ober-Appellations-Gerichts in Wismar. von 1745. bis 1790.

Der dritten und neuesten Ausgabe der K. h. Tribunals-Ordnung, welche zu Stralsund 1739. in Folio herausgekommen ist, sind 27. gemeine Bescheide des Königl. h. Tribunals angehängt. Die übrigen folgen hier unter fortlaufenden Nummern.

### 28ster Gemeiner Bescheid.

Demnach man misfällig angemerket: daß bey Interponirung der Appellation sehr nachläßig zu Werke gegangen werde; indem öfters weder Principales, noch deren Sachwälde, wie ihnen doch gebühret, solche persönlich verrichten, sondern nur per famulum, vel Schedulam den Notarien deshalb eine etwannige Anzeige thun, diese auch sogar, der Notariats- und den Gerichts-Ordnungen zuwider, ordentliche Imbreviaturen und Protocolla über die

die bey ihnen interponirte Appellationen zu halten unterlassen; dergleichen Ungebühren aber keinesweges nachzusehen ist: Als haben Advocati und Notarii, bey Vermeidung nachdrücklicher Beahndung, und dem Befinden nach, der Remotion, ihre Obliegenheit hienächst besser, als geschehen, zu beobachten; und müßen *Notarii* in Zukunft nicht allein richtige Protocolle halten, sondern auch ins besondere die Appellation nicht anders, als in Gegenwart des Requirenten und der Zeugen verzeichnen, weil nicht genug, daß sie von dem ad Requisitionem für sich geschehenen Verzeichnisse, nachher allererst den in Documento benannten Personen gelegentlich Nachricht ertheilen. Zu dessen bessern Beobachtung, Procuratores hiedurch angewiesen werden, den Advocatis sowohl, als den Notariis, diesen gemeinen Bescheid bekannt zu machen. Von Rechts wegen.

Publicatum beym Königl. hohen Tribunal in Wismar den 9. Julius 1745.

## 29ster Gemeiner Bescheid.

Als sich befunden, daß von den Advocaten, bey Verfertigung der Libellen und andrer Schriften, eine Zeit her gar geflissentliche Weitläuftigkeit gebrauchet, dieselben mit vielen, zu der Sachen Grund und Entscheidung nicht gehörenden Allegaten, ausschweifenden Digressionen, und unnützen Wiederholungen desjenigen, was vorhin in den Acten zur Genüge berühret und ausgeführet, angehäufet

häufet und auf ganze Bücher Papier vergröſert worden, dadurch aber nicht allein den Referenten unsdienliche Mühwaltung, und den Parteyen vergebliche Kosten verursachet werden, sondern solches auch der Ordnung P. 1, Tit. XI. §. 6. und 7., dem Visitations-Abschied §. 22. und dem 20sten Gemein-Bescheide ganz entgegen ist; So werden gesammte hier immatriculirte Advocaten hiedurch angewiesen, solchen Verordnungen bey Verfertigung der Schriften beßer, als bisher geschehen, zu geleben; widrigenfalls aber zu gewarten, daß ihre Schriften, welche über 5 höchstens 6 nach der Ordnung geschriebene Bogen groß sind, nicht angenommen, sondern zurück gegeben, dabey auch bey Taxirung und Moderation der Kosten, nichts bestanden werden solle. Welches denn Procuratores den Advocaten sowohl, als den Parteyen zur Notiz zu bringen haben.

Publicatum beym K. h. Tribunal in Wismar den 29. April 1746.

## 30ster Gemeiner Bescheid.

Demnach bey den Procuratoren eine Zeit her verschiedene Mißbräuche und Mängel in Beobachtung ihrer Amtspflichten verspüret worden, indem selbige 1) so wenig zur Publication der gerichtlichen Bescheide, als zu Wahrnehmung sonstiger Vorkommenheiten in ihrer Parteyen Sachen sich in der Canzley einfinden, 2) die angesetzten *terminos aperturae et revisionis actorum* nicht gehörig abwarten, noch solche Acten, ob sie vollständig, und die in

den

den Libellen angezogene gesammten Acten eingesandt worden, beleuchten, oder die Supplirung der etwanigen Defekten, vor derselben Austheilung zur Relation, besorgen; ferner 3) mit Einbringung der Vollmachten bis auf die letzten Tage vor der Juridic verziehen, ja wohl gar zur lezten Stunde, dazu fernere Befristung unter Vorwendung allerhand unbescheinigter Behindernisse suchen: Einige auch ohne specielle Erlaubniß und vorher besorgter Substitution ganze Tage und Wochen aus der Stadt reisen. Endlich 4) nicht selten die von den Advocaten mit unrichtigen Rubriken, und ohne Benennung des Gegentheils erhaltene Libelle und Schriften, unverbessert zur Registratur zu senden pflegen; man aber solcher Ungebühr keinesweges nachzusehen gemeinet ist: Als werden Procuratores hiemit ernstlich erinnert, der Observanz und Gerichts-Ordnung, wie auch den deshalb vorhin ergangenen gemeinen Bescheiden und Königl. Verordnungen, darunter künftig besser nachzuleben, oder bey weiter bemerkten Contraventionen nachdrückliche Animadversion zu gewarten.

Publicatum beym K. h. Tribunal in Wismar den 26. Januar. 1748.

## 31ster Gemeiner Bescheid.

Als man verschiedentlich bemerkt, daß besonders die Appellaten, wenn ihre Sachen anhero devolviret worden, keine Procuratores bestellen, sie auch öfters die Urtheln unausgelöset liegen lassen

und

und dieses nicht wenige Inconvenienzen nach sich ziehet, auch um so weniger zuläßig ist, als öfters die Appellanten in die Kosten der Instanz vertheilet werden, und die Appellaten hienächst derselben volle Erstattung, mit den Procurator-Gebühren, zu fordern, sich nicht scheuen; Als werden hiedurch die Parteyen und Advocaten, und zwar vornehmlich die Appellaten erinnert, in Bestellung der Procuratoren nicht ferner säumig zu seyn, oder widrigenfalls zu gewarten, daß, wenn die gewöhnlichen Citationen vorhergegangen, und binnen 14. Tagen darauf keine Procuratoren bestellet, und bey Publication der Urtheln darunter eine Nachläßsigkeit verspüret werden sollte, nicht nur die Partey, sondern auch der Advocat, in eine Strafe von 4. Rthlr. vertheilet, und wenn letzterer in Betracht der Appellaten, hier nicht bekannt, diese salvo regressu, deßen Strafe gleichfalls erlegen, nichts destoweniger auch ein Procurator ex officio bestellet werden solle, der die Urtheln einlöse, und hienächst zu Erstattung der Auslagen und sonstigen Gebühren, durch nachdrückliche Rechtshülfe verholfen werden solle. Zu deßen Beförderung Procuratores angewiesen werden, diesen gemeinen Bescheid, sowohl den Parteyen, als Advocaten, zur Notiz zu bringen. V. R. W.

Publicatum beym K. h. Tribunal in Wismar den 22. Januar. 1751.

## 32ster Gemeiner Bescheid.

Als das Königl. hohe Tribunal bemerket, daß seit geraumer Zeit verschiedene Vorschriften der Gerichts-Ordnungen, und besonders, was von den Appellationen und deren Fatalien in Concurs-Fällen, in der Pommerschen Hofgerichts-Ordnung P. 3. Tit. 6. §. 13., imgleichen von den Appellationen von *interlocutoriis* in der Tribunals-Ordnung P. 2. Tit. 1. §. XI. nicht weniger, was von Einbringung der Consistorial-Acten mit den Appellations-Libellen, P. 2. Tit. 1. §. 15. ferner von unnachläßiger Anrufung in den Sachen, die zur Apertur, oder zur Urthel stehen, P. 2. Tit. 8. §. 9., und endlich von Beybringung der *Documentorum requisitionis actorum primae instantiae* P. 2. Tit. 2. §. 15. und P. 2. Tit. 10. §. 2. verordnet, von den Partenen, Sach- und Anwälden vielfältig außer Acht gelaßen worden; man aber keinesweges gemeinet ist, solchen Uebertretungen und Säumnissen weiter nachzusehen; so wird hiemit deren genaue Beobachtung fürs künftige aufs ernstlichste eingeschärft, mit der Verwarnung, daß, wie die Parteyen, wenn solche Uebertretung und Nachlässigkeit von ihnen unmittelbar herrührt, sich von selbst beyzumessen haben, wenn sie die daher erwachsende nachtheiligen Folgen, in ihren Rechts-Sachen, und nach den Umständen, auch sonstige Animadversion erfahren; gleichfalls die Sach- und Anwälde, salvo regressu partium, mit den Strafen der Ordnung, oder, da dieselbe keine festsetzet, mit

mit willkürlichen Strafen unabbittlich angesehen werden sollen. Damit auch keiner mit einer, ohnedem in Ansehung dessen, was in den Gerichts-Ordnungen gegründet, unstatthaften Unwissenheit oder Einwand eines bisherigen Nichtgebrauchs sich entschuldigen möge, werden Procuratores hiedurch angewiesen, diesen gemeinen Bescheid den streitenden Parteyen und Advocaten gebührend kund zu machen. V. R. W.

Publicatum beym K. h. Tribunal in Wismar. den 22. April. 1752.

## 33ster Gemeiner Bescheid.

Als das K. h. Tribunal eine Zeit her bemerkt, daß die mehrsten documenta notarialia, die beygebracht worden, von solchen Notarien verfasset, die demselben unbekannt, und die allhier matriculam nicht erhalten, solches aber der Ordnung entgegen lauft, und es daher veranlasset ist, eine genaue Beobachtung und Observanz derselben hierunter wieder herzustellen; Solchemnach wird den Sach- und Anwälden hiedurch ernstlich eingeschärft, daß sie zu solchen Notariats-Documenten, von welchen beym K. h. Tribunal-Gebrauch gemacht werden soll, welcher Art sie auch seyn mögen, keine andere als alhier immatriculirte Notarien, in den Königl. deutschen Provinzen, besonders an den Orten, wo deren, oder auch in den benachbarten Städten, so zeitig zu haben, als es die Beschaffenheit des zu documentirenden Geschäfts zuläßt, adhibiren;

gleichwie dann auch andere Notarien sich dazu wissentlich nicht brauchen zu lassen, oder zu gewarten haben, daß ihre Documente, nach Vorschrift der Ordnung, P. 1. Tit. 15. §. 4., nicht zugelassen werden. Zu dessen bessern Beobachtung Procuratores hiedurch angewiesen werden, den Parteyen und Advocaten sowohl, als den Notarien, diesen gemeinen Bescheid bekannt zu machen.

Publicatum beym K. h. Tribunal in Wismar. den 12. Jul. 1755.

## 34ster Gemeiner Bescheid.

Demnach das K. h. Tribunal in verschiedenen Rechtsangelegenheiten seit einiger Zeit bemerkt, daß Parteyen und Sachwälde sowohl in Ansehung des *fatalis in caussis consistorialibus*, als auch *querelae*, ob selbiges von Zeit der Publication der Urthel und Verabscheidung des Unterrichters, oder aber von Zeit der Notiz, oder auch Interposition der Appellation an zu rechnen, ungewiß und daher öfters, qua formalia sich Mängel eräugnet; gleichergestalt in Beobachtung des *termini probatorii* daher sich vielfältiges Versehen äussert, daß Parteyen in der Meinung stehen, daß selbiger, es mag ein Urthel impugniret werden, oder nicht, nur nach Ablauf der 6 Wochen, worin eine Erkenntniß allhier angefochten werden kann, angehe; und summum Tribunal daher veranlasset worden, etwas gewisses, nach dem eigentlichen Verstand der Ordnung und nach der observantia judiciali zur künftigen

gen Richtschnur mittelst eines gemeinen Bescheides zu bestimmen;

Als wird hiemit zur künftigen genauen Beobachtung declariret und festgesetzet, daß, sowohl das *fatale in causis consistorialibus*, als auch das *fatale querelae*, besonders *in causis Sundensibus*, *a tempore publicationis sententiae*, vel decreti a quo an zu rechnen; falls nicht Appellantes, oder Querulantes hinlänglich beglaubigen, daß ohne ihrer und ihrer Anwälde Verschulden, selbige nicht so zeitig zu ihrer Notiz gekommen, daß sie das Remedium binnen 6 Wochen a die publicationis introduciren können; welcher Fall doch um so weniger vorausgesetzt werden mag, als theils termini ad audiendam sententiam angesetzet werden, theils die Parteyen ihre Anwälde in loco judicii haben, deren Obliegenheit es ist, fleissig acta zu revidiren, und von der Situation der Sachen, sich und ihre Parteyen zu unterrichten. Gleichergestalt der *terminus probatorius* von Zeit der Erkenntniß, worin der Beweiß injungiret worden, an zu rechnen, wann selbige von einem oder andern Theil, in Betracht des Probandi nicht impugniret worden.

Damit auch keiner eine Unwissenheit dieses gemeinen Bescheides vorwende, haben hiesige Anwälde selbige den Parteyen und Sachwälden zur Notiz zu bringen. V. R. W. Publicatum beym K. h. Tribunal zu Wismar, den 17. October. 1757. (dieser gemeine Bescheid ist unterm 11ten Septemb. 1784. erneuert.)

## 35ster Gemeiner Bescheid.

Als 1) das Königl. hohe Tribunal mißfällig bemerkt, daß man eines Theils seid verschiedenen Jahren angefangen, sich von den Aussprüchen der Unterrichter appellando vel querulando anhero zu wenden, ohne dabey auf die zur Begründung eines oder des andern dieser Beneficiorum juris erforderlichen ordnungsmässigen Requisita gebührende Rücksicht zu nehmen, auch wohl gar das Remedium querelae auf solche Sachen zu erweitern, welche von einem so geringen Belange, daß es in allem Betracht billig bedenklich seyn sollen, das hiesige höchste Gericht damit zu behelligen: andern Theils aber es fast zur allgemeinen Gewohnheit werden wollen, gegen die allhier abgesprochenen Urtheln sich der *remediorum impugnativorum*, implorationis pro impetranda restitutione in integrum, vel deductionis nullitatis zu bedienen, ohne gleichwol dabey die ordnungsmässigen Vorschriften sich zur gehörigen Richtschnur dienen zu lassen; wodurch denn, ausser dem allgemeinen Nachtheil, welcher dem straken Lauf der Gerechtigkeit und den Parteyen selbst daraus zuwächset, nicht allein eine ausserordentliche Anhäufung der hiesigen Geschäfte verursachet, sondern auch, da besonders mit den remediis querelae et deductionis nullitatis die Voraussetzung, daß contra acta und wider offenbare Rechte verstossen sey, unzertrennlich verbunden ist, der diesem höchsten Gericht schuldige Respect nicht weniger, als die den Untergerichten gebührende Achtung aufs gröb-

lichst

lichste verletzet wird; So wird, um in allen obberührten Stücken einem künftigen Mißbrauche desto mehr vorzubeugen, hiemit nicht nur den Parteyen und deren Sachwälden auf hienächstige Contraventionsfälle die strengste Beahndung comminiret, sondern auch insbesondere den Sachwälden angedeutet, daß sothane Beahndung in Ansehung ihrer, wann zuförderst eine erhöhete Geldstrafe angewandt, sich danächst nach Bewandniß der Umstände auf eine unverweilte respective Suspension und Remotion erstrecken solle.

Wann auch 2) die bey vielen Advocatis verspürte Ungeschicklichkeit und Unerfahrenheit die Vermuthung entstehen läßt, daß den durch Commissarien anzustellenden Prüfungen ein völliges Zutrauen nicht allerdings beygeleget werden könne; So wird hiedurch zugleich vestgesetzet, daß hinführo keiner in numerum Advocatorum Summi Reg. Tribunalis aufgenommen werden solle, welcher nicht, mittelst der in der Ordnung P. 1. Tit. II. §. 1. wörtlich vorgeschriebenen Untersuchung, zur Advocatur tüchtig befunden worden, und sich zu dem Ende persöhnlich vor dem Königl. hohen Tribunal sistiret; oder falls er zu den Graduirten, die in eben dieser Stelle der Ordnung, von examine befreyet sind, gehören möchte, durch ein beglaubtes Zeugniß dargethan hat, daß von ihm bey Erlangung des Gradus Academici, die nach den academischen Statutis hiezu erforderliche Praestanda in gehöriger Maasse würklich prästiret worden.

Da auch ferner 3) seit einiger Zeit verspüret werden wollen, welchergestalt es an Fällen nicht fehle, daß hieselbst nicht immatriculirte Sachwälde ihre Aufsätze, mittelst bewürkter Unterschrift eines oder des andern allhier immatriculirter Advocatorum anhero gelangen lassen; So sollen letztere bey Vermeidung nachdrücklichster Beahndung hiedurch angewiesen seyn, sich eines Theils mit einer dergleichen Unterschrift nicht anders, als nach vorgängiger genauen Beprüfung der ihnen von erstern zugestellten Schriften zu befassen, andern Theils aber auch bey ihrer Unterschrift den eigentlichen Concipienten jedesmal namhaft zu machen.

Welches alles gesammten hiesigen Procuratoribus, um es den Parteyen und Sachwälden zur vordersamsten Notice zu bringen, mittelst dieses Gemeinen Bescheides aufgegeben seyn soll. Von Rechts wegen.

Publicatum beym Königl. hohen Tribunal in Wismar den 24sten Januarii, 1777.

## 36ster Gemeiner Bescheid.

Zuletzt ist der Gemeine Bescheid: Da

1) bemerkt worden, daß Sachwälde und Procuratoren den 65. §. des neuesten Hofgerichts-Recesses nicht auf die Fälle deuten, wenn in Concurs-Angelegenheiten hiesige Erkenntnisse angefochten werden, der Sinn desselben aber ganz klar dahin gehet, daß auch in superiori Instantia, sowohl

bey

bey der Restitution und Deduction, als bey der Appellation das Fatale der 4 Wochen zu befolgen: So werden alle, die es angehen kann, hiemit erinnert, sich hienach hinführo zur Vermeidung der mit der Vernachlässigung der Fatalien verknüpften Folgen genau zu achten. Als ferner

2) verschiedene Sachwälde, welche die Matrikel beym K. hohen Tribunal nicht genommen haben, und welchen die Freyheit der Advocatur nur auf gewisse Jahre bewilliget worden, sich nicht scheuen, selbige nach Ablauf der bestimmten Zeit fortzusetzen, und diesem Mißbrauch nicht weiter nachgesehen werden kann; so wird allen und jeden, die sich desselben schuldig wissen, hiedurch angedeutet, daß hinführo keine Eingaben von ihnen angenommen, sondern solche auf ihre Gefahr von der Canzley zurückgegeben werden sollen. Und damit die Parteyen selbst hierunter nicht zu leiden kommen mögen; so wird dafür gesorgt werden, daß diejenigen, welche zur Advocatur bey dem hohen Tribunal, entweder als immatriculirte oder als licentiirte, Befugniß haben, künftig in dem Pommerschen Staats-Calender namhaft gemacht werden. Daneben wird zugleich festgesetzet, daß wer auf 3 Jahre licentiam advocandi genossen, solche nicht weiter, ohne besonders erhebliche Gründe, gewärtigen könne, sondern entweder die Matrikel gewinnen und die dazu erforderlichen Prästanda leisten, oder sich der hiesigen Advocatur gänzlich entäussern müsse. Wann endlich

3) auch darin seit einiger Zeit die Vorschriften der Ordnung und voriger Gemeinen Bescheide von Advocaten und Procuratoren gar sehr aus den Augen gesetzet worden, daß die Querel Fatalien nicht a die Publicati gerechnet, die Vollmacht der Procuratoren zur gehörigen Zeit nicht beygebracht, die Prorogations- und Frist-Gesuche aus unzulänglichen und unbescheinigten Ursachen gehäuft, die Eingaben, besonders zur Winterszeit beym unzuverlässigen Postlauf, den Procuratoren nicht zeitig genug zugesandt, auch ohne Noth erweitert, und von ungeschickten Abschreibern mundirt eingereichet werden: So haben Sachwälde und Procuratoreu in allen diesen Puncten die Vorschriften der Ordnung und der Gemeinen Bescheide vom 6ten Julii 1664, 28sten Januar 1670, 10ten Julii 1675, 23sten Januar 1682, 17ten October 1692, 14ten Julii 1694, und 17ten October 1757, bey Vermeidung der mit den Uebertretungsfällen darinn bereits verknüpften Strafen aufs genaueste hinführo zu befolgen. Und wird übrigens den hiesigen Anwälden aufgegeben, den Sachwälden diesen Gemeinen Bescheid zur Wissenschaft zu bringen.

Publicatum beym Königl. hohen Tribunal in Wismar den 12ten Julii, 1782.

## 37ster Gem. Bescheid vom 11. Sept. 1784.

Ist der bereits angeführte 34ste Gemeine Bescheid vom 17. Oct. 1757. so blos renoviret worden.

38ster

## 38ster Gemeiner Bescheid.

Da die Erfahrung, zum größten Mißfallen des K. h. Tribunals, beweiset, daß manche, nur noch mittelst der gemeinen Bescheide vom 24. Januar 1777. (N. 35.) und 12ten Julius 1782. (N. 36.) eingeschärfte Vorschriften der Ordnung, besonders die, welche wider den Misbrauch der Querelen, die häufigen Prorogations-Gesuche, die unnütze, übertriebene Weitschweifigkeit der Vorträge, und die unbefugte Anmaaßung der hiesigen Advocatur erneuert sind, von Sachwälden häufig ausser Augen gesetzt worden, und man deshalb vermuthen muß, daß gedachte gemeine Bescheide, durch die bisherige Art der Publication, nicht zur allgemeinen Wissenschaft gekommen: So werden selbige hiemit anderweit, zugleich aber mit der ernstlichen Andeutung bekannt gemacht, daß Sachwälde und auch die Parteyen selbst, in den sie angehenden Puncten sich überall aufs genaueste darnach zu richten; widrigenfalls die in jedem Uebertretungsfall gedrohete Strafe, und besonders auch Sachwälde beym fernern Mißbrauch der Querelen, die Suspension und nach Befinden der Umstände, die gänzliche Remotion von der Advocatur, unausbleiblich zu gewärtigen haben.

Gegeben beym Königl. hohen Tribunal in Wismar, den 11ten Julius 1787.

Diesem ist der Gemeine Bescheid vom 24. Januarii 1777. Num. 35. und vom 12. Juli. 1782. Num. 36. angehänget. —

## 39ster Gemeiner Bescheid.

Zuletzt ist der gemeine Bescheid: Als das K. H. Tribunal davon überzeugt worden, daß bey einigen Canzeleyen Pommerscher Collegien und Gerichtsstellen in ihren Ausfertigungen die Data, an welchen die Sachen abgemacht worden, beybehalten werden, wenn gleich jene erst mehrere Tage und Wochen nachher den Parteyen ausgegeben werden können, und zur Wissenschaft gelangen; und dann in dergleichen Fällen die Fatalien des Remedii Querelae nach Vorschrift des gemeinen Bescheides vom 17. October 1757. *a die sententiae* l. *decreti* nicht gerechnet werden können, ohne selbige wider den wahren Sinn der Ordnung und ohne Verschulden der Partheien unbilliger Weise zu beschränken, oder doch zur Vermehrung der Prorogations Gesuche unnöthiger Weise Anlaß zu geben, gedachter gemeiner Bescheid aber darüber nicht völlig bestimmt verfügt: So wird derselbe hiemit dahin näher erkläret, daß in denjenigen Fällen, da keine Termine ad audiendam sententiam angesetzt gewesen, oder doch in den anberahmten, die Erkenntnisse würklich nicht eröfnet sind, und es durch Angehörige der Canzeley des Collegii oder Gerichts, wider dessen Aussprüche und Verabscheidungen queruliret wird, oder auf sonstige zuverlässige Weise beglaubiget werden kann, dasselbige den Parteyen und ihren Anwälden erst später, als an den darunter verzeichneten Tagen zur Wissenschaft gekommen, der *Dies notitiae* auch Uns, als der wahre *dies publicatio-*

*nis*

nis zu betrachten, mithin auch von jenem das fatale der Querel nur an zu rechnen sey, wenn gleich binnen 6 Wochen, a dato sententiae vel Decreti gerechnet, die Introduction derselben annoch möglich gewesen seyn möchte. Und soll dieser gemeine Bescheid zu jedermanns Unterricht, in den Stralsundischen Zeitungen bekannt gemacht werden. V. R. W.

Publicatum beym K. h. Tribunal in Wismar den 21. April 1788.

## 40ster Gemeiner Bescheid.

Zuletzt ist der gemeine Bescheid: Als vom Königl. hohen Tribunal in neuern Zeiten bemerkt ist, daß Parteyen, Sachwälde und Procuratoren die bekanntesten Grenzen der verschiedenen Landes-Collegien häufig aus den Augen setzen, und sich in Justiz-Sachen an Gerichte und Collegia wenden, an welchen solche überall nicht gehören, und dann diesem, mit den nachtheiligsten Folgen verbundenen, auch in den Landes-Gesetzen, (Regiments-Form tit. 5. Regierung-Canzley-Ordnung artic. 1. Königl. Resolution vom 10. April 1696. Königl. Regierungs-Patent vom 17. Aug. 1701. add. Rescript des K. h. Tribunals vom 27. Junius 1724.) besonders in der Königl. Hofgerichts-Ordnung P. 2. Tit. 5. §. 2. bey ernstlicher Strafe verbothenen Unwesen, nach Vorschrift der Königl. hohen Tribunals-Ordnung P. 2. Tit. 1. §. 18. nicht nachgesehen werden kann: So werden Parteyen, Sachwälde und Procuratoren hiemit erinnert, derglei-

chen

chen Abwege hinfür aufs sorgfältigste zu vermeiden; da wiedrigenfals nicht nur erstere, und in subsidium auch letztere die Ersetzung aller daraus, und aus dem damit gewöhnlich verknüpften Aufenthalt erwachsenen Schaden und vergeblichen Kosten treffen muß, sondern sie auch, und insonderheit die Sachwälde in jedem Contraventions-Fall überdem die nachdrücklichste Beahndung zu gewärtigen haben.

Publicatum beym Königl. hohen Tribunal in Wismar, den 19. April. 1790.

Uebrigens sind ausser den in des Hn. Vice-Praesidenten von Engelbrechts Observationen mit abgedruckten, noch folgende Rescripte des K. h. Tribunals zu merken.

1) An das K. Consistorium vom 6. Jul. 1753. in S. des D. H. von Normann c. Pastorem und Provisores der Kirche zu Lassahn, pcto vindicationis.

2) An das K. Hofgericht vom 26. Jul. 1753. in S. der Gebrüder Schmidten in Berlin, c. den D. H. von Normann, pcto. debiti.

3) Desgleichen vom 16. Nov. 1753. in Sachen des D. H. von Normann, Appellanten gegen die Directores montis pietatis in Berlin, Appellaten, pcto debiti.

4) Vom 18. März 1766. in S. Kölpin pcto debiti.

5) Vom

5) Vom 15. Dec. 1767. in S. Prilvitz. etc. peto debiti (ad *Recess. Visit. R. Dicast* von 1737. §. 76. ad P. 3. Tit. 4. §. 3. p. 140.)

6) Vom 9. Decemb. 1768. daß nach deserirter Appellation, von einem Monitorium, kein neues Monitorium, sondern die sofortige Vollstreckung der Execution, auf Ansuchung des Gläubigers zu verfügen.

7) Vom 22. Sept. 1786. in Sachen des Königl. Preußischen Majors und R. von Normann, wider den Präsidenten rc. Grafen und H. zu Putbus, wegen Canzeley-Gefälle.

8) In eben der Sache vom 9. März 1787. (ad *Recess. Visitat. R. Dicast.* von 1707. §. 111. ad P. 3. Tit. 4. §. 7. der K. Hofgerichts-Ordnung. p. 142)

## c) Gemeine Bescheide des Königl. Hofgerichts zu Greifswald.

(Der Königl. Hofgerichts-Ordnung von 1774. sind 32. gemeine Bescheide angehängt. Hier folgen die übrigen unter fortlaufenden Zahlen.)

33ster Gem. Bescheid vom 22. März 1775. Betrift besonders die gemeinen Anwälde — steht in dem 1sten Theil des Pommerschen Magazins des Hrn. Doctors Gesterding S. 139. — 143.

34ster Ge-

## 34ster Gemeiner Bescheid des K. Hofgerichts.

Wann das Königl. Hofgericht nicht ohne Mißfallen bemerket, wie der ehemalige Verfall der Justizpflege unter andern Mißbräuchen auch diesen einschleichen lassen, daß die Advocaten sich nicht nur unter einander, auf Kosten der Parteyen, ganze Bogen hindurch ridiculisiret, einen ekelhaften Witz affectiret und geschimpfet, sondern auch die Parteyen in gleichen Unfuge gegen einander redend eingeführet, ja es sich wohl gar herausgenommen, das Gericht selbst anzuzapfen und dessen Verfahren in unbescheidenen, gar unehrerbietigen Ausdrücken zu glossiren und zu commentiren; ein solches Betragen aber sowohl der christlichen Ehrbarkeit, den guten Sitten, den beschwornen Amtspflichten und der Ordnung, als auch der dem Richter schuldigen Ehrerbietung zuwiderlaufend, übrigens aber zur Erforschung der Wahrheit unbehülflich, vielmehr blos zur Vergrösserung der Bogenzahl und zur Verunstaltung des Vortrages dienend, nur in alle Wege mag erfunden werden; zur Steurung dieses Unwesens, auch zur Einschränkung der Chicane und des Muthwillens in neuern Verfügungen die Vorkehrung überall vermisset wird: So hat das Königl. Hofgericht, (so wie aus gleichem Grunde den Unfüglichkeiten bey den Concursen, bey dem letztern Rechtstage nach Möglichkeit vorgebeuget worden,) es sich zur Schuldigkeit angerechnet, auch hiemittelst die Vorschriften der Ordnung voriger gemeinen Bescheide, und den Inhalt des Advoca-

ten-

ten-Eydes, allen und jeden Sachwälden auf das nachdrücklichste in das Gedächtniß zurück zu rufen, mit dem ernstlichen Anfügen: daß Niemand in Zukunft es sich herausnehmen solle, seinen Gegner, es sey der Schriftsteller, oder die Parten, mit ungebührlichen Ausdrücken, Plaisanterien, Scherzreden, Schimpfen, Sticheleyen und sonsten zu beleidigen, oder wohl gar das Gericht mit ungeziemenden, respectswidrigen Aeusserungen, auch selbst dann, wann wider dessen Verfahren, unter Beystimmung der Rechte, sich möchte etwas erinnern lassen, anzutasten; immassen sowohl der hierwieder verstossende Sachwald, als auch der Procurator, welcher dergleichen unzulässige Schriften einreichet, dem Befinden nach, ausser der zu erwartenden Zurückgabe der Schriften, mit einer ernstlichen Geldbusse, auch wohl mit andern rechtlichen Strafen, ohne Ansehen der Person, bey nicht zu verspürender Besserung aber mit der Suspension, oder den Umständen nach, mit der gänzlichen Remotion werden angesehen werden a).

Ferner hat sich gefunden, daß bey den eingereichten Schriften gar häufig die Vorschrift des gemeinen Bescheides vom 4. Julius 1643. n. 6. aus den Augen gesetzet, die Schriften entweder von den Concipienten selbst auf eine unleserliche Art,

a) *Coch* prax. P. 1. c. 2. §. fin. *Mev.* 5. D. 373. sq. P. 6. D. 78. n. 6. P. 5. D. 374. *Stryck* de suspensione ab officio c. 2. n. 63.

Art, oder wohl gar von Jungens auf eine unsaubere und durchgängig fehlerhafte Art abgeschrieben, oft aber auch unter einer unverantwortlichen Ausdehnung und Ausziehung der Wörter exhibiret werden, so daß man bisweilen verschiedene Bogen lesen muß, um bey den zumal nicht selten langweiligen und schleppenden Perioden, den Verstand des Vortrags zu fassen; Ein solches Benehmen aber allem Anstande so zuwiderlaufend, als zur unnöthigen Erschwerung der Arbeiten gereichend ist; so wird dieserhalb der angeführte gemeine Bescheid von 1643. imgleichen der gemeine Bescheid vom 26. Junius 1737. n. 2. bey Strafe der Zurückgabe der Schriften und andern arbitrairen Strafen erneuret, und soll darüber in Zukunft unverbrüchlich gehalten werden *b*).

auch

b) M. s. des H. G. J. N. Pütter, Bemerkungen über die Richtigkeit und Rechtschreibung der deutschen Sprache, (Göttingen. 1780. 8. wo es in der Vorrede unter andern heißt: „ Zu wünschen wäre es, daß man auch über ein Muster guter Hand, in Teutschland gleichförmiger denken möchte.

Ein Haupt-Grundsatz muß allemal dahin gehen: daß immer zwischen zwey Zeilen eine gerade Linie gezogen werden kann, ohne Buchstaben derselben zu durchschneiden; und daß ein jeder Buchstabe so bestimmt gezeichnet werde, daß er nie mit einem andern verwechselt werden könne."

Nach hiesigen Verordnungen sollen auf jeder Seite wenigstens 24. Zeilen geschrieben seyn. (S. z. B. Gem. Bescheid des K. Hofgerichts Num. 1. §. 6.) In verschiedenen Proceß-Ordnungen ist es auch bestimmt

Auch werden Sachwalde und Procuratores hiemit angewiesen, da die Canzley darüber Beschwerde geführet, daß die Verordnungen zum Theil in Scheide-Münze und minderhaltigen unvollwichtigen Golde ausgelöset werden wollen, in Zukunft alles in zwey Groschen-Stücken zu entrichten, auch, zur Vermeidung der absque monitione zu verfügenden Execution, die Auslösung der Verabscheidungen nicht gar auf die lange Bank zu schieben.

Wie nun hienach ein jeder sich zu richten, und für Ungelegenheiten zu hüten hat, so soll dieser gemeine Bescheid in der Canzley affigiret werden und haben Procuratores selbigen den auswärtigen Advocaten, mit welchen sie in Connexion stehen, zur Wissenschaft zu bringen.

Publicatum im Königl. Hofgericht zu Greifswald den 10. May 1775.

## 35ster Gemeiner Bescheid des K. Hofgerichts.

Wann das Königl. Hofgericht nicht ohne Misfallen bemerken mögen, daß nicht nur oft ganz unrechtmässige Processe ungescheuet erhoben, und durch frevent-

stimmt, wie viel Silben in jeder Linie zum wenigsten stehen sollen. So soll z. B. nach der Würtenbergschen Hofgerichts-Ordnung 2. Tit. 5. §. 7. jede Linie wenigstens 12 Silben in sich fassen. Eine sehr billige Vorschrift, indem mancher Abschreiber aus Gewinnsucht recht geflissentlich, die Buchstaben oft so sehr auseinander zerret, daß kaum 5 Silben in einer Linie geschrieben werden, und drey solche Bogen kaum einen ordnungsmässig geschriebenen ausmachen.

freventliche Anwendung der Impugnativ-Mittel, Protestationen, Contradictionen und sonsten, protrahiret und dadurch oft der Gegner auf eine merkliche Art, an seinem Rechte verkürzet, oder doch zum Genuß desselben zu gelangen, behindert werde; wohin auch das ungebührliche Bitten um Fristen und Prorogationen mit zu rechnen; wodurch bewürket wird, daß oft eine, das offenbarste Recht vor sich habende, Parten, zu selbigem nicht eher kommen kann, bis sie sich durch die ganze Reihe gemißbrauchter Rechtsmittel hindurch gearbeitet; man aber dafür gehalten, daß diesem Uebel so viel möglich und von dem Königl. Hofgericht abhängt, zu steuren sey, und nachfolgende, in der Ordnung gegründete Puncte dazu zweckdienlich erachtet worden; Solchemnach wird hiemittelst verordnet und bekannt gemacht:

1) Daß den Vorschriften der Ordnung darin in Zukunft wörtlich nachgegangen werden solle, daß das unterliegende Theil in die Kosten des Processes zu vertheilen, insofern nicht klärlich zu spüren, daß der Verliehrende zu litigiren gute, ansehnliche Ursachen gehabt, und daß dabey mehr auf das dem prudenti Judicis arbitrio anheimgestellte ordnungsmässige Befinden der Erheblichkeit der Gründe zum Streit, als auf Meinungen der Rechtsgelehrten, auf vorige unbillige, und in Rechten nicht gegründete günstige Erkenntnisse, Verwandtschaft und die unbilligen Regeln, daß der Ueberwundene doch etwas für sich anzuführen

führen gehabt, oder etwa blos aus Mangel des Beweises untergelegen, und so weiter, Rücksicht genommen werden solle; nachdemmalen Niemand ohne erhebliche gute Ursachen und gehörige Beweißmittel auf das gerathe Wohl klagen, oder sich der billigen Anforderung seines Nebenchristen und Mitbürgers entgegen legen darf, als welchen Unfug eine zu häufige Compensation der Kosten, ohnfehlbar die Anleitung geben würde.

2) Wird der Mißbrauch der Impugnativmittel, sowohl an den Parteyen, als an den Sachwälden, in Zukunft ernstlich beahndet werden, so wie chicaneuse Protestationen und Contradictionen den vorkommenden Umständen nach, entweder nicht attendiret, oder fals letzteres unter besondern Umständen nothwendig, bey dem nächst befundener Frivolität, mit Erstattung der Schäden und Kosten beahndet, und darin die Vorschriften der Gesetze aufs strengste befolget werden sollen, die willkürliche Beahndung der Parteyen und Sachwälde vorbehältlich.

In allen Vorfällen aber, die nach den Gesetzen ein mandatum speciale erfordern, ist letzteres von den Sachwälden, bey ihren Protestationen, Einwilligungen und Contradictionen zu exhibiren; wobey denn auch in Erwegung kommen muß, ob und in wiefern, besonders bey Concurs-Angelegenheiten, die Partey annoch ein aus rechtlichen und vernünftigen Gründen zu rechtfertigendes Interesse ad causam habe; nachdemmalen z. B. offenbar ausfallende Creditores, sobald sie als solche mit gehöriger Gewißheit erscheinen, sich keiner Theilnehmung an der Disposition mehr anzumassen haben, in welcher Absicht denn auch die votirenden Sachwälde, so weit sie auf ihr Votum gesehen wissen wollen, allemal ihre Principalen zu benennen haben.

3) Werden alle vorsätzliche und gefährliche Verhehlungen in Facto, so weit selbige von den Gesetzen gemißbilliget werden, besonders aber alle in Facto zu Verbergung der Wahrheit untergeschobene Umstände, sofort bey befundener Unwahrheit, so wie ein sträfliches Leugnen, wenn man danächst des Gegentheils überführet werden solte, an der Partey und dem darum wissenden Sachwalde, aufs ernstlichste, nach Anleitung der Rechte und der Ordnung beahndet werden. Da letztere dem Königl. Hofgericht auch nirgends die den gemeinen Rechten gemässe richterliche Befugniß genommen, bey verwickelten, und oft vorsätzlich verworrnen Sachen, auch ex officio bey den Parteyen selbst, sich nach den die Entscheidung an Hand gebenden Umständen und factis zu erkundigen, als wodurch mancher Beweiß und Gegenbeweiß vermieden werden dürfte, so wird auch hievon bey Vorkömmenheiten Gebrauch gemacht werden, und hat daher ein jeder sich dafür zu hüten, in facto sich mit keinen vorsätzlichen Unrichtigkeiten dem Richterstuhl zu nähern;

nähern; wie denn auch Advocaten und Procuratores für das patrocinium offenbar ungerechter oder blos auf das gerathe Wohl angesponnene Rechtshändel zu Vermeidung unfehlbarer Strafe, in Anleitung der Hofgerichts-Ordnung P. 1. Tit. 10. §. 6. gewarnet seyn sollen, als bey welchen Sachen, oder andrer rechtlichen Anleitung auch auf das der Ordnung zustimmige Juramentum calumniae wird erkannt werden.

4) Wird hiemit voraus versichert, daß in Ansehung der zu verwilligenden Befristungen, Prorogationen der Fatalien und des Beweiß termini, der Ordnung P. 2. Tit. 7. §. 5. 6. 7. und Tit. 21. §. 1. so wie in Ansehung der Restitution contra lapsum termini probatorii et fatalium, dem neuesten Visitations-Abschied n. 42. und den daselbst angezogenen Stellen der Ordnung pünctlich, salvo ubique regressu in quantum de jure, werde nachgegangen werden.

5) Wann auch sowohl nach der Ordnung nicht ein jeder zum Advociren zu lassen, als auch von der Königl. Regierung noch neulich vorzügliche Sorgfalt bey Recipirung angehender Advocaten empfohlen worden, der von dem Königl. Hofgericht ergangenen Verordnungen ungeachtet aber, sich häufig sowohl Advocati als Notarii gefunden, die Schriften hieselbst eingereichet, oder Documenta ertheilet, obgleich selbige allhier nicht immatriculiret sind, dabey es sich auch theils öf-

ters bey weiterer Nachfrage ergeben, daß sie die Matrikel von dem Königl. h. Tribunal und solche nur hieselbst nicht gehörig bekannt gemacht haben, theils aber auch seyn kann, daß vor diesem die Register nicht mit der gehörigen Genauigkeit gehalten worden; solchemnach sollen alle und jede Advocaten und Notarien, die sich bey hiesigen Gerichte wollen gebrauchen lassen, aber in dem Albo advocatorum et notariorum sich nicht verzeichnet befinden, als wornach ein jeder bey der Canzley sich erkundigen kann, hiemittelst angewiesen seyn, binnen 6 Wochen a dato entweder hieselbst die Matrikel zu suchen, da ihnen denn solche nach befundener Tüchtigkeit, ertheilet werden soll, oder auch die vom K. h. Tribunal erhaltene Matrikel in forma probante hieselbst einzureichen, damit die Register hienach vervollständiget werden können.

Widrigenfalls haben sie bey Vorkommenheiten, da es nunmehr an aller Entschuldigung fehlen wird, die Strafe der gemeinen Bescheide, und die Zurückgabe der Schriften und Documente zu gewarten; auch werden Procuratores, den hiesigen vorigen Verordnungen gemäß, wenn sie dergleichen Schriften einreichen, bestrafet werden.

6) Schlüßlich werden die vorigen gemeinen Bescheide und deren sorgfältige und pünctliche Beobachtung hiemit nochmals eingeschärft, ins besondere aber der §. 6. und 7. des gem. Bescheides

des vom 4. Juli 1643. der §. 10. des gem. Bescheides vom 9. Sept. 1693. da die darin erwehnten Leute davon leben sollen, nicht weniger der §. 9. desjenigen vom 28. Juni 1724. und der gemeine Bescheid vorigen Jahres.

Damit nun dieser gemeine Bescheid zu Jedermanns Wissenschaft gelange, so soll derselbe auf der Canzley affigiret werden, und den Procuratoren aufgegeben seyn, dessen Inhalt allen und jeden Advocaten, mit welchen sie in Verbindung stehen, bekannt zu machen.

Decretum Greifswald den 1. May 1776.

Königl. Hofgericht hieselbst.

## 36ster Gemeiner Bescheid des K. Hofgerichts.

Nachdem das K. Hofgericht zu bemerken Gelegenheit gehabt, daß auch Advocati und Parteyen verschiedentlich in Ansehung des neuesten Visitations-Recesses von 1774. zweifelhaft gewesen, selbigem hie und da eine unrichtige Auslegung gegeben, und mit unpassenden Anträgen erschienen, so wird hiemittelst nach eingegangner Explication der Königl. Regierung *a)* zu Jedermanns Wissenschaft nachfolgendes bekannt gemacht:

 1) Wenn

a) Nach erfolgter Publication des Visitations-Recesses von 1774. (welchen der H. Land Syndicus Haselberg entworfen hatte) suchte das K. Hofgericht bey der Königl. Regierung unterm 22. Jul. u. 16. Sept. 1775. eine

1) Wenn sub Num. 35. des Visit.-Recesses vorgeschrieben, daß die liquiden Sachen selbst in den Erndte Ferien zu betreiben, soll

a) der Receß blos von Terminen und Dilationen, und daß bey selbigen die Ferien nicht abzurechnen, keinesweges aber dahin ausgeleget werden, daß auch Executiones und Auspfändungen in den Ferien zur Vollstreckung könnten gebracht werden.

b) Ist die Verfügung desselben, auf andere Ferien, nicht zu erweitern.

2) Höret eine von Anfang an illiquide Sache per rem decisam et judicatam auf, illiquide zu seyn, und gehöret *a tempore rei judicatae* mit zu denjenigen, auf welche Num. 35. 36. u. 37. des neuern Recesses, soll gedeutet werden; bis dahin aber ist deren Betreibungs-Art von den liquiden Sachen unterschieden.

3) Durch dasjenige, was von den Impugnativ-Mitteln gegen die *in contumaciam* ergangene *Mandata de solvendo* sub poena executionis verordnet

eine nähere Erläuterung verschiedener Stellen des gedachten Recesses zu erhalten. Diese Eingaben wurden den H. Landständten communiciret und wie diese ihre Erklärung (deren Verfasser gleichfals der H. Land-Syndicus Haselberg ist) abgegeben hatten, und solche von der K. Regierung dem K. Hofgericht communiciret worden war; so erfolgte der gegenwärtige gem. Bescheid vom 11. Jul. 1778.

net worden, soll dasjenige nicht ausgeschlossen seyn, was in der K. Tribunals-Ordnung P. 2. Tit. 2. §. 8. et 9. und Tit. 9. §. 13. festgesetzet ist, und sind dabey übrigens die Fatalien, nach Num. 36. des Recesses zu rechnen.

4) Was von der auf des klagenden Theils Anhalten vorgeschriebenen Captur festgestellet worden, dabey leidet die Hofgerichts-Ordnung P. 2. Tit. 12. §. 1. 2. und 4. nicht nur die Anwendung, sondern es ist auch dem richterlichen Arbitrio *circa levamina inopum debitorum* nichts benommen.

5) Ist ad Num. Recessus

*a*) Die Interposition der Rechtsmittel in eben der Instanz nicht erforderlich, sondern ist dieses blos bey der Appellation zu beobachten, daß aber alle und jede Impugnativ-Mittel intimiret werden müssen, verstehet sich von selbst.

*b*) Beym Unterlaß der receßmässigen Intimation der Appellation wird zwar das Gericht weiter verfahren, jedoch wird selbiges intimata appellatione, einhalten, und dem Oberrichter die Erkenntniß circa fatalia et praeclusionem appellationis überlassen müssen, die Appellation werde vor, oder nach 10 Tagen intimiret.

*c*) In Ansehung der Berechnung der 10 tägigen Nothfrist und der Fatalien ist der Num. 105. des Visit-Recesses von 1707. mit in Erwegung zu ziehen.

d) Insofern in höherer Instanz gegen eine desertoriam, oder confirmatoriam ein Impugnativ-Mittel angewandt worden, bleibet das hiesige Verfahren, so lange die Sache höhern Orts anhängig ist, suspendiret.

6) Ad Num. 37. Recessus sollen in caussis liquidis die termini aperturae et deductionum gänzlich abgestellet seyn, und soll gleich darüber erkannt werden, ob der processus executivus statthaft sey, oder nicht.

7) Wie ad Num. 48. das klagende Theil bey dem *executore* um den Abgang der Execution und deren weiteren Grade und zwar zur Vermeidung alles Streits, schriftlich per schedulam anzuhalten, und ausserdem executor nicht abzugehen, oder zur Auspfändung zu schreiten hat; so ist es dem Directorio überlassen, bey eintretenden erheblichen Behinderungen, oder Bedenken, den Abgang der Execution, oder die Auspfändung bis auf weitere möglichst zu beschleunigende gerichtliche Verordnung zurück zu halten.

8) Soll endlich ad Num. 60. et. 61. recessus auf ausdrückliche Vorschrift, die Betrachtung der Personen und deren Umstände und das bey allen executivis erforderliche gradual Verfahren, wornach zuvörderst mit der citatione arctatoria et poenali bey Leuten, die der Flucht nicht verdächtig sind, der Anfang zu machen, ehe ad citationen realem geschritten wird, nicht benommen seyn.

In

In Ansehung der Debitorum contumacium et praestanda praestare recusantium, als welche billig de fuga suspecti zu halten, wovon Num. 61. disponiret, soll es bey der darüber enthaltenen Anordnung bleiben.

Wie nun hiernach alle litigirende Partheyen und deren Sach- und Anwälde sich künftig in ihren Vor- und Anträgen zu richten haben; so soll dieser gemeine Bescheid auf gewöhnliche Art bekannt gemacht werden, und Procuratores haben dessen Inhalt den auswärtigen Sachwälden, mit welchen sie in Verbindung stehen, aufs forderste zu melden.

Publicatum im Königl. Hofgericht zu Greifswald den 11. Julius 1778.

37ster Gemeiner Bescheid des K. Hofgerichts vom 12. Jul. 1783. betrift vorzüglich die Art und Weise, wie es mit gerichtlich zu deponirenden Geldern und deren Erhebung zu halten; und stehet in des Hn. Doctors Gesterding Pommerschen Museum, 4. Theil, S. 577. f.

## C) Die neuern gemeinen Bescheide des Königl. Consistorium zu Greifswald.

1) Vom 15. Jun. 1747. — stehet in Hn. D. Gesterdings Pomm. Magazin. 4. Theil. S. 94.

2) Vom 20. Nov. 1748. — stehet in des Hn. Vice-Praesidenten von Balthasars Anmerk. über die Pomm. Kirchen-Ordnung. 2. Theil. S. 632.

Num. 1.

Num. 1.

## D) Rescripte und Verordnungen der Königl. Regierung.

*Tit. Reg. Regim.*

Als die Königl. Regierung bemerken müssen, daß auf dem platten Lande bey den Patrimonial-Gerichten den Parteyen, welche Recht zu suchen haben, die Erhaltung der Justizpflege dadurch äusserst kostbar gemacht werde, daß den Parteyen angemuthet werden will, ausser der Remuneration der Justiciarien und Notarien auch so gar den übrigen Gerichts-Beisitzern, Diaeten zu bezahlen, und den Jurisdictions-Herrschaften die bey solchen Gelegenheiten zu gebenden Mahlzeiten sowohl, als die Fuhren zu vergüten, woraus, da noch dazu nicht selten von den Jurisdictions-Herrschaften dieserhalb Sicherheit im voraus begehret wird, gar oft die Folge entstehet, daß der geringe Mann, welchen es am mehrsten trifft von den Patrimonial-Gerichten Handhabung der Justiz begehren zu müssen, genöthiget ist, sein Recht unverfolgt zu lassen: dieser Erschwerung der Justizpflege hiedurch in keine Wege nachgesehen werden mag; so gesinnen Wir an unsern Hoch- und vielgeehrten Herren hiedurch, in vorkommenden Appellations-Fällen so wohl, als wenn sonst wegen des Verfahrens dieses oder jenes Patrimonial-Gerichts beym Königl. Hofgericht etwas angetragen wird, hierauf

auf das Augenmerk zu richten, und ex officio dahin zu sehen, daß von den Herrschaften, oder sonstigen Jurisdictions-Verwandten auf dem platten Lande, es sey im Domanio oder sonst, dasjenige, was ad onus Jurisdictionis gehöret, nicht den Partheyen zur Last gebracht werde.

Womit wir dieselbe göttl. Obhuth empfehlen. Stralsund den 3. Januar 1785.

Subor. Regiminis.

An
das Königliche Hofgericht
in
Greifswald.

Num. 2.

## Verordnung der Königl. Regierung wegen Combinirung des Gerichts in Grimm. mit dem Magistrat.

a)

Von Sr. Königl. Majestät zu Schweden ꝛc. ꝛc. zum Pommerschen Etat verordnet General-Statthalter und Regierung. Unsern Gruß zuvor; Ehrenveste, Wohlgelahrte und Weise, vielgeliebte Freunde!

Die bisherige Erfahrung hat es gelehrt, daß es zu mancherley Unordnungen Anlaß gegeben, wenn die dortigen dorttigen Burgermeister zugleich Stadtrichter gewesen, und dem ohnerachtet die Appellationen von dem Stadtgerichte an den Magistrat gegangen; und eben so hat es sich gezeiget; daß, wenn zum Stadtrichter eine besondere Person bestellet worden, diese von sothanem Dienste nicht leben können, und in Ermanglung eigenen Vermögens, oder unerlaubten Nebenerwerbes, ihr Amt zum Bedruck der Stadt-Einwohner gemißbrauchet.

Es finden daher Seine Durchlaucht und die Königl. Regierung sich veranlasset, auf eine solche Einrichtung dortiger Gerichtspflege bedacht zu seyn, wodurch den bisher vorgewalteten Unbequemlichkeiten und Mißbräuchen möglichst vorgebeuget werde. Und da weder ein gelehrter Burgermeister, noch Stadtrichter, wenn beyde Bedienungen noch ferner getrennet bleiben, von der Stadt so reichlich mit Einkünften versehen werden können, daß zu erwarten stehet, es werde unter mehrern redlichen und geschickten Männern eine Auswahl getroffen werden können; so wird es allewege für die Stadt und deren Einwohner von Nutzen seyn, wenn die Instanz eines besondern Gerichts ganz eingehet, und mit dem Magistrat in der Maasse vereiniget wird, daß die Gerichtspflege von dem ganzen Magistrat geschehe, der gelehrte Burgermeister die Vollmacht als Königlicher Richter erhalte, und dessen Lohn, nebst sonstigen Vortheilen geniesse, die Emolumente der Gerichts-Assessoren unter die Rathsglieder vertheilet,

theilet, der Krone aber, deren Antheil an den Bruchgefällen, nach wie vor berechnet werden.

Hiedurch würden nun zwar die streitenden Parteyen eine Instanz verliehren; Gleichwie aber die Menge der Instanzen kein Vortheil für die Parteyen ist, und denn bey dieser Einrichtung die Commune zu gewissenhaften und geschickten Bürgermeistern sich in der Folge mehrere Hofnung machen kann; also mag auf allen Fall auch eine Restitutions = Instanz beym Magistrat in der Maasse eingeführet werden, daß, wenn in Justiz-Sachen Jemand durch des Magistrats Erkenntnisse sich beschweret erachtet, und der Appellation an das Königl. Hofgericht sich nicht sofort bedienen will, er bey dem Magistrat Restitution suchen könne und auf seine Kosten die Acten einem einländischen Rechtsgelehrten, zu Abfassung der weitern Urthel zugesandt werden, nach deren Publication einer jeden Partey die Ergreifung weiterer Rechtsmittel unbenommen bleibet.

Es wird Euch daher hiedurch aufgegeben, hierüber mit den dortigen Repraesentanten der Bürgerschaft zusammen zu treten und innerhalb 4 Wochen euch zu erklären, ob und was von euch hiebey zu erinnern seyn könne. Göttlicher Obhuth empfohlen. Stralsund den 2. Februar 1787.

*F. G. C. de Hessenstein.*
*v. Engelbrechten.*
*v. Jahncke. v. Horn. v. Thun.*
*Tetzloff.*

An den Magistrat zu Grimmen. coll.

Von

Von Sr. Königl. Majestät zu Schweden 2c. 2c. zum Pommerschen Etat verordnete General-Statthalter und Regierung.

Thun kund hiemit: Als Seine Durchlaucht und die Königl. Regierung, nach vorläufiger Vernehmung des Magistrats und der Bürgerschaftlichen Repraesentanten in Grimm, zur Bequemlichkeit der dortigen Einwohner, und um den Streitigkeiten, Mißbräuchen und Aufenthalt, die aus einer getheilten Jurisdiction und vervielfältigten Instanzen entstehen, vorzubeugen veranlasset worden, vor der Hand und bis auf weitere Verordnung die Gerichts-Instanz in der Stadt Grimm eingehen zu lassen, und mit dem Magistrat zu verbinden; so wird darüber folgendes verordnet und festgesetzet:

1) Soll in Zukunft und bis ein anderes wieder verordnet werden möchte, kein besonderer Königl. Richter bestellet, noch von einem solchen und zwey dazu deputirten Rathtsgliedern Gericht gehalten, sondern die ganze Gerichtspflege in Grimm mit dem dasigen Magistrat in der Maasse vereiniget werden, daß auch alle diejenigen Justiz- und andere Sachen, welche sonst vor dem Stadtgericht in der ersten Instanz verhandelt, untersuchet und abgethan worden, in gleicher Maasse vor dem ganzen Rath

Rath abgehandelt und abgerichtet werden sollen.

2) Dagegen stehet es dem gelehrten Burgermeister frey, in Vorkommenheiten, die eine schleunige Abrichtung erfordern, wie auch bey Untersuchungen in Inquisitions-Sachen, lediglich mit Zuziehung der beyden åltesten Raths-Freunde, die gerichtlichen Handlungen, Namens des Magistrats vorzunehmen und zu vollführen. Jedoch muß vom Secretair jedesmal das Protocoll gehalten werden.

3) Da solchergestalt die Parteyen durch Einziehung des Gerichts, die ehmalige Gerichts-Instanz einbüssen; also bleibet dagegen, wenn eine oder die andere Partey durch die Erkenntnisse des Magistrats sich beschweret erachten sollte, ihr zwar frey, die Appellation sogleich zu ergreifen; wenn sie aber sich derselben annoch nicht bedienen wolte, wird ihr der Gebrauch des Rechtsmittels der Restitution beym Magistrat in denjenigen Fällen nachgegeben, in welchen dessen Gebrauch sonst rechtlich statt finden kann.

4) Weil das halbe Gericht in Grimm Seiner Königl. Majestät zustehet; so soll der gelehrte Burgermeister, wenn vom Magistrat eine wohl qualificirte Person dazu erwählet und die geschehene Wahl Sr. Durchlaucht und der Königl Regierung angemeldet ist, von der Königl. Landes-Regierung mit Vollmacht als Stadt-Richter versehen werden.

 5) Das

5) Das Richter-Lohn, nebst allen sonstigen mit dem Richterdienst verbundenen Emolumenten, sie mögen fixiret seyn, oder nicht, auch Sporteln, welche der vorige Richter rechtmässig gehabt, geniesset der gelehrte Burgermeister, als Richter. Diejenigen Gefälle und Sporteln aber, welche den Gerichts-Assessoren zugestanden, werden vierteljährig unter die übrigen Rathsglieder vertheilet, und vom Secretair des Raths, welcher die Vortheile, als Gerichts-Secretair beybehält, berechnet.

6) Die Bruchgefälle werden vom gelehrten Burgermeister, als Richter, in der üblichen Maasse berechnet, von dem ältesten Raths-Freunde aber eingenommen.

Urkundlich der hierunter gesetzten eigenhändigen Unterschrift und vorgedruckten General-Gouvernements-Insigels. Stralsund den 20. April 1787.

(LS.) *F. G. C. de. Hessenstein.*

*J. G. F. v. Engelbrechten.*

*M. U. v. Horn.* *O. H. v. Thun.*

*Tetzloff.*

## Verordnung wegen Combinirung des Gerichts in Grimm mit dem Magistrat.

Von

Von Sr. Königl. Majestät zu Schweden ꝛc. ꝛc. zum Pommerschen Etat verordnete General-Statthalter und Regierung! Unsern Gruß zuvor! Ehrenveste, Wohlgelahrte und Weise, vielgeliebte Freunde!

Als Seine Durchlaucht und der Königl. Regierung wegen Verbindung des dortigen Gerichts mit dem Magistrat zu angeschlossener Verordnung und Regulativ bewogen worden; So gesinnen Wir an euch hiedurch, selbige an einem vorher bekannt zu machenden Termin, bey offenen Thüren zu publiciren, auch danächst eine vidimirte Abschrift derselben, auf dem Rathhause zu affigiren. Göttlicher Obhuth empfohlen. Stralsund den 20. April. 1787.

*F. C. C. de Hessenstein.*

*J. G. F. v. Engelbrechten.*

*v. Horn. v. Thun.*

*Tetzloff.*

An

den Magistrat zu Grimm.

coll.

d)

## Vollmacht für den Burgermeister Häkermann in Grimm zum Königl. Stadt-Richter daselbst.

Von Sr. Königl. Majestät zu Schweden ꝛc. ꝛc. zum Pommerschen Etat Verordnete General-Statthalter und Regierung; thun kund hiemit:

Demnach zu folge einer unterm 20. April, 1787. getroffenen Einrichtung vor der Hand und bis auf weiter die Instanz eines besondern Gerichts in Grimm eingehen und mit dem Magistrat verbunden, auch, wenn vom Magistrat ein wohl qualificirter gelehrter Burgermeister gewählet worden, dieser von Sr. Durchlaucht und der Königl. Regierung mit Vollmacht als Stadt-Richter versehen werden soll; Und dann in Verfolg dessen vom Burgermeister und Rath der Stadt Grimm die Anzeige geschehen, wie nach erfolgtem Ableben des bisherigen Burgermeisters A. C. A. Fischer, durch Erwählung des bisherigen Advocati Johann Gottlieb Häkermann in Greifswald, die erledigt gewesene Burgermeister-Stelle in Grimm wieder besetzet sey, mit unterthänigster Bitte, selbigen nunmehr, nach Maaßgabe der vorberührten Einrichtung, auch zum Königl. Stadtrichter in Grimm zu bestellen, und darüber mit nöthiger Vollmacht zu versehen; diesem Ansuchen auch geruhet worden, da gegen die Person des erwählten

ten Burgermeisters Häkermann sich nichts zu erinnern gefunden; Solchemnach constituiren und bestellen, Namens höchstgedachter Sr. Königl. Majestät, unsers allergnädigsten Königs und Herren, Wir hiemit und Kraft dieses, in Verfolg der Verordnung vom 20. April, 1787. den Burgermeister Johann Gottlieb Häckermann zum Königl. Stadtrichter in Grimm, dergestalt und also, daß zuvörderst Sr. Königl. Majestät und der Krohne Schweden Er getreu, hold und gewärtig seyn, Dero Nutzen und Bestes befördern, Schaden und Unheil aber bey Zeiten warnen, und äussersten Vermögen nach abwenden, als Königl. Stadtrichter, so wie die angezogene Verordnung vom 20. April 1787. des mehrern enthält, die Justiz allen und jeden, so derselben benöthiget sind, und ihn darum imploriren werden, nach Anleitung der Rechte und dieser Lande Constitutionen, Ordnungen und Satzungen, ohne Ansehung der Person, gleich durchgehends administriren, acta und causae merita fleissig durchlesen und erwegen, auch den Rechten und Umständen nach entscheiden, und weder durch Feind- oder Freundschaft, Geschenke, Gaben, noch durch andre Ursachen oder Affecten sich davon ableiten lassen; die Brüche fleissig einfodern, und ohne Abgang alle Jahre richtig berechnen, über Ihro Königl. Majestät Policey und andere Landes-Ordnungen halten, und im übrigen alles dasjenige thun und verrichten solle, was zu Beförderung der Gerechtigkeit dienet und einem aufrichtigen

Richter eignet und gebühret, er es auch vor Gott, der hohen Landes-Obrigkeit und in seinem Gewissen zu verantworten sich getrauet: Gestalt er mittelst cörperlichen Eydes sich dazu verbindlich gemacht hat. Wohingegen er dasjenige, was seine Antecessoren an Gehalt, Immunität, Accidenzien und sonst rechtmässig genossen, oder zu geniessen befugt gewesen, gleichfalls, wie auch Königl. Schutz und Schirm bey seinen Amts-Verrichtungen zu gewarten haben solle.

Wir befehlen demnach Burgermeister und Rath der Stadt Grimm und sonst Jederman, den Burgermeister J. G. Häkermann für einen Königl. Richter zu halten und zu erkennen, auch ihm alle mit diesem Amte verknüpfte Prärogativen wiederfahren zu lassen. Urkundlich der hierunter gesetzten eigenhändigen Unterschrift und vorgedruckten General-Gouvernements-Insiegels. Stralsund, den 7. Junius 1790.

O. H. von Thun. S. C. Tetzloff.
H. F. von Pachelbel.
E. C. Westphal.

## Num. 3.

## Verordnung der Königl. Regierung vom 26. März 1789

*Tit. Reg. Regim.*

Als es bey dortigen, zur Cognition des Raths kommenden Rechts-Gängen, sehr leicht der Fall seyn

seyn kann, daß, wenn von Parteyen das Remedium Restitutionis versucht wird, es zur Abfaßung der Urthel an einem gelehrten Mitgliede mehrentheils fehlet, und die Cognition in dieser Instanz, einem ungelehrten Rathsgliede in keine Wege überlassen, auch die Verfertigung der Urthel durch denjenigen, der in prima instantia des Raths gesprochen, als eine Illegalität nicht zugelassen werden kann, dabey aber sothanes Remedium zur Zeit nicht entnommen werden mag;

So wird Euch hiemit aufgegeben, auf den Fall, daß Parteyen das Remedium Restitutionis gegen eine abgesprochene Urthel des Raths versuchen, und ein zweytes gelehrtes Rathsglied nicht annoch vorhanden seyn sollte, sodann Acta, zur Verfertigung der Urthel in der Restitutions-Instanz, an einen auswärtigen Rechts-Gelehrten zu senden.

Stralsund den 26. März 1789.

*v. Engelbrechten.*

*v. Thun.* *Tetzloff.*

An
den Magistrat zu Loitz. *Nettelbladt.*

(Eine gleiche Verordnung ist auch an den Magistrat zu Grimm ergangen.)

## E.

Gemeine Bescheide, zur Stralsundischen Gerichts-Ordnung gehörig; von 1723. bis 1770; von

Num. 29 bis 37. sind in 4to zusammengedruckt, und besonders zu haben. Diesen sind noch hinzuzuhängen der Gem. Bescheid von 3. Sept. 1773; 28. Jan. 1774; von 27. April 1774; 26. Jul. 1776; 4. April 1777.; 11. Dec. 1778; vom 5. May 1788. welche nächstens zusammengedruckt werden dürften.

## F) Muster und Actenstücke.

### I.

*Tittel* eines Hochedlen Raths.

Von der unterm 12. d. M. publicirten Sentenz habe ich laut des sub. A. angelegten Documents die Appellation ergriffen, und verfehle nicht, solches hiemit anzuzeigen, mit der gehorsamsten Bitte, der eingewandten Appellation plenarie zu deferiren.

Ich implorire hierüber salutariter und habe die Ehre mit der vollkommensten Hochachtung zu beharren,

Eines Hochedlen Raths

gehorsamster
Martin Trap.

Beylage A.

In Sachen — wird hiemit befunden und erkannt:

Daß, da des Beklagten verstorbene Ehefrau mit ihren Kindern erster Ehe das väterliche und mütterliliche Vermögen bey einer ehmaligen Erbschichtung schon einmal getheilet und solchergestalt diese ihre Kinder gänzlich von sich abgeschieden hat, der Kläger mit seiner unstatthaften Klage abzuweisen, der gegenwärtige mütterliche Nachlaß aber dem Beklagten und seinem mit der Verstorbenen erzeugten Kinde, mittelst Compensation der Kosten, zugesprochen seyn solle. V. R. W.

Publicatum — den 12. Nov. 1782.

Greifswald den 21. November 1782 appelliret vor mir unterschriebenen Notario und gegenwärtigen Zeugen, dem Meister D. und E. der Bürger Trap von vorstehender Urthel an das K. h. Hofgericht, mit Bitte, ihm hierüber die nöthigen Documente in gewöhnlicher Form zu ertheilen. Wann ich nun vermöge meines Amts mich diesem Gesuch nicht entziehen können, so habe ich hierüber gegenwärtiges Document ausgefertiget. So geschehen, Greifswald, ut supra.

(L. S. *Not.*) *N. N.*
als öffentl. Kayserl. und immatric. Notarius.

Rubric:

Gehorsamste Anzeige und Bitte nebst Anlage A. abseiten rc.

Anm. Wenn auch von einer interlocutorischen Sentenz appelliret wird, so hat man dennoch nach hiesigem Gerichtsgebrauch nicht nöthig, die beschwerte Puncte mit anzuführen, obgleich sonsten

 nach

nach canonischen Rechte solches geschehen muß. *Mev.* 1. D. 7. n. 13.

## Eine andere Form des A. Documents.

Sententia.

Anno 1787. den 15. December zeigte der Herr N. mir Unterschriebenen an, wie er durch vorstehende Erkenntniß sich beschweret und daher gemüssiget finde, vor mir und den Zeugen N. N. und N. N. zu appelliren, mit Bitte, sothane Appellation anzunehmen, und zu deren Beglaubigung die gewöhnlichen Documente auszufertigen. Weswegen ich denn ratione officii diese eingewandte Appellation genommen und dem Herrn Requirenten gegenwärtiges Document unter meiner Hand und Siegel ertheilet habe. So geschehen Greifswald, wie oben.

(L. S. *Notar.*)

*N* N. als
öffentl. Kayserl. und
immatric. Notar.

II.

Unterthänigste Vorstellung *iuncta eventuali intimatione appellationis* abseiten Burgermeister und Rath der Stadt L. betreffend die der Burgerschaft daselbst angemuthete Arbeit bey dem dortigen Brückenbau.

praes. d. 23. Feb. 1734.

*Tit. R. Regiminis.*

Wir haben den 18. Februar c. ein Rescriptum illustriss. R. Regiminis vom 12. ejusd. mit dem

dem unterthänigsten Respect empfangen, den Inhalt aber mit Bestürzung verlesen, indem wir ersehen müssen, wie der Herr Amtmann vorgestellet, daß er mit Verfertigung der Königl. Brücke über die Peene bey hiesiger Stadt ohne Hülfe nicht fortkommen könne, weil nur 15. Bauern (welches aber vermuthlich nur in der Abschrift versehen, weil es sonsten zu sehr gegen die Notorität laufen würde) im Amte L. und doch alle Tage 30. Personen allein zum Rammen gebraucht werden müßten.

Und ob derselbe zwar nicht so dreist gewesen, zu solcher Hülfleistung die hiesige Bürgerschaft schriftlich vorzuschlagen, dennoch kein Zweifel, daß er nach seinem sonstigen Betragen gegen hiesige Stadt solches aufs nachdrücklichste mündlich werde eingeleitet und dadurch veranlasset haben, daß uns durch vorhin angeführte hohe Verordnung, (welche wegen der inserirten Executions-Clausel und deren Veranstaltung bey dem alhier commandirenden Officier, mehr als ein mandatum S. C. ist,) auferleget, die hiesige Bürgerschaft binnen 3 Tagen anzuhalten, daß sie gleich den Königl. Amtsbauern, bey hiesigem Brückenbau arbeiten solle.

Wie uns aber dadurch etwas aufgelegt worden, was ohne Kränkung der Freyheit und Gerechtsame hiesiger Bürgerschaft nicht geschehen kann, so haben wir keinen Umgang nehmen können, uns

laut

laut anliegenden documenti sub A. so wohl in Ansehung der Sache selbst, als des modi procedendi, uns der Appellation zu bedienen, und solches mit unterthänigen Rescript zu intimiren.

In dem Amte L. sind wenigstens 100 Bauern und Einlieger. Und die hiesige Bürgerschaft ist, wie geschehen wollen, ad operas publicas et insolitas, als freye Leute, gleich den unterthänigen Amtsbauern, wider die vorige Observance und auch gegen die gemeine Landes-Privilegia, welche die Landes- und städtische Einwohner zu solchen Diensten, und dazu durch sofortige Executionsmittel anzuhalten, nicht verstatten, — nicht zu zwingen.

Der Vortheil, welche diese Brücke hiesigern Stadt giebt, ist derselben auch nicht eigen, sondern dem ganzen Lande gemein. Und die Revenüe von dem Zoll, womit das onus der Baute und Unterhaltung der Brücke verbunden, fliesset in die Königl. Kammer. —

Wir bitten demnach, jedoch salva appellatione, unterthänigst, hochgedachtes Rescriptum, und wann angezeigtermassen eine Executionsordre an den hiesigen commandirenden Officier ergangen, auch dieselbe wiederum zu heben, oder der Appellation pleno effectu, als welcher derselben in casu insolitae impositionis nicht zu benehmen, zu deferiren, und indessen alle executiones zu sistiren.

Wir

Wir versehen uns auf eine oder andere Art gnädiger und gerechter Erhörung und verharren

*Tit. Regim.*

D. I. Gerdes concepit.

unterthänigste
Bmstr. und Rath zu L.

Anlage A. ist das Rescriptum mit folgendem darunter gesetztem documento interpositae appellationis.

Nachdem heute der Hr. Kakow nomine Senatus L. mir subscripto zu erkennen gegeben, wie der Magistrat zu L. durch vorstehendes Rescript, salvo honore Illustriss. R. Regiminis sich sehr graviret gefunden, und desfals gemüssiget würde eventualiter ad summ. R. Tribunal zu appelliren, weshalb er vor mir die Appellation gebührend interponiret haben wolte: so ist nicht nur interpositio appellationis legaliter, adhibitis testibus dem Hrn. N. N. und dem Hrn. N. N. verrichtet worden, sondern ich habe auch nicht ermangeln wollen, dieses Documentum, wie es in meinem protocollo manuali extendiret worden, auf geziemendes Ansuchen, zu Verificirung der in omnem eventum fortzusetzenden Appellation, zu extradiren. Greifswald den 22. Febr. 1734.

(LS.)

Henr. Christian Garling,
als Kayserl. u. beym
Königl. h. Tribunal
immatric. Notar.

Proro-

## III.

## Prorogations-Gesuch.

Titel des Königl. h. Tribunals.

Von der unter dem Buchstaben A. angelegten Sentenz habe ich, laut des darunter verzeichneten Documents, an Ew. Königl. Majestät mich allerunterthänigst berufen.

Wie ich aber verschiedener Behinderungen halber nicht in Stande bin, vor Ablauf des Ordnungsmässigen Fatalis meinen libellum gravaminum einzureichen; So ersuche Ew. Königl. Majestät in aller Unterthänigkeit,

mir dieserhalb das Fatale auf 4 Wochen allergnädigst zu erstrecken.

Ich ersterbe in tiefster Devotion

Ew. Königl. Majestät

allerunterthänigster

*N.*

Rubric:

Allerunterthänigstes Prorogations-Gesuch nebst Anlage A.

in Sachen

*M.* zu *N.* Appellanten

wider rc. rc.

Muster

## IV.

(Stempelbogen zu 2 gr.) Muster eines Appellations-Libells.

*Tit.* des K. h. Hofgerichts.

*a*) Es ist meinem Schwiegersohn, dem rückbemerkten Appellaten gefällig gewesen, von mir einen Brautschatz von 2000 Rthlr. zu fordern, unter dem Vorwand, daß ich ihm diese Summe zur Zeit des zwischen ihm und meiner Tochter geschlossenen Eheverlöbnisses versprochen hätte.

Ob ich ihm nun gleich hierüber die gehörige Bedeutung gegeben, und er sich hierauf erkläret hatte, wie er gedachte Summe von mir nicht weiter verlange, sondern mir geschenkt haben wolle, so klagte er demohngeachtet am 10. May v. J. wider mich auf die vorgedachte Summe von 2000 Rthlr.

*b*) Wie ich nun auf solche Weise in einen Proceß hineingezogen wurde, so trat zwar der Appellat, zufolge einer rechtskräftigen Sentenz, seinen vermeintlichen Beweiß an, und suchte das vorgeschüzte Versprechen theils durch unzulässige Zeugen, theils durch nichts erweisende Briefe darzuthun.

Allein, da ich in meinem Gegenbeweise, vollständig erwiesen hatte, daß der Appellat nach der

*a*) Geschichtserzehlung.
*b*) Geschichte des Processes.

der Hochzeit sich mehrmalen deutlich erklärет, wie er nichts von mir verlange, sondern vielmehr dasjenige, was er von mir zu fordern berechtiget seyn möchte, mir geschenkt haben wolle: so durfte ich wohl nichts gewissers, als eine für mich vortheilhafte Erkenntniß erwarten.

c) Demohngeachtet erfolgte vom 19. Julius d. J. das unter dem Buchstaben A angelegte Publicatum, daß nehmlich mein Gegner dasjenige, was ihm zu beweisen obgelegen, erwiesen habe, und ich hinfolglich die eingeklagte Summe mit Zinsen und Kosten zu erstatten schuldig sey.

d) Wie ich nun von diesem Publicato, laut des darunter befindlichen Documents an ein K. h. Hofgericht mich zu berufen gemüssiget gefunden; so unterlasse ich nicht, e) vor Ablauf der Fatalien, meinen Libellum gravaminum, hiemit gehorsamst zu überreichen, und seze, bey dieser Richtigkeit der Formalien,

f) Meine Beschwerden darin:

1) daß auf meine Einreden, wider die von Appellaten producirten Zeugen und deren Glaubwürdigkeit, wie auch

2) auf

c) Die Beschwerde A. Sentenz.

d) Bescheinigung der richtig geschehenen Appellations-Einwendung.

e) Anzeige der richtig geschehenen Appellations-Einführung.

f) Anzeige der Beschwerden.

2) auf dasjenige, was ich in meinem Gegenbeweise klar erwiesen, und wodurch ich des Appellaten Vorhaben gänzlich abgelehnet hatte, — keine Rücksicht genommen worden.

g) Was nun die Rechtfertigung der ersten Beschwerde anlanget, so sind die vom Appellaten producirten Zeugen insgesammt verwerflich. Denn der erste Zeuge ist notorisch seit vielen Jahren mein Todt-Feind, der bisher bey keiner Gelegenheit unterlassen hat, mich zu verfolgen und Schaden zuzufügen. Dahingegen ist er nicht nur ein vertrauter Freund des Appellaten, sondern ist auch demselben, wie er selber eingestehet, in eben dieser Sache, worin er Zeuge seyn wollen, beyräthig gewesen. Ausserdem war er bey dem Eheverlöbnisse, auf welchen Zeitpunct es hier vorzüglich ankömt, völlig betrunken.

Wie nun der erste Zeuge bey diesen Umständen keinen Glauben in dieser Sache verdienet, so hat es mit dem zweyten Zeugen auch nur eine gleiche Bewandniß. Denn dieser ist nicht nur ein Vetter des Appellaten, sondern wird auch nächstens dessen Schwester heirathen. Ist nun also auch dieser Zeuge wegen Verwandschaft und Schwägerschaft zur Ablegung eines gültigen Zeugnisses untüchtig, so kann auch des dritten Zeugen-Aussage wohl um so weniger einen Beweiß machen

g) Rechtfertigung der Beschwerden.

machen, als derselbe sich mehrmahlen widerspricht; ein Zeuge aber, der sich selbst widerspricht, zwar beweiset, daß er gelogen, nicht aber, daß er die Wahrheit rede.

Qui enim semel malus, semper talis praesumitur. c. 6. X. de R. I. in 6.

So erheblich also diese von mir eingewandte Einreden gegen gedachte Beweiß-Zeugen waren, so wenig mochten auch wohl selbige bey der Entscheidung des vorliegenden Falles als ungegründet angesehen werden können.

Was endlich die zweyte Beschwerde betrift, so hatte ich in meinem Gegenbeweise, insonderheit über den 6. und 8ten Gegenbeweiß-Artikel zur Genüge erwiesen, daß der Appellat sich deutlich erkläret, wie er nichts von mir fordern, sondern die nach seiner Meinung gegründeten Ansprüche, gänzlich schwinden lassen wolle, wodurch also des Appellaten Intention völlig abgelehnet worden war.

*h*) Wie ich nun vertraue, meine Beschwerden genugsam gerechtfertiget zu haben, so ersuche Ein K. h. Hofgericht ich gehorsamst, solche bey angezielter Richtigkeit der Formalien, als erheblich anzu-

*h*) Schluß und Bitte um Erkennung der Processe.

anzunehmen, und die bisher verhandelten Acten einzufordern, nach deren Einsicht aber

*i*) gerechtest zu erkennen,

„daß ich die eingeklagte Summe von 2000 Rthlr. zu bezahlen nicht schuldig, sondern von der wider mich angestelten Klage, mittelst Erstattung der Kosten zu entbinden.“

*k*) Ich implorire hirüber salutariter, (verfehle anbey nicht, meinen Herrn Procurator durch die unter dem Buchstaben B. angelegte Vollmacht zu legitimiren;) und beharre unter Vorbehalt aller Zuständnisse Rechtens, mit der vollkommensten Hochachtung

Eines Königl. hochlöblichen Hofgerichts, gehorsamster

*l*) Johann Rose.

*l*) Anton Starck conc.

*l*) *N. Mayer.* exhib.

*m*) Libellus appellationis cum petito decenti et annexo sub A. (B. etc.) (oder gehorsamster Appellations-Libell mit Anlage A. etc.)

in Sachen

Johann Rose, Bürger zu *N.* Appellanten,

wider

Samuel Völschow, Müller daselbst, Appellaten,

in puncto

eines Brautschatzes.



i) Haupt Petitum.

k) Die heilsame Clausel, Bedingung und Beschluß.

l) Unterschrift.

m) Rubric der Appellations-Klage.

V.

a) Prod. den 16. Martii.

*Tit. R. Consistorii.*

Als ich mich durch die am 28. Febr. d. J. publicirte, jedoch am 4 d. allererst mit der Post erhaltene Urthel, s. h. jud. beschweret halte, und dadurch laut Anlage A. an das K. h. Tribunal zu appelliren bewogen worden; So ermangle ich nicht, solches hiemit gehörig anzuzeigen und die Transmissions-Gebühren von 3 Rthlr 24 s. hiebey schuldigst zu überreichen.

Mit der vollkommensten Hochachtung habe ich die Ehre zu beharren

Eines K. Hochehrwürdigen Geistl. Consistorii

gehorsamster

*B.*

(Die Beylage A. ist das Publicatum vom 28. Febr. nebst dem darunter gezeichneten documento interpositae appellationis.)

Rubric:

Intimatio appellationis cum documento sub A. in Sachen ꝛc.

B) Es wird der intimirten Appellation in honorem Dni superioris plenarie deferiret und dem Appellaten copia decreti zur Nachricht erkannt. Decr. Greifswald d. 20. Mart.

b) *Tit.*

b) Prod. Wism. d. 10. April.

*Tit. S. R. Tribunalis.*

Da ich laut anliegender Urthel sub. A. mit dem H. Appellaten in einen neuen Proceß gerathen bin, ich aber von dieser Urthel, laut angelegten Documents, an Ew. K. Majestät zu appelliren keinen Umgang nehmen können, auch diese Appellation bereits einem K. Hochehrwürdigen Geistl. Consistorio intimiret, und die Transmissions-Kosten für die Acten erleget habe, jedoch verschiedener unvermutheter Behinderungen halber, die bereits zum Ablauf eilende Introductions-Frist mir zu enge werden will und überdem die Oster-Ferien heran nahen; so finde ich mich genöthiget, Ew. K. Majestät hiedurch allerunterthänigst um eine 4. wöchentliche Prorogation anzuflehen.

Ich ersterbe in tiefster Devotion

Ew. Königl. Majestät

allerunterthänigster

*B.*

Rubric:

Allerunterthänigstes Prorogations-Gesuch, nebst Anlage A.

in Sachen rc.

*B*) „Wird die in dem Producto vom 10. d. gebetene 4 wöchentliche Frist bewilliget. Decr. — den 11. April.

c) Prod. d. 8. May.

*Tit. Summ. R. Tribunalis.*

Ew. K. Majestät danke hiedurch allerunterthänigst für die mir per decretum vom 11. April in rubricirter Sache huldreichst verwilligte 4 wöchentliche Prorogation.

Und wie dann bey meinem producto vom 10. eiusdem sich bereits copia sententiae a qua cum documento interpositi sich befindet, daraus aber erhellet, daß die von Zeit der Wissenschaft, nehmlich vom 4. Martii sich anfangende und mit der 4 wöchentlichen allergnädigsten Prorogation auf 10 Wochen zu rechnende Fatalien den 13. huius allererst sich endigen, an der ordnungsmässigen Intimation der Appellation und vorlängst schon geschehener Erlegung der transmissions Kosten es, testantibus actis. auch nicht gefehlet: so werden hoffentlich formalien damit ihre Richtigkeit haben.

Da nun aber der Hr. Appellat in seiner wider mich angestelten Klage vom 3. Oct. v. J. nicht allein die Matricul, nach welcher ihm von 13. Toitzer Hufen nicht mehr als 13. Scheffel Meßkorn vermachet sind, sondern auch den declarator-Bescheid der Königl. Regierung an den seel. Herrn General Superintendenten von Krakvitz vom 21. Jan. 1728. selbst anführet, daß Illustriss. Regimen es bey der Matricul, eines jeden Orts unwidersprechlichen Observanz und dem Visitations-Receß beym K. Consistorio, so wohl in Ansehung der

Scheffel

Scheffel-Zahl als auch der gehäuften Maasse an denjenigen Orten, wo diese mit gutem Grunde gefordert werden können, bewenden lasse; und dann der Hr. Appellat mit Beyseitsetzung der Matricul, aus einer gerühmten, aber noch zur Zeit schlecht bescheinigten, allenfalls, wie unten mit mehreren dargethan werden soll, ganz ungegründeten Observanz, nicht nur von den Bauern das Meßkorn in gehaufter Maasse, sondern auch vom Hofe, wegen gehaufter Maasse an statt 10 Scheffel 11 Scheffel fordert: So ergeben sich aus obigen hoffentlich die in Sententia a qua für mich steckende gravamina schon von selbsten, indem

Grav. I) darin die Matricul einer offenbar ungegründeten Observanz nachgesetzt wird, und

— II) das blosse *Factum perceptionis*, wann solches bloß in der Person des Herrn Appellaten, ohne auf die dabey concurrirende Umstände zu sehen, nur näher bescheiniget werden können, schon für eine unwidersprechliche und auf gutem Grund beruhende Observanz angenommen werden will. Da nun

*quoad grav.* I. num. 1) bekannten Rechtens ad probandum nicht zu admittiren, quod probatum non relevat und dann 2) der schon in ante actis berührte Visitations-Receß über die K. Consistorial-Instruction n. 15. wegen des Meßkorns ein K. Consistorium genau auf die Kirchen-Matricul zu sehen, anweiset, und was nicht darin, oder in der Kirchen-Ordnung, oder einer beständigen, unwidersprechlichen Observanz, klar fundiret, sofort als liquide nicht zu erkennen, vielweniger zum Besten der Prediger dahin zu erweitern, daß in gehaufter Maasse das Meßkorn gereichet, desgleichen 3) der Hr. Appellat schon in seiner Klage gesteht und selbst anführet, daß in der alten Matricul von 1583. den 20. August, darauf sich die neue von 1655. den 5. Oct. in Ansehung des Meßkorns beziehet, keiner gehauften Maasse gedacht werde, und wiederum 4) der Hr. D. v. Balthasar in tr. de libris s. matriculis eccles. c. 2. §. 12. n. 57. et 58. festsetzet, daß ausser einer unwidersprechlichen Observanz oder Convention keine gehaufte, sondern nur gestrichene Scheffel-Maasse statt finde: so kann wohl kein Zweifel übrig seyn, daß nicht

*quoad Grav. II.* nun, solchen hohen und deutlichen Landes-Ordnungen entgegen, das in der Matricul bestimmte Meßkorn in gehaufter Maasse zu behaupten, etwas mehr als eine nähere Bescheinigung, was der Herr Appellat während seines Amtes, ohne der Herrschaft Wissen und Willen von blossen Pächtern und Bauern, halb oder ganz, theils mit gutem, theils wider Willen einzuführen und beyzutreiben gewußt, erfordert werde. Gestalt dann

1) ich

1) ich schon beym K. Consistorio auf mein Gewissen versichert habe, daß mir von solcher, abseiten des Herrn Appellaten vorgegebenen Observanz nichts bewußt sey, welches so viel leichter Glauben verdienen wird, da laut Documenti sub A. meine Toitzer Bauern auf ihren Eyd zu nehmen bereit sind, daß sie dem Herrn Appellaten die Scheffel nimmer gehaufet, Er auch solches nicht verlanget, sondern mit dem, was sie ihm gegeben, ohne es nachzumessen, gerne zufrieden gewesen, wiewohl sie ihm, als ihrem Prediger, auch nicht eben so recht schlecht gemessen; also die gute, wiewohl ohne Benennung von gehäufter Maasse, ja ohne Nachmessung von den Bauren geschehene Ablieferung des Meßkorns wohl unmöglich anders als actus mere gratuiti consideriret werden können;

conf. cit. tract. de lib. eccelf. c. 4. §. 6. limit. 1.

Imgleichen

2) Der Herr Cornet Richter, welcher während des Herrn Appellaten ganzen Amtsverwaltung und schon vor seiner Zeit mein Gut Toitz in Pacht gehabt, und mit dem Herrn Appellaten in guter Freund- und Gevatterschaft gelebet, nimmer wird darthun können, daß er mir jemals von dem Scheffelmaasse, worin er dem Herrn Appellaten sein Meßkorn geliefert,

fert, die geringste Anzeige gethan, und ich daher um so viel weniger auf die Vermuthung eines gehauften Scheffels verfallen können, als ich bey angestelter Erkundigung bey dem Demmischen Magistrat laut Anlage *B.* erfahren, daß bey allen ihren Patronat-Kirchen und Capellen kein einziger Hof dem Pastori das in dem sub. C. beygeführten Extractu des W. Kirchen-Visitations-Recessus vom Jahr 1583. specificirte Meßkorn anders als in gestrichener Maasse liefere; De similibus autem idem iudicium esse debet; *Mev.* P. 7. D. 253. n. 10.

Mithin ich nicht begreife, wie der Herr Cornet R. dazu gekommen, von meinem Hofe ihm, an statt gehaufter Maasse, einen Scheffel mehr zu geben; wenigstens

3) solcher Accord wegen des 11ten Scheffels (darüber es wohl eines bessern Beweises, als durch des Herrn Gevatters, Cornet R. vorgegebenes Hörsagen bedürfen mögte,) von mir, der ich erst im Jahr 1732. Eigenthümer des Gutes T. geworden, und bis 1750., da sich des Herrn Cornet R. *Arrheude* dorten geendiget, laut Beylage D. noch keine eigene Wirthschaft dorten gehabt, — nicht gemacht worden; indessen doch auch

4) Bey der Praescription unkörperlicher Dinge vor allen Dingen die Scientia et patientia domini

mini nöthig ist; *Lyncker* Resp. 113. n. 30. und

5) eine solche Anmassung wider eine deutliche Ordnung und Vorschrift, wenn gleich der Herr Appellat sich seit dem Anfange seines Amtes quovis modo in die Possession der gehauften Maasse setzen wollen, zu keiner legalen Possession werden können;

Quoniam infecta censenda est possessio, quam quis contra statutum occupat;

Lyncker Resp. 130. n. 11.

angesehen bey dergleichen Anmassung der mala fides gar zu klar zu Tage liegen würde, worauf ob vitium initii zu keinen Zeiten eine Praescription Fuß fassen kann;

Vis enim immemorialis possessionis in nudâ praesumtione iusti initii consistit;

*Idem* Resp. 2. n. 186.

Ast praesumtione iuris nemo fruitur, cui ipsum ius resistit; l. c. n. 209. et 217.

Ja, wenn sich auch

6) der Herr Cornet R. durch ein ungegründetes Vorgeben eines wegen des 11ten Scheffels getroffenen pacti verleiten lassen, zu glauben,

ben, daß solcher 11ter Scheffel als eine schuldige Uebermaasse müsse geliefert werden, solches doch als ein actus ignorantiae vel errore factus, sicque involuntarius, nec ius nec consüetudinem induciren;

*Lauterb.* Coll. Th. pr. D. tit. de LL. §. 37.
*Böhmer* I. E. Prot. L. 1. T. 4. de consuetud. §. 44.

am allerwenigsten aber dem domino fundi, ohne dessen Wissen und Willen der Pächter hierin verfahren, würde präiudiciren können;

Und da dann aus obigen hoffentlich zur Gnüge erhellen wird, wie wenig Grund die gegenseitige Klage, — in der bloß auf des Herrn Appellaten Amts-Zeit limitirten Perception von Bauern und Verwaltern, ohne der Grundherrschaft Wissen und Willen, zu einer wider vielfältige Landes-Gesetze und in specie wider eine deutliche Matricul praetendirten Extension des Meßkorns auf gehaufte Maasse, — finden könne; besonders da die Bauern an Eydesstatt bekennen, und mit einem körperlichen Eyde zu erhärten bereit sind, daß niemals eine gehaufte Scheffelmaasse von ihnen verlanget, noch nach einem gehauften Scheffel von ihnen geliefert, sondern was sie aus Liebe und Respect gegen ihren Herrn Pastor, eben nicht in gar zu kärglicher Maasse geliefert, ohne

Nachmes-

Nachmessung von ihnen angenommen worden, und nicht abzusehen, was den Pächter des Guts bewogen, wider den Gebrauch aller und jeder zu dem Woteniker Kirchspiel gehörigen Güter, das Meßkorn vom Hofe in gehaufter Maasse zu liefern, fals solches nicht aus blosser gevatterlicher Freundschaft und daß der Herr Appellat ihm dagegen mit Gelde und sonsten in andern Fällen wieder gedienet, geschehen, sonsten es doch wohl seine Schuldigkeit gewesen wäre, sich der Sachen, und in specie des angeblichen Pacti halber besser zu erkundigen,

nach demmalen

> ubi de titulo invalido apparet, ibi ne quidem immemorialis praescriptio profuit. *Brunneman* Consil. 129. n. 333.

und solches alles wohl unmöglich für die in dem Visitations Recels über die Königl. Consistorial-Instruction erforderte beständige unwidersprechliche und klare Observance, welche allein in der Extension des Meßkorns auf gehaufte Maasse contra matriculam validiren soll, angenommen werden kann, besonders da die Grundherrschaft von allem nichts erfahren.

So gelanget an Ew. Königl. Majestät hiedurch meine allerunterthänigste Bitte, visis actis in Rechten zu erkennen und auszusprechen:

chen: daß übel gesprochen und wohl appelliret, auch die sententia a qua wieder aufzuheben und Herr Kläger, welcher den vermeintlichen Grund seiner ganz unwahrscheinlichen Klage mit nichts bescheiniget, und mich nur bloß auf Rechnung meiner Capellen-Mittel, beständig zu exagiriren intendiret, zur unverrückten Gelebung der Matricul ein für allemal anzuweisen, auch mir die durch diesen Proceß verursachte Unkosten zu erstatten schuldig sey. Worin ich sub imploratione humillima mich keiner Fehlbitte versehe und in getreuester Devotion ersterbe

Ew Königl. Majestät

allerunterthänigster

*B.*

Rubric:

Allerunterthänigster Appellations-Libell mit Beylage B. 2c.

in Sachen 2c.

in pcto.

des Meß-Korns.

## VI.

Prod. Wismar den 4. Januar 1747.

Titel des K. h. Tribunals.

Ew K. Majestät danken wir zuförderst allerunterthänigst für die am 2. December v. J. uns gnädigst

gnädigst verwilligte Befristung. Und wie wir nunmehr nicht verfehlen, vor Ablauf derselben, unsere Beschwerde zu rechtfertigen, so wird auch die richtige Beobachtung der Formalien sich von selbst ergeben.

Die Gelegenheit, welche unsre Beschwerde veranlasset hat, ist folgende. Es ist nehmlich die Dienstmagd eines hiesigen Bürgers von einer Dienstmagd der verwittweten Praepositin Wackenrodern auf öffentlichem Stadtfelde erbärmlich zerschlagen worden. Erstere hat darüber beym hiesigen Stadt-Gericht Klage geführet, und da dieses die Dienstmagd der Frau Praepositin vor Gericht fordern lassen, so ist dieselbe auf Veranlassung des H. Praepositi Willich ausgeblieben. Der hiesige Stadt-Richter hat sich deshalb an die Behörde gewandt. Worauf endlich nach abgestatteten Bericht des H. Praepositi W. und des Hn. Amtmanns von Völschow am 14. Sept. v. J. das Decretum a quo abschläglich erfolget ist; wovon wir, nachdem es uns zur Wissenschaft gebracht, da es den Gerechtsamen der Stadt nur nachtheilig befunden werden wird, an Ew. K. Majestät querulando uns zu berufen, gemüssiget gefunden.

Unsere Beschwerde besteht nun darin:

„Daß die Gerichtsbarkeit der Stadt im vorliegenden Fall ungegründet befunden, und solche dem Königl. Amt beygeleget worden."

Zur

Zur Rechtfertigung der Beschwerde wird hoffentlich hinreichen, wenn wir zwar dahin gestellet seyn lassen, warum dem K. Amt eher, als allenfals dem K. Consistorium die Jurisdiction beygeleget worden, jedoch dagegen für uns anzuführen haben, daß dieser Rechtsstreit, als eine blosse privat und Injurien-Sache unter Personen, welche von der Jurisdiction der ordentlichen Obrigkeit nicht befreiet sind, nichts bey sich führet, welches vermögend seyn könnte, solche dem ordentlichen Gerichtszwange zu entnehmen. Ueberdies werden die deutlichsten Gesetz-Stellen hiesiger Landes-Ordnungen, als der Kirchen-Ordnung S. 35. und der Consistorial-Instruction P. 2. §. 14., nach welchen das Gesinde der Prediger, folglich auch der Prediger-Wittwen, den ordentlichen Gerichten und Rechten unterworfen bleibet, ihre Anwendung um so mehr finden, als ohnehin die hiesige Stadt sich in der Ausübung und im Besitz der Jurisdiction über Prediger-Gesinde befindet. Wir beweisen letzteres unter andern mit einem im Jahr 1725. sich zugetragenen Vorfall, da sogar auf geschehene Denunciation des Hrn. Praepositi ein bey demselben dienendes Mädchen, wegen Ehebruchs, in Inquisition gezogen, und abgeurthelt worden, als welches der Länge nach aus den sub B. beygefügten Original-Acten mit mehreren erhellet. Wir werden hiebey ferner auch die Meinung der bewährtesten Rechtslehrer zur Seite haben, welche dafür halten, daß nicht einmal nach Canonischen Rechte das Prediger Gesinde die den

Predigere zustehende Befreiung von der weltlichen und ordentlichen Jurisdiction zu geniessen haben, zumal Dienstbothen einem Prediger nicht in Rücksicht seines geistlichen Amts, sondern demselben blos als einem Hausvater, Dienste leisten. *Eckard* ad Schilter. Lib. 1. Tit. 18. §. 8. n. 6. sq.

So überzeugend hiedurch die Gerechtigkeit unsrer Beschwerde hervorgehet, so ungegründet wird dagegen die Behauptung der Hn. Querulanten erfunden werden, wenn sie vorgeben wollen, daß die angeführten gesetzlichen Verfügungen uns deshalb nicht zustatten kommen dürften, weil wir nicht Patronen der hiesigen Kirche wären, dieser Qualität aber in der angeführten Consistorial-Instruction gedacht werde; zu welchem Ende man sich auch auf den §. 17. P. 2. der Consistorial-Instruction berufen.

Denn so ist das Patronats-Recht eine solche Prärogativ, welche weder aus der Jurisdiction fliesset, noch solche zur Folge hat. Danächst ist der ordentlichen Obrigkeit nicht deshalb, weil sie das Patronat-Recht hat, sondern blos deshalb, weil sie Obrigkeit ist, die Jurisdiction über die Dienstbothen der Prediger beygeleget worden. So wie denn auch die ordentliche Gerichtsbarkeit denjenigen Orts-Obrigkeiten, welche das Patronat-Recht nicht haben, nirgens abgesprochen ist. Eben so ist es ferner in facto gewiß, daß der Hr. Praepositus qua talis, und der Hr. Amtmann, als Amtmann, in dieser landsässigen Stadt, überall keine

Gerichts=Gewalt auszuüben haben. Bey diesen Umständen mag also dasjenige, was von den Patronen in der Consistorial=Instruction verfüget worden, nicht anders, als positis terminis habilibus und von solchen Patronen angenommen werden, welche zugleich Jurisdictionem loci ordinariam auszuüben haben. Woher sich auch der Unterschied, in Ansehung dessen, was bey andern Land=Pfarren Königl. Patronats beobachtet wird, veroffenbaret, indem daselbst der Königl. Amtmann die Jurisdiction exerciret, nicht, weil er die vices summi patroni wahrzunehmen hat, sondern weil ihm zugleich die Jurisdictio loci anvertrauet ist. Der §. 17. P. 2. der Consistorial=Instruction aber, welcher nicht von den Dienstbothen der Prediger handelt, wird wohl ausser Anwendung bleiben. Und wie übrigens der Kirche und dem Amte in hiesiger Stadt gar keine Gerichts=Gewalt anvertrauet ist, so werden auch selbige sich hieselbst keine Jurisdiction über das Gesinde der Prediger und Prediger=Wittwen, gegen die klare Vorschrift der angeführten Gesetze, anmaassen dürfen.

Wir verhoffen hiedurch unsere Beschwerde gerechtfertiget zu haben. Ew. Königl. Majestät bitten wir daher unterthänigst, unsere Beschwerde als in formalibus richtig, und in materialibus erheblich anzunehmen; und dieserhalb dem Judicio a quo die Aufhebung derselben, vermittelst eines Rescripts gerechtest aufzugeben, oder aber, bey einem deshalb wider Verhoffen sich findenden Bedenken, Acta von demsel=

demselben zu fordern, und nach Einsicht derselben zu erkennen:

Daß das Decretum a quo wieder aufzuheben, und wir, so wie in diesem Fall, also auch überhaupt, bey der possessione et exercitio Jurisdictionis über das Gesinde der Prediger und Prediger-Wittwen zu schützen und dabey zu lassen.

Wir imploriren hierüber submissest und ersterben in tiefster Devotion

Ew. Königl. Majestät

allerunterthänigste

Burgermeistere und Rath der Stadt L.

Rubric:

Libellus appellationis et querelae, nebst Anlage B.

in Sachen

BM. und Rath der Stadt L. Appellanten und Querulanten.

wider

den Hrn. Praepositum W. und den Hrn. Amtmann v. V. Appellaten und Querulaten

wegen

streitig gemachter Jurisdiction.

*Sententia*: „daß das Decretum a quo vom 14. Sept. 1746. wieder aufzuheben."

## VII.

*Copia compulsorialium et inhibitionis*, an das Königl. Hofgericht in Greifswald, in Sachen des Marggräflich-Bayreutschen Cammerherrn A. E. F. von F. Appellanten, wider den Major Baron C. P. von B. Appellaten.

| | | | |
|---|---|---|---|
| | = | = 1 Thlr. | |
| ch.sig. | = | = 8. ß. | |
| Canzley Gebühr | 1 | = 24. | |
| | | | 2. 32. |
| An den K. Trib. Bothen: | | | |
| Reise Gebühr = | 4 | = 40. | |
| pro docum. insin. | = | = 12. | |
| pro copia compulf. | = | = = 12. | |
| | | | 5. 16. |
| An die Canzley des K. Hofgerichts: | | Rthlr. 8. | = |
| Transmissions-Gebühren. | = | = 3. | 24. |
| Staat der Abschrifts Gebühren, ein Vergleichs-Quantum von | = | = 3. | 24. |
| | | Rthlr. 15. | = |

Wir

Wir Gustaf von Gottes Gnaden der Schweden, Gothen und Wenden König ꝛc. ꝛc. Erbe zu Norwegen, Herzog zu Schleswig-Hollstein, Stormarn und der Dittmarßen, Graf zu Oldenburg und Delmenhorst ꝛc. ꝛc.

Entbieten den Edlen, Vesten und Hochgelahrten, Unsern besonders lieben Getreuen, bey Unserm Pommerschen Hofgericht zu Greifswald verordneten Directori und Räthen, Unsern gnädigsten Gruß, nebst Vermelden, daß der Marggräflich Anspach-Bayreutsche Cammer-Herr Adam Ernst Friedrich von F. von den, am 5ten September und 28. November v. J. in puncto reluitionis der Güter T. und G. bey Euch wider ihn und für den Major Baron Carl Philip von B. ergangenen Aussprüchen, an Uns und Unser hohes Tribunal und Oberappellations-Gericht zu Wismar, Inhalts des darüber aufgerichteten und eingebrachten offenen Instruments sich berufen und appelliret, und dadurch sich beschweret gefunden:

1) Daß der *processus mandatorum* für eintretend angesehen, da solches doch in gegenwärtigem Falle sowohl dem Reichstags-Abschiede von 1654. §. 79. als Unserer Tribunals-Ordnung P. 2. Tit. 6. §. 10. und Tit. 5. §. 1. und 3. auch Unserer in gleicher Maasse disponirenden Hofgerichts-Ordnung zuwider, maassen der vorliegende Rechtsstreit, klar und unzweifelhaft wäre; indem

dem nicht sowohl über die Reluition und Liquidation der Allodial-Ansprüche, als vielmehr über das *Jus reluendi* selbst annoch gestritten werde.

II) Daß der Appellat schon jetzt überhaupt zur Reluition befugt gehalten worden, weswegen sich Appellant auf die in erster Instanz ausgeführten Gründe berufen, und solche aus den vorigen Acten wiederhohlet;

III) Daß nicht nur das Gut *T.* sondern auch das Gut G. ohne alle Ausnahme, der Reluition unterzogen werden wollen, da doch solches selbst mit der dem Appellaten ertheilten Königl. Lehns-Concession nicht zu vereinigen stehe, auch das Gut G. in Ansehung der 7 von B. Ischen, 8 von W. Tschen, und 2 von W. Kschen, von den verschiedenen, nach einander gefolgten Besitzern, und zuletzt von der von Sschen Familie, titulo pignoratitio besessen sey, danächst aber in Rücksicht der 8 von W. Kschen Höfen die von S. solche jure dominii proprio et sub nexu feudali inne gehabt hätten:

IV) Daß Appellant schuldig erkannt sey, alle zum Lehn gehörige Urkunden, Briefschaften, und Nachrichten von den darauf haftenden Schulden zu ediren; da er doch als Beklagter, bekannten Rechten nach, ad editionem instrumentorum nicht verbunden erachtet werden könne; Appellat selbst auch solche in Actis nicht einmal begehret,

begehret, sondern seinen Antrag nur auf die Einreichung einer Designation der Schulden des letzten Lehns-Mannes gerichtet habe, welche aber auch von ihm deswegen nicht zu verlangen sey, weil solche den Gegner zur Zeit auf keine Weise interessiren, noch weniger je die Norm der Reluition bestimmen können;

V) Daß Appellant in die bisherigen Kosten verurtheilet worden, da doch solches bey dem Condemnato allemal einen pruritum litigandi voraussetze, dessen Gegentheil aber klärlich aus den Acten erschienen; auch aus den vorhin bey den einzelnen Beschwerden vorgetragenen Gründen erhellen werde; endlich

VI) daß er und sein unterschriebener Sachwald jeder in eine fiscalische Strafe von 25. Rthlr vertheilet worden, ob gleich beyde von jeder Veranlassung zu dieser harten Beahndung frey zu seyn behaupten, und besonders ersterer versichert, daß, wenn vielleicht durch eine unanständige Schreibart solche veranlasset worden, er daran nicht den mindesten Antheil nehme, indem er seinem Sachwalde überhaupt die Vertheidigung seiner Gerechtsame zwar anvertrauet, aber seine schriftlichen Vorträge nie zuvor nachlese, sondern es ihm lediglich überlasse, wie er solche einzukleiden nöthig finde; letzterer aber blos auf ante acta provociret, und sich versichert halte, daß darin von ihm kein unanständiger und den richterlichen Respect beleidigender Ausdruck zu finden seyn werde.

Wann nun Appellant zugleich zu Erlangung der Gerichts-Acten in ermeldeter Sache, so vor Unserm Hofgericht verübet und ergangen, deren er zur Vollführung solcher Sache benöthiget, um Unsere Königliche Compulsoriales an Euch, wie auch um Inhibition, damit bis zum Austrag der Sache in Ruhe gestanden, und er nicht ferner beschweret werde, unterthänigst anrufen und bitten lassen; diese Appellation denn auch von Uns bey gemeldeten Unserm Königlichen hohen Tribunal angenommen und zur Ausführung veranlasset, dabey das Suchen nicht unziemlich, als sind ihm diese Compulsoriales zu Einsendung der Original-Acten, nebst der Inhibition erkannt.

Wir gebieten Euch darauf aus zustehender Königl. Macht, auch Gerichts und Rechtswegen ernstlich, und bey Poen zehn Mark löthigen Goldes *a*), wollend, daß ihr in 4 Wochen, nach Einlieferung dieses Unsers Königl. Briefes, dem Appellanten oder seinem Machtbothen, auf sein Ansuchen gegen ziemliche Gebühr *b*), alle und jede Acta

a) Eine Mark löthigen Goldes pflegt zu 72. Goldgulden geschätzt zu werden. Ein Goldgulden beträgt in Silbergelde, so nach dem Leipziger Fuß ausgeprägt ist, 1 Rthlr. 45 ßl. Eine Mark löthigen Goldes würde also hiernach 139 Rthlr. 24 ßl. betragen. Die 10 Mark löthigen Goldes würden also 1402. Rthlr. ausmachen.

b) D. h. gegen Erlegung des 4ten Theils der sonst an die Canzley zu erlegenden Abschrifts-Gebühren; (Hofger.

Acta und Handlungen, in dieser Sache ergangen, *in origine*, *cum rationibus decidendi*, unter Unsers Hofgerichts Insigel verschlossen, herausgeben und folgen lasset; ihn auch hierin nicht aufhaltet, oder verziehet, damit er an Vollführung der Sache nicht verhindert werde, noch Wir mit andern Verordnungen zu verfahren nöthig haben. Imgleichen ist aus obgedachter Unserer Königl. Macht, Unsere ernste Meinung und Befehl, bey Vermeidung der in Rechten und Unserer Appellations-Gerichts-Ordnung begriffenen Strafe, daß Ihr in obberegter Sache, alldieweil dieselbe vor Uns, und Unserm hohen Appellations-Gerichte unentschieden hanget, oder deroselben zubehörigen Sachen, dem Appellanten zu Nachtheil und Praejudiz, und Unsers Königl. Obergerichts-Gewalts-Verachtung ferner nicht verfahret, handelt, oder vornehmet, durch Euch selbst oder andere, in keinerley Weise und Wege. Solte dagegen etwas ergehen, oder vorgenommen werden, würde solches alles, als Attentata, und von ihm selbst untüchtig nachmals wieder aufgehoben und in Erkennung der rechtlichen Poen und sonst ferner in Rechten procediret werden, wie sich nach seiner Ordnung gebühret.



(Hofger. Ordn. 3. 4. §. 7. *ibiq. Recess.* §. III.) den ordnungsmässig geschriebenen Bogen zu 3 ßl. gerechnet. Wären also die Original-Acten 64 Bogen stark; so wären die Abschrifts-Gebühren 4 thlr. und die Canzley würde 1 thlr. erhalten — Nicht beschriebene Blätter werden, wie sich versteht, nicht mit gezählet.

ret. Darnach Ihr Euch richten werdet. Gegeben beym Königl. hohen Tribunal in Unserer Stadt Wismar, unter des Gerichts Secret, den 26sten May 1788.

Ad Mandatum. etc.

(LS.) *F. P. von Breitenstern.* Vice Praeses.

*C. H. Gröning.*

*S. R. Trib.* Protonotarius.

Gehorsamstes Gesuch um Ansetzung eines Termins zur Praestation der Appellations-Solennien, abseiten des Cammerherrn von F. Appellanten, wider den Hrn. Obristlieutenant Baron C. P. von B. Appellaten, in pcto Reluition der Güter T. und G. cum pertinentiis.

*Tit.* des Königl. Hofgerichts.

Nachdem das Königl. hohe Tribunal auf meine dorthin eingewandte Appellation, die völligen Processe zu erkennen, geruhet hat, die ergangenen Compulsorialen und Inhibitorialen auch ohnlängst einem Königl. h. Hofgericht durch den Tribunal-Bothen behändiget worden; So verfehle ich nicht, mich zur Praestation der Appellations-Solennien mich hiemit gebührend zu offeriren, und ein K. h. Hofgericht gehorsamst zu ersuchen,

in

in solcher Absicht einen Termin anzusetzen, und den H. Appellaten dazu ad videndum praestari vorzuladen, hienächst aber Acta originalia gegen Erlegung der Transmissions-Kosten sowohl, als auch gegen die in den Compulsorialen bestimmte ziemliche Gebühr, als weshalb ich mich mit der Canzley abfinden werde, dem Königl. hohen Tribunal einzusenden.

Mit der vollkommensten Hochachtung habe ich die Ehre zu beharren

Eines K. h. Hofgerichts

gehorsamster

*von F.*

Gustav *R. S.*

Wir ꝛc. ꝛc.

Wann nun hierauf terminus ad praestandum solennia appellationis auf den 26. August Monaths angesetzet worden; Als laden, Kr. tr. A. Wir denselben hiemit in praefixo Morgens um 10 Uhr vor dem K. Hofgericht ad videndum praestari solennia sich sub poena contumaciae einzufinden. Datum Greifswald den 3. Jul. 1788.

12
6
4
6
——— 28½

5. pro copia et insinuatione, facta d. 8. ej.

*Caution.*

*Caution.*

Ich Endes Unterschriebener A. E. F. von F. urkunde und bekenne hiemit für mich, meine Erben und Erbnehmer: Demnach ich von den in Sachen meiner, wider den Hrn. Obristlieutenant Baron C. P. von B. in puncto reluitionis der Güter T. und G. cum pertinentiis unterm 5. Sept. und 28. Nov. v. J. bey dem K. h. Hofgericht in Greifswald ergangenen Erkenntnisse an das K. h. Tribunal zu appelliren mich genöthiget gesehen habe; allerhöchst daselbst auch unterm 26. May d. J. die völligen Appellations = Processe erkannt worden, und dann nach Vorschrift der Königl. Hofgerichts-Ordnung P. 3. Tit. 4. §. 5. ich verbunden bin, dem eben gedachten Hrn. Obristlieutenant Baron von B. als Appellaten, die ordnungsmäßige Caution wegen aller Schäden und Kosten zu bestellen; Solchemnach gelobe ich hiemit: daß, im Fall ich in Rechten verlustig werden solte, ich dem Hrn. Obristlieutenant Baron Carl Philip von B. alle Schäden und Kosten, nach rechtlicher Ermässigung, sammt demjenigen, was in der Hauptsache erkannt werden dürfte, entrichten wolle; in welcher Hinsicht und zu dessen Sicherheit ich ihm alle meine Habe und Güter, so viel dazu vonnöthen ist, hiemit zu einem wahren und sichern Unterpfande einsetze, um sich daraus nach eigenem Belieben bezahlt machen zu können; weshalb ich mich denn aller hiegegen mir etwa zu statten kommenden Einreden, sie mögen Namen haben, wie sie wollen, ausdrücklich und wohlbedächtig begebe. Zu Urkund dessen

habe

habe ich diese Cautions-Notul eigenhändig unterschrieben, und besiegelt. So geschehen ꝛc.

## Specielle Vollmacht, zur Abstattung des Appellations-Eydes.

Ich Endes Unterschriebener A. E. F. von F. bekenne hiemit für mich und meine Erben: demnach ich in Sachen meiner, Appellanten, wider den Hrn. Obristlieutenant Baron C. P. von B., Appellaten, in pcto reluitionis etc. den gewöhnlichen Appellations-Eyd abzustatten schuldig, jedoch solchen wegen meiner Entfernung, in Person abzuleisten behindert bin; Solchemnach habe ich meinen ad acta bestellten Hn. Procurator Carl Bützow hiemit specialiter bevollmächtigen wollen, daß er den nach der Königl. Hofgerichts-Ordnung P. 3. Tit. 4 §. 4. vorgeschriebenen Appellations-Eyd,

> wie ich nemlich gänzlich glaube und dafür halte, daß mir Appellirens Noth sey, und daß ich solche Appellation nicht freventlich, noch zu Aufhalt- oder Verlängerung der Sache ergreife,

an meiner Statt ablege; und soll dieser, von meinem Hn. Procurator in meinem Namen geleistete Appellations-Eyd nicht anders, als wie von mir selbst persönlich abgelegt, geachtet werden.

Urkundlich habe ich diese specielle Vollmacht eigenhändig unterschrieben und besiegelt. So geschehen ꝛc.

VIII.

## VIII.

## Gewöhnliche Querel-Processe, nebst Citation.

Gustav rc. rc.

Wir verhalten Euch hiemit nicht, wasgestalt bey U. h. Tribunal BM. und Rath der Stadt L. von einer den 21. Jan. d. J. bey Euch, wider sie und für den H. und P. Dom. P. in pcto — abgesprochenen Urthel, als dadurch merklich beschweret, mittelst eingewandter Appellation, Querelam nullitatis eingeführet und um rechtliche Aenderung sothaner Erkenntniß unterthänigst gebeten, wie aus beygefügter Abschrift mit mehrerm zu ersehen.

Wann nun darauf gestalten Umständen nach, gewöhnliche Querel-Processe, mithin folgendes Rescript an Euch erkannt worden: Als befehlen wir Euch hiemit gnädigst, die in dieser Sache vor Euch verhandelten Acten in origine mit den Entscheidungs-Gründen Unserm h. Tribunal fordersamst verschlossen einzusenden, damit darauf ferner ergehen könne, was sich zu Recht gebühret. Vollbringet rc. Gegeben beym Königl. hohen Tribunal in Unsrer Stadt Wismar den 1. September 1784.

Ad mandatum etc.

A. de Balthasar, Vice Praeses.

In

*In dorso:*

Copia processus querelae an das K. Hofgericht in Greifswald, in Sachen ꝛc.

| | | | | |
|---|---|---|---|---|
| | — | — | 1 Rthlr. | |
| Stempelbogen | — | — | 8 ſ. | |
| Canzley-Gebühr | 1 | — | 30 | |
| | | | | 2 thlr. 38. |
| An den Tribunals-Bothen | | | | |
| Reisegebühr | 4 | — | 8 — | |
| Für das Document. | | | | |
| insinuat. | — | — | 12 — | |
| — Copey. | — | — | 4 — | |
| | | | | 4 — 24 |
| | | | | 7thlr. 14 ſ. |

Greifswald den 3. Oct. 1784. Bezahlt erhalten.
C. *H. Siegmund.* K. H. Trib. Bothe.

## Gustav ꝛc. ꝛc.

Wir verhalten Euch hiedurch nicht, wasgestallt BM. und R. der Stadt L. von der den 21 Jan. d. J. — in pcto. — abgesprochenen Urthel — an Uns und Unser H. Tribunal hieselbst sich berufen und appelliret, solche Appellation aber in forma querelae nullitatis eingeführet und um rechtliche Aenderung sothaner Erkenntniß gebeten.

Wann Wir nun ꝛc. und daher gewöhnliche processus querelae, mithin folgende Ladung an Euch erkannt worden; Als heischen und laden Wir Euch aus zustehender Königl. Macht, wie auch von Gerichts

Gerichts und Rechtswegen, und gebieten, daß Ihr nächst kommenden Rechtstag, als den 18. Oct. d. J., Morgends um 10 Uhr, entweder selbst, oder durch einen bevollmächtigten Anwald, vor U. H. Tribunal erscheinet, den Appellanten oder ihrem Anwalde auf sein Anbringen und Suchen, wie recht, antwortet, auch bis zur Urthel, die Sache abwartet, mit der Verwarnung, Ihr erscheinet alsdann, oder nicht, daß nichts desto minder auf der Appellanten Erscheinen und Anhalten, was Recht, erkannt und vorgenommen werden solle. Gegeben 2c. den 1. Sept. 84.

Ad Mandatum etc.

*A. de Balthasar*, Vice-Praeses.

*In dorso:*

Copia citationis an den Hn. und Proc. Doman. in Sachen 2c.

| | | |
|---|---|---|
| — — — | 1 Rthlr. | |
| charta sigillata | — — 8. s. | |
| Canzley-Gebühr. | — — 24. — | |
| | | 1 Rthlr. 32. |
| An den Tribunal-Bothen | | |
| Reise-Gebühr. | 1 — 24. — | |
| Für d. document. insinuat. — | — — 12. — | |
| — d. Copey. — | — — 4. — | |
| | | 1 Rthlr. 40. |
| | | 3 Rthlr. 24. s. |

Bezahlt erhalten. *C. H. Siegismund*, K. h. Trib. Bothe.

Auf

Auf BM. und R. der Stadt L. — wider — in peto. — den 4. d. M. überreichtes Rescript des K. h. Tribunals vom 1. Sept. d. J., ergehet zum Bescheide:

Wenn Appellanten zuvörderst die Transmissions-Kosten werden beygebracht haben; so sollen Acta dem K. h. Tribunal eingesandt werden. Decretum Greifswald den 5. Oct. 1784.

Königl. Hofgericht hieselbst.

## IX.

*Tit. S. R. Trib.*

Der Herr S. hat von den sub A. et B. allersubmissest in origine angelegten und bereits am 20sten April d. J. bey Ew. Königl. Majestät hochlöbl. Hofgerichte publicirten Erkenntnissen die Appellation an Ew. Königl. Majestät ergriffen, und unterm 31. May d. J. wie auch fernerhin zur Einbringung des Libelli gravaminum Prorogation gesucht.

Ew. Königl. Majestät geruhen daher in Gnaden zu gestatten, daß ich in tiefster Unterthänigkeit die wahre Beschaffenheit des gegenwärtigen Rechtsstreits vorstellig machen und daraus die Frivolität der Appellation zeigen darf.

Mein verstorbener Ehemann kam, testantibus actis, als ein armer Apotheker-Gesell hieher, und kaufte hierauf die hiesige Apothek für 1400 Rthlr., ohne einen Schilling dazu zu haben.

Er erhielte indessen 1) von seinem Bruder, bey welchem er sich hier aufhielte, — — — — 400 Rthlr. und 2) von dem Herrn Appellanten, 300 Rthlr. angeliehen.

Diese — — — 700 Rthlr. bezahlte er dem Verkäufer laut Quitung, so unter dem ad acta befindlichen Kauf-Contract vom 5. Februar 1770. befindlich, und blieb 3) gedachtem Verkäufer 700 Rthlr. schuldig. Diese Schuld von 1400 Rthlr. konnte er in den festgesetzten Terminen nicht bezahlen, und das kleine baufällige Haus, so ihm zum Erstaunen zu 1000 Rthlr und die unbedeutende schlechte Apothek, so ihm zu 400 Rthlr angerechnet worden waren, nicht halb so viel wehrt, und zwey Jahre vorher, von dem vorigen Apotheker für 400 Rthlr. angekauft worden, wie der Kaufbrief nachweiset.

Des Defuncti Bruder und der Verkäufer klagten wegen ihren Forderungen von 400 und respective 700 zusammen 1100 Rthlr. und nachdem der debitor, testantibus actis, mittelst Ersetzung der Kosten, auch in allerhöchster Instanz pure condemniret worden war, ward eine Behandlung mit den B. Creditoren getroffen. Der Herr Appellant war der

der jüngste creditor, und würde, bey nicht getrof=fenem Accord, nichts erhalten haben.

Diese 3 Vergleiche vom 7. Sept. 1772. befinden sich ad acta, und nach solchen solte der debitor

| | | | |
|---|---|---|---|
| 1) für die Forderung von 700. | | — | 600 Rthlr. |
| 2 für seines Bruders Forderung von | — 400. | — | 300. — |
| 3) für die appellantische Forderung von | — 300. | — | 200. — |
| | | Summa | 1100 Rthlr. |

bezahlen. Baares Geld hatte aber der Debitor nicht, und das Haus mit der Apothek war so viel nicht wehrt; zumahl sich denn auch kein Apotheker, hier an diesem kleinen nahrlosen Orte ernähren kann, besonders wenn er, so wie der debitor, von allen Mitteln gänzlich entblösset ist.

Durch den Schwiegersohn des Herrn Appellanten, den Barbierer C. ward ich als eine Vater und Mutter lose Wayse in die Schlinge gezogen, und die 3 Vergleiche waren in Hofnung, daß die Heyrath zu stande kommen würde, geschlossen worden.

Die 3 pacta remissoria wurden von meinem Vormunde ausgefertiget, die Heyrath ging vor sich und das Accords - Quantum von 1100 Rthlr. ward hierauf mit meinem Gelde baar bezahlt und völlig getilget.

Allein einige Jahre nach dieser Heyrath erhielte mein verstorbener Mann, laut Wechsel vom 9. October 1774, von dem Herrn Appellanten 100 Rthlr. in Louisd'or geliehen. Diese Schuld ist auch, so wie die übrigen an andere Creditores rückständige Schuld-Posten in dem Hauptbuch des Defuncti verzeichnet. Mein Mann starb hierauf an einer auszehrenden Krankheit und nun forderte der Herr Appellant von mir, anstatt der dem Defuncto am 9. October 1774. geliehenen 100 Rthlr., zum Erstaunen, 200 Rthlr. in Louisd'or. Diese übertriebene Fordrung ist es nun, welche zu dem gegenwärtigen Rechtsstreit Gelegenheit gegeben.

Denn nach dem Hauptbuche des Defuncti, ist der defunctus dem Herrn Appellanten nicht mehr, als laut Wechsel vom 9. October 1774, ein hundert Rthlr. schuldig.

Der Herr Appellant gestand mir indessen selber, unter 4 Augen, in meiner Behausung, daß er dem Defuncto im Jahr 1774. nicht mehr als die gedachten 100 Rthlr. angeliehen habe; er gestand dabey, daß der zweyte Posten von 100 Rthlr. noch aus dem alten Wechsel von 1770. herrühre, und daß er, weil er bey dem Accord, anstatt 300 Rthlr., nur 200 Rthlr. erhalten, noch 100 Rthlr. zu gute behalten, und daß ihm deshalb der Defunctus bey der am 9. October 1774. geschehenen Anleihe noch einen zweyten Wechsel auf 100 Rthlr. ausgestellet und auf den 14. Martii 1774. zurück datiret hätte.

Dieses

Dieses Geständniß überzeugte mich völlig von dem Ungrund der appellantischen Forderung. Citra praeiudicium und aus Liebe zum Frieden offerirte ich daher demselben die Bezahlung des Wechsels vom 9. October 1774., wenn er den nach seinem eigenen Geständnisse unrichtigen und zum Schein auf den 14. Maii 1774. zurück datirten, auch von mir nicht unterschriebenen Wechsel schwinden lassen wolte.

Daß ich diese Offerte würklich gemacht habe, ist gleichfals Actenkundig.

Der Herr Appellant nahm diese Offerte nicht an, und klagte gegen mich unschuldige Wittwe auf 200 Rthlr. in Louisd'or.

Das Fundament seiner Klage setzte derselbe darin,

1) daß beyde Wechsel richtig und

2) ich eine Erbin des Defuncti sey.

Beyde Umstände waren unrichtig. Denn der eine Wechsel vom dato Loitz den 14. Martii 1774. war obgedachtermaassen gar nicht ausbezahlt, sondern nur bey Gelegenheit des zweyten Wechsels vom 9. October 1774 gedachtermaassen ausgestellet und zurück datiret worden.

Eine Erbin des Defuncti war ich auch nicht, und mithin nicht verpflichtet, die Schulden meines verstorbenen Mannes zu bezahlen, vielmehr mußte ich nach dem Lübschen Rechte,

Lib. I. Tit. 5. art. 13. ibique Mev. et in P. 1. D. 53. welches auch an diesem Orte gilt,

H. Vice-Praesid. und R. von Balthasar von den in den Pommerschen Städten geltenden auswärtigen Rechten, besonders dem Lübschen. §. 25. S. 22. und §. 32.

mein eingebrachtes Vermögen zuvor unverkürzt haben, ehe der Herr Appellant, als ein tertius creditor etwas verlangen konnte.

Nach eben diesem klaren Gesetze und nach Ew. Königl. Majestät allerhöchsten Decision,

Beym Mevio P. 1. D. 53.

bin ich berechtiget, in dem Besitze des, und dazu mit meinem baaren Gelde bezahlten Hauses und Apothek zu bleiben, und bin nicht verbunden, diesen Besitz einem Tertio hinzugeben, so lange ich nicht wegen meines eingebrachten Vermögens völlig befriediget bin.

„Quisquis creditorum cupit, sind die Worte der gedachten Decision, sibi de credito post debitoris obitum satisfieri, observare debet, ut non contra uxorem (und doch klagte der Herr Appellant gegen mich,) sed contra heredem agat, aut eo deficiente, curatorem hereditati constitui, deinde a vidua inventarium

rium bonorum mariti exhiberi, postea si quid sui causa deductum velit, liquidari et viduae satisfieri curet."

Von diesen allen aber hat der Herr Appellant nichts besorget, und dagegen mich durch eine unstatthafte Klage in einen Proceß hineingezogen, den ich länger zu ertragen nicht im Stande bin.

Sofort nach dieser Klage offerirte ich demselben noch einmal gerichtlich, unter vorgedachter Bedingung, den Wechsel vom 9. Octob. 1774. zu bezahlen. Ich deferirte ihm, zufolge der Königl. hohen Tribunals-Ordnung,

> P. 2. Tit. 34. §. 3. verb: „daß etwa die Sache in Geheim — getrieben. ꝛc.

sogar den Eyd über sein mir, remotis aliis, gethanenen Geständnisse, und ließ den Ausgang der Sache lediglich auf sein Gewissen ankommen, um nur einem kostbaren Proceß vorzubeugen.

Allein er acceptirte die Offerte und den Eyd nicht. Es erfolgten endlich sowohl die sub C. und D. submissest angelegten Erkenntnisse, als auch das Publicatum sub E., und endlich die Erkenntnisse des Königl. Hofgerichts vom 20. April 1785. sub A. et B., nach welchen zuvor, theils die Edition einer eydlichen Specification des Vermögens, so wie solches tempore mortis defuncti existiret, theils die völlige Gewisheit meiner Illatorum zu beschaffen.

Von diesen lezteren Erkenntnissen sub A. et B. hat sich mein Gegner bereits im April a. c. an Ew. K. Majestät appellando gewendet, und nach den mir gewordenen Nachrichten bis itzt, zur Einreichung seines Appellations-Libells Prorogation gesucht, während dieser Zeit aber theils die Eröfnung eines Testaments des Verstorbenen, welches, da es sowohl destitutum, als auch nullum, mithin nach Ew. Königl. Majestät allerhöchsten Decision,

beym Mevio P. 3. D. 405.

keiner Eröfnung und Publication fähig ist, negiret, theils dabey noch weiter zu behaupten gesucht, daß ich eine Erbin des defuncti geworden, weil kurz nach dem am 24. December 1776. verfertigten Testament, nemlich am 12. Januar. 1777. mir eine Tochter gebohren und ich mit meinem verstorbenen Manne beerbet sey; welches jedoch unrichtig ist, da laut des ad Acta befindlichen Attestes des Herrn Praepositi die mir am 12. Januar 1777. gebohrne Tochter schon am 3. Februar ej. anni, mithin viele Jahre vor meines Mannes Tode, wiederum gestorben, und ich also

secundum Mev. ad I. Lubec. Lib. I. Tit. 5. art. 7. n. 24. und

Stein in d. Abhandl. des Lübsch. Rechts. 1. Th. S. 185.

eine unbeerbte Wittwe bin, mithin nicht schuldig erachtet werden mag, die sehr beträchtlichen Schulden meines Mannes zu bezahlen.

Die

Die am 27. October a. c. geschehene Eröffnung eines solchen nichtigen und destituirten Testaments wird dem Herren Appellanten also eben so wenig, als der Umstand, daß mir eine Tochter während meiner ersten Ehe gebohren, iedoch wiederum gestorben ist, sachdienlich erfunden werden.

Der Irrthum, daß ich eine Erbin des Defuncti sey, verleitete den Herrn Appellanten zugleich, den irrigen Schluß zu machen, daß ich des Defuncti Schulden bezahlen müsse, weil ein jeder Erbe, der das Beneficium inventarii nicht ergreife, zur Bezahlung sämmtlicher Schulden des Erblassers gehalten sey.

Allein ich bin keine Erbin des Defuncti; die Gerechtsame und Verbindlichkeiten eines Erben, wie auch die einem Erben zu Gute verordneten Beneficia treffen mich also nicht. Die Besorgung eines Inventarii lag nach der allegirten hohen Decision (in P. 1. D. 53.) dem Herrn Appellanten als creditori ob, der solches aber niemals verlanget hat, es sey nun der Kosten Ersparung halber, oder aus einem andern Grunde von ihm unterlassen worden. Mehr als einmal habe ich, testantibus actis, erkläret, daß ich keine Erbin des Defuncti sey, und aus dem gedachten nichtigen Testament keinesweges, und überall nicht dem Defuncto succediren wollen, und daß ich bloß meinen eingebrachten Dotem, der nach Ausweisung der ad acta befindlichen Bescheinigungen blos an baarem Gelde 1891. Rthlr. 2 $\frac{1}{2}$ gl.

 beträgt.

beträgt, verlange, und nicht eher aus der mit meinem baaren dotal Gelde acquirirten mithin mir,

> secundum Mev. ad I. Lubec. Lib. 1. T. 5. art. XI. n. 27.

bey Ermanglung sonstigen Vermögens eigenthümlich zugehörigen Hause und Apothek zu weichen verbunden und gesonnen sey, als bis nach dem angeführten klaren Gesetze und Deciso mir mein eingebrachtes Dotal-Vermögen restituiret worden.

Der gegenseitige Einwand endlich, daß ein Testamentum reciprocum, ein pactum reciprocum de succedendo sey, und daher die Natur und das Wesen eines Testaments nicht habe, auch nicht destitutum werden könne, wird, wie ich allerunterthänigst vertraue,

> secundum Wernher in comment. lect. ad Dig. Tom. 2. pag. 605.
> Becmann: consil. et Decis. Göttingens. P. 2. Num. 84. ibique laudat. auctor.
> Faber in Codice Lib. 6. Tit. 5. Definit. 18.

um soweniger allerhöchsten Beyfall erhalten, als auch das gedachte Testament, ob defectum solennium null und nichtig, und, ob gleich es ein gerichtliches Testament seyn soll, dennoch überall nicht vor Raths-Deputirten gemacht ist, auch daher die Raths-Deputirten in dem Testament nicht benannt sind, und nicht nahmhaft gemacht werden können daneben die

secundum

secundum Stryck. de cautel. Testament. cap. 7. §. 41. et.

Becmann c. l. P. 2. Decis. 58. n. 9. p. 171.

erforderlichen gerichtlichen Protocolla, Registraturen und Depositen - Scheine gar nicht existiren, mithin die fehlerhafte Beschaffenheit eines so nichtigen Testaments zu Tage lieget.

Nichts desto weniger vermeinet der Herr Appellant darin eine Beschwerde zu finden, daß ich nicht als eine Erbin angesehen, und als solche nicht pure zur Bezahlung der gedachten Schuld-Forderung von 200 Rthlr. in Louisd'or condemniret, sondern dagegen auf die in den publicatis a quibus gedachte Exhibition einer eidlichen Specification, (welche

secundum Mev. P. 3. D. 328.

die Stelle eines Inventarii vertritt,) und auf die Nachweisung meiner Illaten erkannt worden.

Wie nun diese Beschwerde, wie ich aller demüthigst vertraue, nach dem bereits Angeführten, ganz ungegründet, und der Herr Appellant sich über eine Ungerechtigkeit der Erkenntnisse a quibus zu beschweren keine Ursache hat, mithin die erhobene Appellation in aller Rücksicht unzulässig und verwerflich ist;

So flehe Ew. Königl. Majestät ich in aller Unterthänigkeit an, den Herrn Appellanten, mit-

telst

telst eines Decreti rejectorii, allergerechtest zu bescheiden, und denselben in die mir durch seine frevelhaft ergriffene Appellation verursachte Kosten allerhuldreichst zu vertheilen.

Sub Imploratione longe humillima ersterbe in tiefster Devotion

Ew. Königl. Majestät.

allerunterthänigste

verwittwete S. iezt verehelichte W.

Allerunterthänigste Vorstellung und Bitte, loco exceptionis frivolae appellationis, nebst Anlage A. B. C. D. und E.

abseiten

der verwittweten S. itzt verehelichten W. zu X. Beklagte und Appellatin,

wider

Den Herrn S. zu R. Klrn. und Appellanten

in pcto.
Debiti.

Decret. Rejector. S. R. Trib. vom 18ten Nov. 1785. auf den gegenseitigen Appellations-Libell:

„mag

„mag wegen Unerheblichkeit der Beschwerde, was gebeten, nicht erkannt werden.“

Decret. S. R. Trib. vom 18. Nov. 1785 auf die eingereichte Except. frivolae appellationis:

„Appellation wird auf das, ad libellum des appellantis unterm heutigen dato ergangene abschlägliche decretum, welches sie abschriftlich zu empfangen hat, verwiesen.“

## X.

## Einige Formulare aus Stralsundischen Acten.

1) (Stralsund) Mercurii d. 1. Mart.

Advocat C. appelliret Namens der Kläger, oblatis sportulis, von vorstehender Erkenntniß und bittet, derselben in honorem generos. Senatus zu deferiren.

2) Publicat Saturni d. 4. Mart.

Deferatur mit einem Steck-Termin von 4 Wochen.

3) *Tit. Generos. Senatus.*

Prod. in Cancellaria Mercurii d. 29. Mart. — et eod. in Senatu

Da Wir uns gemüssiget gesehen, von der Erkenntniß einer löbl. Cammer an einen Wohlgeb. Rath

Rath zu appelliren, sothaner Appellation auch zwar laut der Anlage A. deferiret, jedoch zur Prosecution derselben ein 4 wöchentlicher Steck-Termin angesetzet, wir aber behindert werden, binnen solcher Frist unsere Appellation zu rechtfertigen; So ergehet an einen Wohlgeb. Rath unser gehorsamstes Bitten:

Uns das Fatale noch auf 14 Tage zu prorogiren. Wir beharren dagegen.

conc. C. Eines Wohlgeb. Raths

gehorsamster

*A.* und *S.* —

Anlage A.

In Sachen des A. und S. — contra C. S. — in pcto — wird der von den Klägern eingewandten Appellation in honorem Generos. Senatus zwar deferiret, jedoch zur Prosecution derselben ein Steck-Termin von 4 Wochen praefigiret.

*Camerarii.*

Rubric:

Gehorsamstes Prorogations-Gesuch,

in Sachen ꝛc.

hat Anlage A. in pcto. etc.

4) *Conclusum:* Falls fatalia noch laufen, werden dieselben auf 14 Tage prorogiret. Publ. Merc. d. 29. Mart. —

5 Der

5) Der Appellations-Libell ward den 11. April — mit den abgeschriebenen Acten erster Instanz in der Raths-Canzley überreicht.

6) *Sententia*: d. 9. Maji — „daß es bey der Sententia a qua zu lassen. rc.

7) *Tit. Senat.*

Prod. in aedibus Protonotarii — d. 25. Jul. —

Da wir uns gemüssiget gesehen, von der am 9. May ergangenen Erkenntniß an ein K. H. Hofgericht zu appelliren, selbiges auch anliegende Processe erkannt hat; so ermangeln wir nicht, Einem Wohlgeb. Rath selbige, sub A. wie auch das Appellations-Instrument insertis gravaminibus sub B. gehorsamst zu überreichen, nicht weniger die 10 Gulden Legegeld zu entrichten, und bitten zugleich gehorsamst,

zur Abstattung des Appellations-Eides und Bestellung der Caution einen Termin hochgeneigt anzusetzen.

Wir beharren dagen

Eines Wohlgeb. Raths

gehorsamste

A. und S. —

Rubric:

Gehorsamste Exhibitio processuum et instrumenti appellationis abseiten —

8) In

8) In Sachen des A. — et C. — Appellanten ꝛc. in pcto — wird, nachdem dem Erbvertrage, ratione praestandorum gelebet worden, der Appellation in honorem domini superioris, hiedurch deferiret, und die nächste Rathsdiaet Morgens um 11 Uhr, zu Abstattung des Appellations-Eides, auch Einreichung der Caution, hiedurch praefigiret. V. R. W

Publicatum Martis d. 8. Aug.

9) Lunae d. 14. Aug. —

Da am abgewichenen Freytage der A. — verreiset gewesen, so ist heute der Appellations-Eid von den Appellanten abgestattet, und da dieselben die Cautions-Notel noch nicht beygebracht, so ist ihnen aufgegeben worden, solche nächstens in cancellaria abzugeben.

## 10) Appellations-Instrument.

Zu wissen sey hiemit Jedermann, daß im Jahr nach der Geburt unsers Erlösers, 1752, in der 15ten Indiction, bey Herrsch- und Regierung des allerdurchlauchtigsten ꝛc. ꝛc. Kaysers und Herrn, Herrn Francisci I., erwählten Römischen Kaysers, Herzogen zu Lothringen ꝛc. ꝛc. Unsers allergnädigsten Kaysers und Herrn, Seiner Kayserl. Majestät Regierung im 7ten Jahre, Sonnabends den 13 May, Nachmittags um 2 Uhr, der Hr. Advocat C. folgende Urthel, also lautend:

Martis

Martis d. 9. May 1752.

„In Sachen des A. — und Consorten, Appellanten, wider des C. Erben, Appellaten, pcto. der Brandeweinsbrennergerechtigkeit, wird nach richtig befundenen Formalien, wegen Unerheblichkeit der Materialien, die Rechtfertigung der Appellation zu weiterer Verhandlung nicht, sondern Acta werden ex officio für beschlossen angenommen und erkannt:

Daß es bey der Sententia a qua zu lassen, auch den Appellaten die Kosten dieser Instanz, die ex officio hiedurch zu 20. ßl. festgesetzet werden, von Appellanten zu erstatten. V. R. W.“

mir unterschriebenen Notario und der beyden unten benannten Zeugen in origine vorgezeiget; und dabey namens der Herrn A. und Consorten angezeiget habe, daß dieselben sich durch solche Erkenntniß sehr beschweret erachteten, mithin er gemüßiget sey, vor Ablauf der 10 tägigen Nothfrist, an ein Königl. hochlobs. Hofgericht zu appelliren, mit dem Ersuchen, solche Appellation zu notiren und ihm die benöthigten Documente deshalb zu ertheilen.

Die Beschwerden aber, wie er nachher mir angezeiget, bestünden in folgenden:

1) daß gegen die Verordnung des lübschen Rechts eine Vertauschung der Maltz und Braugerechtigkeit mit der Brandweinsbrennergerechtigkeit, ohne

Einwilligung seiner] Principalen vorgenommen worden.

2) Daß noch nicht erwiesen, ob ehmals die Maltz- und Braugerechtigkeit bey diesen Hause gewesen, ꝛc.

3) Daß sie in die Kosten beyder Instanzen verurtheilet worden; als deren Erheblichkeit er in dem Appellations-Libell ausführen würde.

Wie ich nun solche Appellation anzunehmen, Amtshalber mich nicht entziehen können, so habe auf Erfordern gegenwärtiges Document und Instrument darüber ertheilen wollen. Die Zeugen sind gewesen der Herr Advocat W. und der Herr Advocat N. Actum Stralsund, ut supra.

(L.S.) *I. F. H.* als Kayserl. und immatric. Notar.

## XI.

### *Intimatio impugnativi.*

*Tit. Senatus.*

Der Bescheid vom 20. d. M. ist mir den 22. ejusd. insinuiret worden. Ich sehe mich gemüssiget, dagegen intra decendium hiemittelst ein Inpugnativum in dieser Instanz einzuwenden, und einen hochedlen Rath gehörsamst zu ersuchen, mir das ordnungsmässige Fatale zu Einbringung meine Rechtfertigungs-Schrift offen zu lassen, auch dem Gegen-

Gegentheil Abschrift von dieser Eingabe zur Nachricht zu ertheilen.

Ich implorire hierüber salutariter und habe die Ehre mit der vollkommensten Hochachtung zu beharren

Eines Hochedlen Raths

gehorsamster

N.

Gehorsamste Anzeige und Bitte

abseiten

N. zu N. Imploranten und Deducenten;

wider

den Herrn N. daselbst Imploraten und Deducaten

in pcto.

eines nichtigen Testaments.

XII.

Prod. d. 25. Jun. 1771.

*Tit. Dicast.*

Die Befristung, welche das Decret vom 29. May d. J. geneigt verwilliget, ist bis zum 3. Julius unverstrichen.

Die Formalien haben daher ihre Richtigkeit, wenn richterlicher Hochachtung vorbehältlich, Wir wider die in rückbemerktem Concurß unterm 24. April d. J. abgesprochene Priorität - Erkenntniß, es als beschwerend aussetzen:

> Daß die rückständigen onera publica, in der Priorität-Urthel, erst Num. 17 et 18. lociret worden.

Ist es zu dessen Rechtfertigung zuvörderst unläugbar, daß gesammte unter diesen Nummern locirte, im Nachstande gebliebene onera publica diejenigen sind, welche zur Zeit der feindlichen Occupations also tempore necessitatis urgentis, so wie dem gesammten Lande, also auch dem Gute Pantliz indiciret und abgefordert worden: So ist es danächst aus den Acten ebenfals offenbar, daß der Gemein-Schuldner das Gut P. von seinen Voreltern nicht ererbet, sondern daß er solches selbst erkaufet habe.

Folget hieraus, und erweiset es die Jahrzahl der vorzüglich locirten Capitalien und Forderungen, daß die nächst vorhergehenden Eigener, solche nur seit einigen 20. Jahren angeliehen: so wird die Rechtfertigung unsrer Beschwerde darauf beruhen:

> „Ob diese credita, in Rücksicht auf den Fiscum und die dem Publico rückständig gebliebenen tributa bellica, irgend ein Separations-Recht und Vorzug
>
> ex L. 1. §. 4. D. de Separationibus.
>
> zu begehren befugt seyn mögen.“

Wir

Wir glauben dieses verneinen zu können. Denn so sind die diesen tributis vorgezogenen Gelder, blos unabgetragen gebliebene Kaufgelder, welche der Gemein-Schuldner, in Mangel baarer Mittel, zur Befriedigung seines Verkäufers, von dessen Gläubigern erborget, und diese ihm ferner anvertrauet, da ihm die baare Zahlung nicht vorräthig gewesen.

Lassen Wir das Vorzugsrecht, — welches dieselben glaublich durch eine Bedingung wider die Neuerung ihrer vor dem Ankauf des debitoris communis auf dem Gute gehabten Hypothek, vor den von letztern nachher contrahirten Verbindlichkeiten, sich erworben haben können, als uns eigentlich nicht angehend, — ungerühret: So mögen sie dennoch die jura Separationis debitorum Antecessoris sich nicht beylegen; nachdem solche sowohl nach gemeinen Rechten, (L. 1. §. 1. 2. 3. De Seperat.) als nach dem klaren Inhalt der Classifications - Ordnung p. 3., ein *jus hereditarium* und eine Vererbung eines Gutes ab antecessore ad successorem heredem, voraussetzen.

Gebricht es jedoch hieran, und mögen jura singularia von einem Fall auf den andern, besonders zum Nachtheil eines dritten, nicht erweitert werden: so wird das zu der Beschwerenden Location anleitende principium separationis, sich hiernach von selbst erledigen.

Wir versiren danächst circa jura des Publici und dessen Interesse. Ist dasselbe ex contractibus privatorum, besonders in causa tributorum et primipili, pactionibus eorumdem, nicht wandelbar zu machen, (L. 2. C. de primipilo), so wird dem Publico derenhalben so gar deren Vindication contra divinas domus etc. und der unwiederrufliche Verkauf erlaubet; (L. 8. C. de exact. tribut. L. 1. C. si propter publicas pensit.)

Wie viel weniger wird also die causa tributorum demjenigen nachzusetzen seyn, was privati etwa unter einander paciscirет haben. Und das dem Fisco sonst zu opponirende Separations-Recht, mag wohl wider andere dessen Forderungen ex contractu vel administratione und sonstiger causa debendi, aber wider die Tributa bellica um so weniger anwendlich seyn, als solche ad impensas, in conservationem fundi factas gehören, deren Nutzbarkeit in conservatione pignoris salva, auf alle und jede Gläubiger, ja selbst auf diejenigen, welche sonst jura separata haben, sich erweitert, und daher auch (juxta L. 7. D. de Publicanis et vectigal.) nicht personae, sondern *ipsa praedia* dadurch in Verbindlichkeit gesezet werden. Aus welchem Grunde sie denn auch andern, in jure separationis sonst sich gründenden Forderungen bekanntlich vorgehen. (Mev. 4. D. 253. Leyser sp. 479. m. 4.)

Und da leztere den fundum selbst betreffen, so kann ein solcher Vorzug, der ex meris pactionibus cum possessore entspringet, dawieder eines Vorzuges und einer Ausnahme davon nur desto unfähiger seyn, als alle jura creditorum, cuiuscunque sint

sint generis, insofern sie auf den fundum und dessen Wehrt ihre Beziehung haben, diesem oneri contributionum sich zu entlegen, nur unvermögend seyn können, vielmehr ex generalitate et universalitate desselben, solchem oneri allewege unterwürfig zu erachten sind.

Welchem allen nach, und besonders in Anleitung der in pari causa et casu 1714. den 25. Oct. und 1721. den 21. Jan. hier im Lande publicirten Patente, unser Gravamen sich so zuverlässig rechtfertigen, als wenig die Succession des Landes in die Befugniß des die Contribution erfordernden Feindes, nachdem dieser für die im Rückstande gebliebenen von der Totalität befriediget werden müssen, einiger Zweifel unterzogen seyn kann.

Ein K. h. Hofgericht ersuchen Wir daher angelegentlich ergebenst, Unsere Beschwerde als gerechtfertiget anzunehmen, die Location in der Prioritäts-Urthel abzuthun, und die während der feindlichen Occupations-Zeit im Rückstande gebliebenen onera publica allen Gläubigern und deren Forderungen vorzuziehen.

Wir versehen uns darunter gerechter Erhörung und beharren sub imploratione decenti

Eines K. h. Hofgerichts

dienstergebenste

Pommersche Landstände von Ritterschaft und Städten.

Linde.

Libellus Deductionis

in Sachen ꝛc.

in pcto

Praeferentiae der rückständigen onerum belli von Pantlitz.

S. In Sachen ꝛc. wird data copia etc. an Deducaten befunden und erkannt, daß Super Relevantia Gravaminis ad proximam erkannt werden soll. V. R. W. Publ. Gr. den 12. Jul. 1771.

In Sachen ꝛc. daß, in Anleitung bekannter vormaligen Verordnungen, als deren Billigkeitsgrund sich auch bey dem gegenwärtigen Fall im geringsten nicht vermissen lässet, Sententia prioritatis contra quam nunmehr dahin abzuändern, daß den Deducenten, in Betracht ihrer Forderungen, der Vorzug vor gesammten Glaubigern, und also die erste Stelle in der Prioritäts-Urthel zuzueignen. ꝛc. compens. exp. etc.

## XIII.

Prod. d. 22. Jul. 1776.

*Tit. R. Dicasterii.*

Die Erkenntniß, welche unterm 26. Junius d. J. ergangen, beschweret uns, richterlicher Ehren vorbehältlich, gar sehr.

Wir

Wir mögen es daher nicht anders befinden, als daß es dagegen eines Impugnativi nöthig sey.

Der terminus ordinis ist dazu bis zum 24. d. annoch unverstrichen.

Beydes, die Befolgung sothaner Erkenntniß, oder aber auch deren zu justificirende Anfechtung, können nicht füglich, sine communicatione consiliorum auf einem gemeinschaftlichen Landtag beliebet und festgesetzet werden.

Ein K. h. Hofgericht ersuchen Wir daher ergebenst, die fatalia impugnandi bis auf eine Rechts-Frist, nach Hinterlegung des ersten bevorstehenden Landtages, uns offen seyn zu lassen.

Wir bitten darum angelegentlichst und beharren sub imploratione salutari

Eines K. h. Hofgerichts

dienstergebenste

Pommersche Landstände von Ritterschaft und Städten.

Haselberg. Linde.

Vorstellung und Bitte
in Sachen rc.

in pcto.

rückständiger onerum belli.

Bescheid: Es sollen die fatalia gebetener massen offen bleiben und dem Gegentheil copia prod. et decr.

decr. zur Nachricht ertheilet werden. Decr. Greifsw. den 25. Jul. 1776.

Prod. d. 20. Dec. 1776.

*Tit. Reg. Dicast.*

Die Befristung, welche Ein K. h. Hofgericht mittelst des Bescheides vom 25. Jul. d. J. Uns unversagt seyn lassen, erkennen wir mit Dank. Der letztere Landtag ist am 30. Nov. d. J. geschlossen. Die bewilligte Frist nach dessen Hinterlegung ist also bis zum 21. d. unverstrichen. Rechtfertigen sich hienach die Formalien, so sind es zwey Puncte, welche in den Publicato vom 26. Julius d. J. uns zur Beschwerde gereichen. Richterlicher Hochachtung vorbehältlich, haben wir den ersten Beschwerde-Punct darin zu setzen:

„wenn der 27ste Januar 1769. als ein terminus a quo der für die rückständigen onera belli zu erlegenden Zinse bestimmet worden.“

Wir dürfen vertrauen, es werde sich dieses ohnschwer rechtfertigen. Denn ꝛc. —

Die Ordnung leitet uns zur zweyten Beschwerde. Wir setzen solche darin:

„wenn es uns angemuthet worden, die annoch in quanto et quali als unbekannt angegebenen onera belli und die daher erwachsenden Forderungen, binnen Rechtsfrist, bey Strafe

Strafe der Praeclusion zu liquidiren und zu bescheinigen. "

Denn ꝛc —

Ein K. h. Hofgericht ersuchen wir demnach ergebenst, unsere Beschwerden als in formalibus richtig und in materialibus erheblich anzunehmen, hiefolglich den terminum usurarum der aus dem Kriege gebliebenen Rückstände bis aufs Jahr respective 1758 und 1759. zurückzusetzen; auch von der Verbindlichkeit, die annoch unbestimmten onera bellica ad certum terminum berichtigen zu müssen, uns zu entbinden, und dagegen den Hr. Deducaten desfalls an den Schluß der Landes-Handlung zu verweisen.

Wir beharren ꝛc.

Rubric:

Deductions-Libell nebst Anlage A. bis D.

in Sachen ꝛc.

in pcto. etc.

## XIV.

Prod. d. 24. Aug. 1777.

*Tit. Dicast.*

Von der Erkenntniß vom 23. April. d. J. haben Wir Uns, s. h. jud. querulando an das Königl. h. Tribunal zu wenden, veranlasset gefunden. Wir

Wir sind auch im Begrif, eben jetzt, die Querel daselbst zu introduciren, und intimiren solches schuldigst.

Da jedoch in hac causa concursus, die Acten erster Instanz zugleich mit dem Libell zu überreichen sind *a)*, so offeriren Wir die Transmissions-Kosten hiebey, und bitten angelegentlichst, die Original-Acten dem Königl. hohen Tribunal unausgesetzet einzusenden.

Wir versehen uns dessen und beharren sub imploratione decenti

Eines K. H. Hofgerichts

dienstergebenste

Pommersche Landstände von Ritterschaft und Städten.

*L. Haselberg cc.*

Gemässigte Anzeige und Bitte ꝛc.

in pcto.

rückständiger onerum belli.

B) Es

a) In Concurs-Sachen (H. G. O. 3; 6. §. 13.) so wie in Licent- und Consistorial-Sachen, werden nach geschehener Intimation der Appellation oder der Querel, sofort die Acten mit Bericht an das K. H. Tribunal eingesandt; ohne Compulsorialen zu erwarten. — Bey dem Würtembergschen Hofgericht werden keine Appellations-Processe erkannt, sondern der Unterrichter muß in jeder Sache, ohne Unterscheid der eingewandten Appellation sofort deferiren und die Acten einsenden *Schöpf.* procesſ. p. 178. add. *ab Engelbrecht* obſ. 44. §. 7.

B) Es wird dem intimirten Impugnativo in honorem Dni superioris gebührend deferiret, und sollen Acta fordersamst dem K. h. Tribunal eingesandt werden, dem Gegentheil aber copia producti et decreti zur Nachricht ertheilet seyn. Decr. Greifsw. den 28. April 1777.

XV.

Auf der Wittwe Casten in Barth, Appellantin, jetzt Deducentin, wider den Camerarium Bassow, Appellaten, jetzt Deducaten, — ad acta des Mühlen-Burschen Carl Casten, wider den letztern, als seinen Vormund, — in pcto. Ausantwortung seiner maternorum, den 30. August d. J. überreichtes Prorogations-Gesuch ergehet zum Bescheide:

Deducentin gereicht hiemit zur Nachricht, daß vom Gegentheil die Appellation ad summum Regium Tribunal intimiret worden. Wenn indessen von derselben innerhalb Rechts-Frist der Libell von ihr eingereicht würde, so soll derselbe, auf den Fall, daß Acta vom K. h. Tribunal erfordert werden möchten, mit übersandt werden.

Decretum Greifswald den 1. September 1785.

Königl. Hofgericht hieselbst.

1785. Sept. 17.

Restitutions- und Deductions-Libell, abseiten der Wittwe Casten etc.

Sept. 19. Bescheid:

Auf der Wittwe Casten in B. Appellantin und Implorantin — den 17. d. M. übergebenen Restitutions- und Deductions-Libell ergehet zum Bescheide:

Implorantin hat allererst abzuwarten, ob und was auf die gegenseitige Appellation vom K. h. Tribunal veranlasset werden wird, alsdann entweder dieser Libell mit übersandt, oder allhier darüber erkannt werden soll.

Decretum Greifswald den 19. Sept. 1785.

K. Hofgericht hieselbst.

## XVI.

Prod. Wismar den 18. Nov. 1777.

a)

*Tit. S. R. Tribunal.*

In der von Ew. Königl. Majestät ausgesprochenen hohen Erkenntniß vom 20. October d. J. ist unserm Gegner auferlegt, das Purgatorium abzustatten.

Da

Da wir das unterthänigste Vertrauen hegen, daß der H. Querulat und Appellat, aus verschiedenen erheblichen und zum Theil von uns noch nicht an und ausgeführten neuen Gründen, dazu nicht werde gelassen werden; So sehen wir uns genöthiget, unter des devotesten Respects Vorbehalt, wider die hohe Erkenntniß ein Impugnativum in Unterthänigkeit anzuwenden.

Wir haben zu dem Ende, den zur Ablegung des Eides angesetzten Termin, dem Hn. Querulaten ꝛc. bereits absagen lassen. Und gleich wie wir solches hiemit submissest anzuzeigen, gleichfals nicht verfehlen; So bitten Ew. K. Majestät wir hiemit allerunterthänigst, da wir mancherley Behinderungen halber vor Ablauf des ordnungsmässigen Fatalis zur Rechtfertigung unserer Beschwerde nicht gelangen mögen, solches auf 6 Wochen huldreichst zu erweitern.

Wir imploriren hierüber longe humillime und ersterben in tiefster Devotion

Ew. K. Majestät

allerunterthänigst

verordnete Vormünder Dscher Kinder.

Rubric:

Intimatio impugnativi cum petito humillimo

abseiten

der Vormünder Dscher Kinder in X. Querulanten

lanten und Appellanten, jetzt Deducenten und Imploranten,

wider

den H. B. K. daselbst, Querulaten und Appellaten, jetzt Deducaten und Imploraten,

wegen

Erstattung verliehener Pupillen-Gelder.

Bescheid: „wird prorogatio fatalis auf 6 Wochen bewilliget, und dem Deducaten und Imploraten decreti copia zur Nachricht erkannt. Decretum beym Königl. hohen Tribunal in Wismar den 19. Nov. 1777.“

Prod. Wismar d. 9. Jan. 1778.

b)

Allerdurchlauchtigster,

Grosmächtigster König,

Allergnädigster König und Herr!

Ew. Königl. Majestät statten wir für die uns per decretum vom 19ten November d. J. zu Einbringung eines Impugnativi huldreichst ertheilte Befristung den devotesten Dank ab. Da dieselbe noch unverstrichen ist, und also die Formalien ihre Richtigkeit haben: so setzen wir, unter des submissesten Respects Vorbehalt, unsre Beschwerde wider

der die hohe Erkenntniß contra quam vom 20. October dieses Jahres darin:

„Daß der itzige Herr Deducat und Implorat zum Reinigungs-Eyde verstattet worden.“

Wir haben in unsern, sowohl bey Ew. Königl. Majestät Pommerschen Hofgerichte, als hohen Tribunal eingereichten Appellations-Libellen, unser gedoppeltes *fundamentum agendi*, nach welchem wir den Herrn Deducaten und Imploraten zur Schadloshaltung unserer Pupillen rechtlich verpflichtet gehalten, theils auf sein in exceptionalibus und Duplicis abgegebenes gerichtliches Geständniß, theils auf die Beschaffenheit seiner Person und seines öffentlichen Amtes, theils aber auf solche Umstände gebauet, die mit dem ganzen Vorgang nothwendig zusammenhängen müssen.

Alle hieraus genommene und ausgeführte Gründe haben bey uns die sichere Hofnung erweckt, daß sie, wenigstens zusammengenommen, einen vollständigen artificiellen Beweis auszumachen, und also nach dem Herrn von *Leyser* spec. 257. m. 1. 2. et 4. plenam fidem zu bewürken, vermögend seyn würden.

Der bemerkliche Umstand, daß der Hr. Deducat und Implorat zur Zeit der Anleihe quaest. Waysengerichts-Herr gewesen, scheinet uns allein, ohne die übrigen Umstände damit zu verknüpfen, von

 der

der Wichtigkeit zu seyn, daß derselbe zur Indemnisation unsrer Pupillen verbunden seyn müsse.

Denn da der Herr Deducat, als Mitglied des Waysengerichts, für sich, neben dem damaligen Praeside desselben, dem verstorbenen Burgermeister Z. schon verbunden gewesen, dafür ex officio, et non imploratus, si modo scientiam habuit, aut facile habere potuit, Sorge zu tragen, ne res pupillaris detrimenti quid capiat: so hat diese Obsorge um so mehr zur Pflicht des H. Deducaten gehöret, als wohlgedachter Burgermeister Z. eines Theils nach des Herrn Deducaten ꝛc. abgegebenen Geständniß in Duplicis, unser beyder naher Anverwandter und Schwager, andern Theils aber auch der Herr D., an welchen die Gelder unserer Pupillen angeliehen worden, schon seit 1757. nach der sub E. angelegten Prioritäts-Urthel ein Schuldner des Burgermeisters Z. gewesen, und der Burgermeister Z. also aus diesen beyden sehr erheblichen Gründen sich alles Rathschlagens, als Waysenherr, in dieser Sache enthalten müssen, mithin der Herr Deducat der Einzige im Waysengerichte gewesen und geblieben, der als Obervormund, für unsre Pupillen sorgen sollen;

Bekennet er nun in der Duplic, daß ihm die Umstände des Herrn D. nicht so genau bekannt gewesen, daß er mithin von dessen Sicherheit keine Versicherung geben können: so hat er seiner Pflicht gerade und offenbar entgegen gehandelt, wenn er dennoch verstattet, und dazu die hülfreich-

ste

se Hand geboten, daß der Herr D. die Pupillen-Gelder erhalten, wie wir solches in dem bey Ew. K. Majestät Hofgericht eingereichten Appellations-Libell ad n. 31. seqq. mit mehrerem gezeigt haben.

Ob wir nun gleich das demüthigste Vertrauen hegen, daß diese und andre in unsern Appellations-Libellen deducirte Gründe von Ew. K. Majestät, bey abermaliger huldreicher Erwegung derselben, als solche allergnädigst werden angesehen werden, die ad condemnandum hinreichen: so können wir jedoch mit desto mehrerer Zuversicht hoffen, daß alle diese Gründe durch das in Anlage F. enthaltene summarische Zeugenverhör vom 17. Nov. 1777. (welches wir allemal zu legalisiren bereit sind,) eine noch weit grössere Stärke erhalten werden.

Die Zeugin ist die einzige Person, welche zugegen gewesen ist, wie der Hr. Deducat, für den Herrn D. die Anleihe so dringend und wiederhohlt bey uns gesucht hat. Zwar ist sie unsre respective Frau und Schwester. Allein, da eine Frau und Schwester auch für ihren Ehemann und Bruder ein Zeugniß ablegen kann; *Leyser* sp. 283. m. 19. et 23.; daneben im vorliegenden Fall kein Gewinn oder Verlust, weder directe, noch indirecte absichtlich und noch weniger würklich vorhanden ist, welcher uns und die Zeugin als unsre respective Frau und Schwester betreffen könnte; sondern das gedachte Zeugniß bloß zum Vortheil unsrer Pupillen gereichet: so wird ihre Aussage alle Glaubwürdigkeit verdienen, um so mehr, als sie auch die einzige mögliche Zeugin ist, die von demjenigen Wissenschaft hat, was zwischen uns und dem Herrn Deducaten ꝛc., der Anleihe qu. halber vorgegangen ist.

Allergnädigster König und Herr, wir vertrauen alleruntertänigst, daß nach diesen deducirten Gründen, es keiner Eydesleistung weiter bedürftig seyn könne, sondern der Herr Deducat zur Entschädigung pure werde condemniret werden.

Solte aber dennoch eine Eidesleistung von Nothwendigkeit erachtet werden, so hegen wir die gewisse Hofnung, daß nicht der Herr Deducat zum Reinigungs-Eyde, sondern vielmehr wir zum Erfüllungs-Eyde werden verstattet werden.

Wir würden uns in der moralischen Denkungsart des Herrn Deducaten nicht wenig geirret haben, wenn wir nicht vermuthet hätten, daß er willig und bereit seyn würde, den ihm von Ew. K. Majestät in der Sentenz contra quam auferlegten Reinigungs-Eyd abzustatten.

Denn ist es ihm ein Geringes gewesen, uns zu der Anleihe qu. zu rathen, und durch Vorspiegelung der grossen Sicherheit derselben, zu verleiten; dieses aber in der Folge wieder zu leugnen, da doch der ganze Zusammenhang der Sacken und das Zeugniß sub F. ihn davon überführen muß; ist es ihm leicht gewesen, als Waysenherr, (der auch ex officio et non imploratus für das Beste unsrer Pupillen sorgen solten,) einer Anleihe an gedachten Herrn

D.

D. hülfreiche Hand zu leihen, da er doch selbst in der Duplic bekennet, wie ihm die Credit-Umstände desselben nicht so bekannt gewesen, daß er von dessen Sicherheit Versicherung geben können; hat der Hr. Deducat alle diese Handlungen würklich ausüben können, ohne durch die Beunruhigung seines Gewissens sich davon abhalten zu lassen —: So haben wir leicht urtheilen können, daß es ihm eben nicht schwer werden dürfte, sie mit einem Eyde abzulehnen, oder sich dadurch der Verantwortung zu entziehen.

Er will den Eyd, seinem ganzen Inhalt nach, wie er uns benachrichtigt hat, abstatten, so wie Ew. K. Majestät solchen vorgeschrieben haben.

Dieser Eyd enthält unter andern, daß der Herr Deducat und Implorat zur Zeit der Anleihe qu. nicht anders gewust, noch dafür gehalten, als daß der gedachte Herr *D. solvendo* sey, unsere Pupillen bey der constituirten publiquen Hypothec nicht zu leiden kommen würden.

Wir erstaunen, wenn der Herr Deducat auch dieses zu beschwören des Vorsatzes ist. Zwar will derselbe im Anfange seiner Duplic versichern: daß er den Herrn *D.* für sein Theil sicher gehalten. Er wiederruft solches aber kurz hernach sogleich wieder mit dürren Worten: „da mir die Umstände des Herrn Directoris nicht so genau bekannt gewesen, so habe ich seiner Sicherheit gar keine Versicherung geben können.

Sind ihm nun die Umstände des Herrn D. nicht so genau bekannt gewesen, daß er von dessen Sicherheit sich überzeugt gefunden, und also darüber keine Versicherung geben können: so ist es unmöglich, daß er den gerade entgegenstehenden Satz, daß er nemlich den Herrn D. damals für solvendo gehalten, solte beschwören können. Eines von beyden kann nur statt finden.

Und wenn das Wahrheit ist, was der Herr Deducat in der Duplic bekennet: so ist sein Eyd, welchen er dagegen abstattet, falsch. Und wenn letzterer wahr seyn soll: so ist sein gerichtliches Geständniß eine Erdichtung, wofür er selbiges solchergestalt angiebet und erkläret.

In allen Fällen ist seine Leichtsinnigkeit, Unredlichkeit und Vorsatz, die Wahrheit zu seinem Vortheil zu unterdrücken, so offenbar, daß daraus nicht nur ein fraus praesumiret werden muß, (wie wir in unserm Appellations-Libell vom 18. März 1775. n. 47. bemerkt haben,) sondern auch die Besorgniß, er werde bey Abstattung eines Eydes von gleichen Gesinnungen geleitet werden, nicht zweifelhaft bleiben kann.

Es bleibt ferner nicht einen Augenblick zweifelhaft, daß die Entscheidung der vorliegenden Sache in Ansehung des Herrn Deducaten von der äussersten Wichtigkeit sey.

Die Furcht seine Ehre, sein Ansehen, und einen grossen Theil seines Vermögens zu verliehren, dürfte

dürfte ihn hinreissen, alles zu wagen, um sich durch einen Eyd zu retten. Dies sind die Gründe, wornach *Leyser* spec. 141. m. 2. et 3. dafür hält: „in causis arduis judicem *proniorem esse debere* ad decernendum *suppletorium* quam purgatorium.“

Ist nun dieser bewährte Rechtslehrer so gar auch in dem Fall: „si magnum lucrum ex victoria sperat actor,“ dieser Meinung: so muß dieselbe um so mehr gelten, wenn einem Kläger so wenig mittelbar, als unmittelbar ein eigenes Interesse aus dem Siege zuwächset. Dieses ist der Fall, wenn wir zum Erfüllungs-Eyde gelassen werden.

Wir führen diesen Rechtsstreit bloß Nahmens unsrer Pupillen. Sie allein leiden darunter; und haben kein Recht, an uns etwa ihren Regreß zu nehmen, indem wir bey Verleihung der Gelder qu., und deren Beytreibung nichts verabsäumet; wie wir solches am Ende unsers allerunterthänigsten Appellations-Libells ausgeführt haben. Wenigstens ist unsre Verbindlichkeit, unsre Pupillen zu indemnisiren, (wenn auch dieser Fall als möglich angenommen werden könnte,) und die daher abzuleitende Theilnehmung an dieser Sache, in allem Betracht maxime altioris indaginis; dahingegen aber des Herrn Deducaten und Imploraten Vortheil so sichtbar, daß darüber gar kein Zweifel übrig bleiben kann.

Wenn nun dieses grosse und gegenwärtige Interesse und die Furcht, solches zu verliehren, schon hinreicht, den Herrn Deducaten von dem Reinigungs-Eyd auszuschliessen; so hegen wir das submisseste Vertrauen, daß nicht der Herr Deducat, sondern wir, zu einem Eyde, (wenn derselbe nöthig erfunden werden dürfte,) um so mehr werden verstattet werden, als die Sache nicht nur von der Bewandniß ist, daß bey uns eine eigentliche gute Wissenschaft derselben befindlich, sondern auch, wenn wir das beygebrachte Zeugniß auch nur als summarisch betrachten, wir doch mit demselben und den andern deducirten Gründen, unsern Beweiß mehr, als semiplene geführet zu haben, der demüthigsten Hofnung sind.

Ew. K. Majestät bitten wir diesem allen nach fußfälligst, unsre Beschwerde, als erheblich und gerechtfertiget, in Gnaden anzunehmen, und revisis actis huldreichst zu erkennen:

„daß der Herr Deducat und Implorat nicht zum Reinigungs-Eyde zu lassen, sondern pure schuldig sey, unsre Pupillen zu indemnisiren und alle Kosten zu erstatten;

oder, wenn auch ein Eyd zur Entscheidung nöthig seyn solte:

„daß wir ad Suppletorium allergnädigst zu verstatten seyn.“

Wir

Wir imploriren hierüber longe humillime und ersterben in tiefster Submission

Ew. Königl. Majestät.

concept N. N.
exhib. N. allerunterthänigste

Verordnete Vormünder

Dscher-Kinder in X.

Rubric:

Deductio, juncta Imploratione cum petito humillimo et annexis sub E. F.

in Sachen

der Vormünder Dscher-Kinder in X.

Querulanten und Appellanten, jetzt Deducenten und Imploranten,

wider

den Herrn Burgermeister K. daselbst, Querulaten und Appellaten, jetzt Deducaten und Imploraten

in pcto

Erstattung verliehener Pupillen-Gelder.

*Sententia:*

„Daß, mittelst Suspendirung des vorigen Ausspruchs, Deducenten und Imploranten zur Legalisirung

galisirung des summarischen Zeugnisses zu verstatten, und zu Beybringung der Beweis-Artikel — binnen Rechtsfrist anzuweisen. Wonächst in allen weiter ergehen soll, was sich gebühret. V. R. W. Publicatum den 5. Jul. 1779.

*Intimatio impugnativi*, abseiten K.

*Libellus implorationis*, juncta deductione, abseiten K.

*Sententia* „daß es bey der Erkenntniß vom 5. Jul. 1779. zu lassen. ꝛc. Publicatum den 30. April 1781. (Diese Sache ist hienächst durch einen gerichtlich bestätigten Vergleich beygeleget worden.)

XVII.

## Verzeichniß der bey dem Königl. h. Tribunal in Wismar verhandelten Acten.

In Sachen Burgermeister und Rath der Stadt Loitz, Appellanten,

contra.

Dem Hofrath IKe, als Procuratorem Domaniorum, Appellaten,

(1774.) in Pcto

gewaltthätig auf dem Gültzowschen Damm abgeworfener Brücken und gezogener Gräben, hinc spolii et restitutionis.

1) Des

1) Des Procuratoris Domaniorum exceptio frivolae appellationis, juncto petito pro coarctando fatali. ; Fol. 1.

2) Coarctatorium. ; ; 12.

3) Libellus appellationis. ; ; 13.

4) Mandatum, item decretum a quibus, cum documentis interpositae appellationis. ; ; 35 et 36.

5) Rescriptum de transmittendis actis, an die K. Regierung. ; ; 44.

6) Appellantische Vollmacht. ; 45.

7) *Recessus pro apertura.* ; ; 47.

(„Actum in juridica post Galli d. 23. Oct. 1775. in Sachen rc.

*D. Nurenberg* producirte, Appellantium nomine, die in hac causa eingekommenen acta priora et implorirte pro praefigendo termino aperturae.

Justiz-Rath *von Palthen*, nomine Domanii Regii, bat ein gleiches.

B. Soll der 28ste d. pro termino aperturae actorum priorum festgesetzt seyn. Publicatum beym K. h. Tribunal in Wismar den 27. Oct. 1775. ")

8) Protocollum aperturae. ; ; 48.

(„Actum

(„Actum in Cancellaria S. R. Tribunalis den 28. Oct. 1775. in Sachen rc.

In Gewärtigung der Eröfnung der Acten voriger Instanz, erschienen heute beider Theile Anwälde nehmlich D. Nurenberg, als Appellantischer, und Justiz-Rath von Palthen, als appellatischer Procurator ordinarius, in Cancellaria. Acta wurden diesemnach vor Ihnen eröfnet, und nachdem Sie davon Inspection genommen hatten, von Ihnen für unmangelhaft anerkannt. Es bestanden solche aus I. Volumine actorum originalium und enthielten 89. folia.)

9) Reverentiales. (sub dato Stralsund d. 18. Sept. 1775., eingekommen den 23. October 1775.) - - 49.

10) *Recessus pro maturanda.* - 53.

(„Actum in Juridica post Antonii d. 22. Jan. 1776. in Sachen rc.

D. Nürenberg bat appellantium nomine, um Maturation der Urthel.

Justiz-Rath von Palthen, et ille, Domanii Regii nomine.

B) Sollen Acta, sobald es thunlich seyn will, zur Mitdistribution ad referendum gelangen. Publicatum b. K. H. Tribunal in W. den 26. Jan. 76.)

11) Des

19) Rescrip-

(Actum in Juridica post Antonii d. 20 Jan. 1783. in Sachen ꝛc.

D. Nürenberg legitimirte sich zuvörderst mittelst überreichter Vollmacht; docirte danächst durch Reproduction des erlassenen hohen Rescripti (vom 19. Nov. 1782.), rite factam illius insinuationem, und bat, appellantium nomine, da Acta wegen Kürze der Zeit dieses mahl nicht eingesandt werden können, zur Production derselben, dilationem usque ad Proximam.

Justiz-Rath von Palchen, stelte es.

B. Concedatur. Publicatum — den 24 Jan. 1783

Copia Rescripti de transmittendis actis vom 19. Nov. 1782. mit folgenden darunter verzeichneten documento insinuationis.

Daß ich heute dato., Vormittags um 10 Uhr, das Original von vorstehender Copey nebst den beygefügten Actenstücken (Appellations-Libell mit Anlagen) dem Hn. Hofrath und Proto-

Protonotario von Gröning in seinem Hause eigenhändig insinuiret und zur Antwort erhalten: Es wäre gut; solches wird hiedurch documentirend bescheiniget. Greifswald den 9. Januar 1783.

C. H. Sigismund, K. h. Tribunals-Bothe.

21) Appellantische Vollmacht (de dato Loitz den 21. December 1782.) , Fol. 104.

22) Recessus pro apertura actorum. (d. 5. May 1783.) , , , 106.

23) Protocollum aperturae (d. 13. May 1783.) , . , 107.

(Die Acta originalia waren 2 Volumina; wovon *Volumen* 1. acta Regii Regiminis, sub Rubro: Acta in Sachen des Hofjägermeisters und Amtshauptmanns von A. als Arrhendatoris der Königl. Tertial-Güter Gültzow und Drosedow, wider BM. und Rath der Stadt Loitz — 137. folia.

*Volumen* 2. Acta Regii Dicasterii sub Rubro hujus instantiae — 136. folia enthielten.)

24) Reverentiales (vom *dato* den 14 April 1783.) , . 109.

25) Reces-

*Tit. S. R. Tribunalis.*

Obgleich an Ew. Königl. Majestät hohes Tribunal wir uns appellando allerunterthänigst gewendet, und gegenwärtige Sache zur höchsten Entscheidung stehet, mithin so wenig dem Hn. Hofjägermeister von A. zu D. (welcher testantibus actis diese Stadt in den gegenwärtigen Rechtsstreit hineingezogen) als einem Tertio gebüret, pendente lite et appellatione, attentata zu verüben, und irgend etwas zu innoviren; so hat dennoch gedachter Hr. Hofjägermeister, laut Anlage sub I. sich unternommen, vor Kurzem einen Weg durch die Stadttrift, (deren nie-

dern

dern Theil derselbe den gültzowschen Damm zu nennen beliebet) zu machen, und durch die zwischen L. und D. befindliche alte Scheide und Grenz-Mauer, in die daran stossende Stadttrift hinein, und in dieser Trift 87. Ruthen lang, bis an die Niedrigung derselben, und so aus solcher Trift wieder heraus, auf die daran zur Seite gränzende Dsche Weide und Wiese zu fahren.

Je widerrechtlicher dieses Factum ist, desto zuversichtlicher dürfen wir von Ew. Königl. Majestät ein gerechtes Inhibitorium verhoffen; und wir bitten daher allerdemüthigst, dem Hn. Hofjägermeister bey 100 Rthlr. fiscalischer Strafe, solche Attentata zu untersagen, und ihm anzubefehlen, daß Er sich pendente lite et appellatione der unerlaubten Durchfahrt durch die Stadttrift gänzlich enthalten solle.

Wir getrösten uns allerhuldreichster Erhörung und ersterben in tiefster Devotion.

Ew. Königl. Majestät,

allerunterthänigste

Burgermeister und Rath der Stadt L.

Rubric:
Supplicatum humillimum pro obtinendo mandato inhibitorio poenali contra attentata, juncto documento sub I. in Sachen ꝛc.



## XVIII.

Prod. Pentzlin den 6. May 1781.

a)

*Tit. Senatus.*

Die am 24. April d. J. eröfnete Urthel beschweret mich so sehr, daß ich s. h. jud. davon an das hochpreißl. hofgerichtliche Hof- u. Land-Gericht zu Güstrow zu appelliren mich genöthiget gefunden.

Ich intimire diese meine Appellation vor Ablauf des gesetzlichen Fatalis, durch Ueberreichung des sub A. angelegten Appellations-Documents, mit gehorsamster Bitte, derselben in honorem summi Judicis superioris plenarie zu deferiren.

Wogegen ich mit der vollkommensten Hochachtung beharre

Pentzlin, den 4. May 1781.

Ew. Hochedelgeb.
gehorsamste
Witwe Holtz.

Rubric:

Rubric:

Intimatio appellationis, mit anlage A.

abseiten

Der Wittwe Holtz, zu P. Bekl. u. Appellantin,

wider

Den Herrn S. und dessen Ehefrau, daselbst, Klrn und Appellaten

wegen

Abtretung eines Gartens.

Prod. Güstrow den 4. May 1781.

b)

Durchlauchtigster Herzog,

Gnädigster Herzog und Herr,

Zufolge der in rückbemerkter Sache am 24. v. M. publicirten Urthel bin ich schuldig erkannt worden, meinen Garten gegen Erstattung des Kaufgeldes und Ersetzung der etwanigen Verbesserungen, an die Appellaten abzutreten.

Wie ich mich nun durch dieses Erkenntniß gar sehr beschweret finde, und zwar dadurch,

*Gravamen.* 1) Daß der seit 1778. von mir und meinem verstorbenen Ehemann geruhig besessene, seit 36 Jahren von dem ehmaligen von Preenschen und jetzigen S'schen Hause getrennt gewesene Garten, noch als eine Pertinenz dieses Hauses angesehen und ich

*Gravamen* 2) schuldig erkannt worden, diesen meinen eigenthümlichen Garten, an den Hn. S. und dessen Ehefrau gegen Erstattung des Kaufgeldes und Ersetzung der etwanigen Verbesserungen abzutreten;

So habe ich mich gemüssiget gesehen, deshalb an dieses höchstpreißliche Hof- und Land-Gericht zu appelliren, wie das unter Num. 1 anliegende Appellations-Instrument mit mehrern besaget, und zu welcher Handlung ich meinen unterschriebenen Sachwald, durch die Anlage sub Num. 2 besonders bevollmächtiget habe.

Solchergestalt sind denn auch die Formalien dadurch beobachtet, daß diese Appellation innerhalb der 10 tägigen Einwendungs-Frist, vor einem Notar und Zeugen interponiret worden. Daher mir nichts weiter übrig bleibet, als solche auch bey diesem verehrlichsten Gerichte, unter Vorbehalt aller einem Appellanten zustehenden Befugnisse, besonders der Rechts-Wohlthat der neuen Aus- und Beweisführung, innerhalb des 30 tägigen Fatalis hiemit in Demuth zu introduciren; welchem ich die devoteste Bitte hinzufüge, Ew. Herzogl. Durchlaucht wollen gnädigst geruhen,

dieser

dieser Appellation zu deferiren und die völligen Processe zu erkennen, auch bis zu Einbringung der Acten erster Instanz, mit Einreichung meines Appellations-Libells mich huldreichst zu befristen.

durch Anlage, Num. 3. legitimire ich meinen unterschriebenen Procuratorem und ersterbe in tiefster Devotion

Ew. Herzoglichen Durchlaucht

Suppl. Pentzlin — unterthänigste
d. 4. May 1781. — Wittwe Holtz.

Rubric:

Introductio appellationis mit demüthigster Bitte, um Erkennung der Appellations-Processe;

von Seiten

der Wittwe Holtz, Bekl. und Appellantin,

wider ꝛc.

mit Anlage 1. 2. 3.

c)

Friedrich ꝛc. ꝛc.

Ehrsame ꝛc. Wir ertheilen Euch hieneben eine Abschrift der von der verwittweten Holtz, wider den S. und dessen Ehefrau, wegen Wiederabtretung eines Gartens, den 4. d. M. eingereichten

Vorstellung, woraus Ihr ersehen werdet, daß Erstere sich durch die den 24. April d. J. in der Sache vor Euch verlesenen Urthel beschweret zu seyn halte, auch daher an Unser H. und L. Gericht appelliret und um Erkennung völliger Appellations-Processe submissest gebeten habe. Wann Wir nun deren Erkennung und Ausfertigung einstweilen ausgesetzet haben und Euren Bericht darüber zuvörderst erwarten wollen; So befehlen Wir Euch hiedurch gnädigst, solchen mit Beyschließung der Acten, binnen 3 Wochen unterthänigst einzusenden, immittelst aber allem Verfahren Anstand zu geben. Wornach rc. Gegeben Güstrow den 8. May 1781.

An Burgermeister und Rath zu Pentzlin.

Das Original vorstehender Abschrift ist heute durch den Bürger Krüger insinuiret und mit dem tiefsten Respect entgegen genommen worden. Penzlin den 17. May 1781.

Mandat cum Inhibit. - 32. ß.
pro inclus. - - 26. -

Keller, Consul.

d)

## Friedrich von Gottes Gnaden, Herzog zu Mecklenburg rc.

Liebe Andächtige. Wir geben dir auf deine, wider den S. und dessen Ehefrau, wegen Wiederabtretung eines Gartens, den 4. d. M. eingereichte

Vor-

Vorstellung hiemit zum gnädigsten Bescheide: Daß dir zur Beybringung deines Appellations-Libells und Rechtfertigung deiner Beschwerden eine 3 wöchige Frist pro omni und bey Strafe der Desertion zugestanden worden. Gegeben Güstrow, den 8. May 1781.

Ad Mandatum serenissimi proprium.

Vt.

*F. F. Gerling.* Vice Praeses.
*G. W. Hansen Lt.*

Unserer lieben andächtigen
Wittwe Holtz, gebohrne Rasch,

zu Penzlin.

Dilat. - 8. ſ.

Rath Richter.

e)

## Durchlauchtigster ꝛc.

Ew. Herzogl. Durchlaucht statte ich für die mir durch den Bescheid vom 8ten v. M. zur Beybringung meines Appellations-Libells ertheilte Befristung den devotesten Dank ab, und schreite nunmehr unausgesetzt zur Rechtfertigung meiner Beschwerden; wobey ich mich um so kürzer werde fassen können, als es einleuchtend ist, daß mein Eigenthums-Recht an den Garten der Frage nicht bestritten, noch weniger ich nach der Urthel vom 24. April d. J. gehalten seyn kann, denselben noch jetzt an einen Mann abzutreten, der weiter keine Interesse mehr daran hat.

Die Acten besagen es, daß der verstorbene von Preen als ehmaliger Besitzer des zu Stadt-Recht liegenden, und von dem jetzigen Appellanten bewohnten Hauses, den damals zu diesem Hause gehörigen Garten, an den Bürger Thäten verkauft und eigenthümlich überlassen, zugleich aber auch statt dieses verkauften, einen andern, ihm gleichfals zugehörigen und an dem Freybach belegenen Garten, dem Hause wieder beygelegt und zum Zweck obrigkeitlicher Genehmigung und öffentlicher Bestätigung solches alles am 14. April 1745. zum Stadtbuch verlassen und kund gethan habe.

Das hiesige städtische Verlassungsbuch enthält hievon folgende, sehr laut für mich redende Stelle:

1745. den 14. April.

„Der Hr. Lieutnant von Preen verläßt dem Bürger Christian Thäten seinen Wischgarten, zu seinem Hause gehörig, wofür er seinen Garten an dem Freybach, wieder zur Hauß-Pertinenz giebt und ist Verkäufers Garten gelegen Stadtwerz an Rudolph Lauen und ist ihm vor aller An- und Zuspruch eine sichere Gewehr.“

Der

Der Bürger Thäte überließ diesen eigenthümlich erworbenen Garten im Jahr 1760. den 5. Julius, laut Anlage 4. ohne einige Widerrede und unter ausdrücklicher wechselseitigen Gelobung der Verlassung zu Stadtbuch, an den Bürger Paul; dieser aber verkaufte solchen wiederum, laut Anlage Num. 5. den 1. May 1772. an den Bürger Rubenow, und zwar gleichfals unter versprochener Verlassung zu Stadtbuch. Endlich ward der Garten im Jahr 1778. meinem Mann käuflich angebothen und überlassen, nachdem zuvor der Hr. Appellant den in Anlage Num. 6 angeschlossenen Schein ausgestellet hatte, worin derselbe sich des etwa an dem Garten quaest. habenden Rechts begab. Auf solche Art ist nach Verlauf von 35 Jahren allererst aus der vierten Hand das Eigenthum des Gartens auf meinen Ehemann und dessen Erben gekommen und bey denselben geruhig verblieben, bis es vor kurzem, am 1sten März d. J. dem Hn. Appellanten und seiner Ehegenossin gefällig gewesen, die Abtretung desselben zu verlangen und meinen Ehemann deshalb in gerichtliche Ansprache zu nehmen.

Wenn nun die vorige Sentenz

*ad Grav.* 1. gleichwohl diesen Garten noch als eine Pertinenz des ehmaligen von P. und jetzigen appellatischen Hauses ansehen will;

So muß hieraus in Rücksicht auf obige Geschichts-Erzehlung, nothwendig für mich und meine Kinder eine nicht geringe Beschwerde erwachsen.

Denn ist die erste vor 35. Jahren geschehene Trennung des Gartens von dem jetzigen appellatischen Hause gültig geschehen, so hat auch schon damals dieser Garten von selbst aufgehöret, eine Pertinenz des jetzigen appellatischen Wohnhauses zu seyn. — — ꝛc.

Hiezu kommt überdies die unstreitige Verjährung, da seit 1745 bis jetzt schon 35 Jahre verflossen sind. — — ꝛc.

Läßt sich nun vorgedachtermaassen der Garten quaest. nicht mehr als eine Pertinenz des appellatischen Hauses gedenken, so muß ich mich gleichermassen beschweret halten, wenn

*ad Grav.* 2. ich schuldig erkannt worden, diesen meinen Garten an den Appellaten gegen Empfangnehmung des Kaufgeldes und Ersetzung der etwanigen Verbesserungen abzutreten.

Den Grund dieser Entscheidung hat das Judicium a quo aus der Policey-Ordnung von 1562. tit. von Verschreibung der Häuser, und aus dem §. 372. des Landes-Vergleichs entlehnet; nach welchen keine Grundstücke, ohne jedes Orts Obrigkeits Vorwissen und ohne Verlassung zu Stadtbuch, veräussert werden sollen, und wenn

dies

dies geschehen, daß das Eigenthum sodann auf den Käufer nicht übergehe.

Diese Gesetze leiden aber auf den vorliegenden Fall keine Anwendung. Denn der Garten quaest. ist schon vor mehr als 30. Jahren, mit Vorwissen und Genehmigung der Stadt-Obrigkeit verkauft und auch zu Stadtbuch verlassen, mithin das Eigenthum des Gartens auf den Käufer gebracht worden. — — — ꝛc. ꝛc. und kann von mir nicht weiter vindiciret werden. (Dreyer Einleitung zur Kenntniß der lübeckschen Verordnungen S. 285. f. *Rodde* de juribus emtoris in re emta, necdum judicialiter resignata. Götting. 1779. S. 28. f.)

Ich schliesse demnach mit der demüthigsten Bitte, Ew. Herzogl. Durchlaucht wollen gerechtest zu erkennen geruhen,

> daß in erster Instanz übel gesprochen und wohl davon appelliret sey, mithin die angestellte Eigenthums-Klage nicht statt habe, und Appellaten mir die verursachten Kosten zu erstatten schuldig.

Ich implorire hierüber submissest und ersterbe in tiefster Devotion

Suppl. Pentzlin den 11. Junius 1781.

Ew. Herzogl. Durchlaucht
unterthänigste
verwittwete Holtz.

Rubric:

Rubric:

Libellus appellationis cum justificatione gravaminum, juncto petito humillimo

abseiten

der verwittweten Holtz, zu Penzlin, Bekl. und Appellantin,

wider ꝛc.

Mit Anlage Num. 4 — 7.

f)

Unterthänigste supplication und Bitte *pro gratiosissime concedendo documento denegatorum appellationis processuum* in angemaster Appellations-Sache

Des Kaufmanns Jochim Hinrich Cordes

contra

Die verwittwete Frau Haupmannin Stein

ad suppl. pro plenariis appellat. process. in eadem causa cum adjetis sub No. 1 2, et 3. Exhib. die 24. Decb. 1773.

Licent von Bostell.

*Decretum:*

Verstattet. In Cons. 1ma August. 1774.

*P. P.*

§. 1. Endes unterzeichneten Anwalds Frau Principalin, die verwittwete Frau Hauptmannin Stein

Stein zu Rostock, hat es mit nicht geringer Verwunderung aus der gegenseitigen Notificatione appellationis vernehmen müssen, daß ihr Gegentheil der dortige Kaufmann Jochim Hinrich Cordes, sich nicht gescheuet habe, von dem am 6ten Jul. d. J. beym Herzogl. Mecklenb. Hof- und Land-Gericht zu Güstrow wider ihn ergangenen gerechtesten Confirmatorische Urthel, die Appellation an die höchsten Reichs-Gerichte zu ergreifen. Mit noch grösserer Befremdung hat sie aber auch in Erfahrung gebracht, daß er diese Appellation nunmehr auch würklich bey diesem höchsten Reichs-Gerichte introduciret habe.

§. 2. Wann Anwalts Frau *Ppalin* nicht befürchten müste, daß ihr Gegner durch falsche Vorspiegelungen, die Appellations-Processe sub et obreptitie vielleicht erschleichen mögte, wodurch sie in grössere Weitläuftigkeiten versetzt, und die so sehr gewünschte schleunige Beendigung ihrer gerechten Sache noch lange aufgehalten werden könnte; so würde sie in stiller Zuversicht zu der Gerechtigkeit ihrer Sache, alles geruhig erwarten. Um diesen grössern Weitläuftigkeiten aber vorzubeugen, muß Ew. 2c. Anwalt unterthänigst um Erlaubnis bitten, die wahre Beschaffenheit dieser Sache vorlegen, und daraus die Frivolität der Appellation zeigen zu dürfen.

§. 3. Als

§. 3. Als Anwalts Fr. *Pplin* ihr Schwestersohn Hr. Hennings im Jahr 1769 die Güther Cassebohm und Ickendorff von der Stadt Rostock in Pachtung erhält, so kann er den Vorschuß von 2000 Rthlr. neuer ⅔ Thlr., welchen er der Stadt dieserhalb leisten muß, nicht schaffen. Aus dieser grossen Verlegenheit zieht ihn Anwalts Fr. *Pplin* dadurch, daß sie diese Summe bey dem dortigen Herrn Senator Schröder negociiret, und diesem letzteren darüber nicht allein eine Obligation ausstellt, sondern zu dessen mehrerer Sicherheit auch drey ihr zugehörige Verschreibungen, welche zusammen 2400. Rthlr. betragen, bey ihm deponirt. Damit sie aber auch vergewissert seyn mögte, daß der Hr Hennings über diese 2000 Rthlr. Vorschus nicht disponiren könnte, so läßt sie diese Summe gar nicht in seine Hände kommen, sondern bezahlt diese 2000 Rthlr unmittelbar an das Stadt-Aerarium, wovon auch die Quitung auf sie gestellt wird; welches alles aus der Beylage sub No. 1. zu ersehen ist.

§. 4. Hingegen stelt nun Hr. Hennings keine ordentliche Verschreibung an Anwalts Fr. *Pplin* aus, sondern er verspricht ihr nur auf das Heiligste, daß er binnen wenigen Wochen ihre 3 bey den Hn. *Senatore Schröder* deponirte Verschreibungen (§. 3.) mit dem Gelde, welches er seinem Vorgeben nach aus Hollstein

stein erwartete, einlösen, und sie dadurch ab omni nexu befreyen wolle. Allein, er erfüllt sein Versprechen nicht, sondern Anwalts Frau *Ppalin* muß, laut Beylage sub No. 2, in termino Anthonii 1771. die Zinsen davon bezahlen; womit sie auch noch bis ietzo fortfähret.

§. 5. Anwalts Fr. *Pplin* klagt daher bey der dasigen Raths-Cämmerey dahin, daß Hr. H. die drey, beim Herrn Senatore Schröder deponirte Verschreibungen einlösen, und sie dadurch von der, für ihn gemachten Caution (§. 3. 4.) und ab omni nexu liberiren mögte: welches auch bey diesem Gericht auf die gebetene Art erkannt wird. Als aber diese Sache nachhin, an das räthliche Obergericht zu Rostock gedeihet, so zeigt sich, daß vielgedachter Herr Hennings sein Pacht-Recht so wohl, als die 2000 Rthlr. Vorschuß-Gelder, an den Amtmann Meyer, und dieser wieder an den dortigen Kaufmann Cordes, ietzigen Appellanten, cedirt hat.

§. 6. Ehe jedoch der Kaufmann Cordes die Pachtung im Jahr 1771. wirklich angetreten hatte, muste er auf Verlangen des Magistrats zu Rostock die sub No. 3 beyliegende schriftl. Versicherung zur Sicherheit der 2000 Rthlr. Vorschuß-Gelder quaest. ausstellen, worin er unter andern verspricht:

1) daß

1) daß er und seine Erben auf den Fall, wenn die Frau Hauptmannin Stein, oder die Meyerschen Creditores, oder sonst jemand, wirklich durch Urthel und Recht, den Vorschuß, (nemlich der 2000 Rthlr quaest.) es sey ganz oder zum Theil, als zu ihrer Befristung gehörig, oder ihnen zustehend, *mainteniren* sollten, das Quantum der 2000 Rthlr. N. ⅔tel nebst denen Zinsen zu 5 prc. von Zeit der überkommenen Casebohmschen Pachtung, so fort baar berichtigen und auszahlen wolle.

2) Zur Sicherheit dessen verhypothecirte er alle seine Haabe und Güther, besonders aber sein bey der St. Nicolai Kirche belegenes Wohn- und Brauhauß mit allem Zubehör, cum clausula constituti possessorii et pacto executivo etc.

3) Entsagt er namentlich allen hierwider zu machenden Ausflüchten, insonderheit der Appellation und allen sonstigen Rechtsmitteln wider richterliche Erkenntnisse.

§. 7. Weil nun die obgedachte Cession (§. 5. in fine) null und nichtig geschehen war, so wird dieselbe durch ein am 12ten December v. J. publicirtes Urthel, vom Magistrat cassiret, und *aerarium civitatis* angewiesen, Anwalts Sr. P*palin* wegen der 2000 Rthlr. N. ⅔ tel. zu befriedigen. Bey diesem Urthel beruhigte sich

sich der Herr Hennings und die Stadt, allein der Hr. Kaufmann Cordes appelliret davon, an das herzogl. meckl. Hof- und Land-Gericht zu Güstrow.

Weil er aber auch hier mit seiner Appellation abgewiesen, und in die Unkosten condemniret wird, so geht nunmehro seine Kühnheit so weit, bey diesem höchstpreißlichen Reichs-Kammer-Gericht um Appellations-Processe zu suchen, worauf er unterm 9ten Oct. a. c. Judicio a quo dimissoriales erhalten hat.

§. 8. Um aber Ew. ꝛc. gegenwärtig die gänzliche Unstatthaftigkeit dieser so frivole unternommenen Appellation in ihrer völligen Blösse zu zeigen, so wird es nicht undienlich seyn, folgende Fragen aufzustellen und zu beantworten.

I) Ob der von Anwalts Frau Principalin gethane Vorschuß der 2000 Rthlr N. ⅔ (§. 3. et 4.) ein *Mutuum* oder eine Cautio realis sey? Und ob

II) der Hr. Hennings so wohl, als der Hr. Amtmann Meyer, ein Recht und Befugnis gehabt haben, demselben zu cediren.

Ob daher

III) Iudex primae instantiae die geschehene Cessionen (§. 5. et 6.) mit Recht als null und nichtig kassirt habe? Und ob endlich

IV) die, von dem Kaufmann Cordes hievon unternommene Appellation, zulässig, oder verwerflich sey.

§. 9. Was also den

1) Punct betrift: Ob der von Anwalts Frau Principalin gethane Vorschuß der 2000 Rthlr. N. ⅔tel (§. 3 et 4.) ein Mutuum oder eine Cautio realis sey? so ist es wohl keinem Zweifel unterworfen, daß dieser Vorschuß quaest. nichts anders, als eine *Cautio realis* seyn könne. Denn als Herr Hennings beym Antritt der Pachtung von Casebohm und Ikendorff einen Vorschuß von 2000 Rthlr. zur Sicherheit der Pacht-Gelder machen solte, und diesen anzuschaffen ausser Stande war, so lies sich Anwalts Frau *Ppalin* durch seine Versprechungen und Bitten bewegen, für ihn zu caviren; und weil sie dieses mittelst baarer Erlegung der nöthigen Summe that, so cavirte sie realiter; Oder mit andern Worten: Sie stellte die Stadt durch die, in das Stadt-*aerarium* gethane Auszahlung der 2000 Rthlr. wegen der, von dem Hn. Hennings abzutragenden Pachtgelder, sicher. Cum autem cautio sit actus, per quem aliquem tutum reddimus ob praejudicium imminens, de praestando eo, quod debetur, so folgt hieraus ganz klar, daß auch der quaestionirte Vorschuß eine wahre Caution gewesen sey.

§. 10. Eben so klar legt sich aber auch hieraus an den Tag, daß derselbe auf keine Art zu einem *Mutuo* qualificiret werden könne,

nam

nam *mutuum* est contractus, quo res fungibilis ea *lege* datur utenda, ut accipientis fiat, et ab eo tantumdem ejusdem generis reddatur. *Lauterbach*, in Collegio theor. practico Libr. 12. tit. 1. §. 6.

Alle diese, zu einem mutuo wesentlich nothwendige Eigenschaften, sind nicht bey dem jetzt in Frage stehenden Vorschuß vorhanden. Denn

1) fehlet es hier an der tradition, indem Anwalts Fr. Principalin die 2000 Rthlr. nicht dem Hennings *tradiret* hat, um dadurch den Vorschuß bey dem aerario Civitatis zu leisten, sondern sie bezahlte diese Summe gleich selbst an das aerarium (§. 3.) Eben so wenig kann.

2) Behauptet werden, daß hieselbst eine quasi traditio vorgegangen sey, denn Anwalts Fr. *Ppalin* hat die 2000 Rthlr. nicht nomine des Hennings ausbezahlt, sondern in ihrem eigenen Namen, und die hierüber von dem Stadt-Aerario ausgestelte Quitung ist nicht auf den Hennings, sondern ausdrücklich auf Anwalts Fr. Principal. gerichtet. (§. 3) ibique allegatum adjunctum sub n. 1. Hieraus ist also auch

3) zu ersehen, daß diese 2000 Rthlr. dem Herrn Hennings nicht zu seinem Usu gegeben worden, sondern Anwalts Frau *Ppalin* hat dieselben vielmehr gleich an das Stadt-

 Aera-

Aerarium bezahlt, damit er nicht darüber disponiren könnte. Endlich ist

4) auch gar kein Contractus mutui zwischen beiden Theilen eingegangen, und Herr Hennings hat keine Verschreibung an Anwalts Fr. *Ppalin* ausgestelt, sondern ihr nur versprochen, daß er die drey ihr eigenthümlich zugehörigen Verschreibungen, welche sie bey dem Herrn Senator Schröder, um die 2000 Rthlr. quaest. dafür zu erhalten, hatte deponiren müssen, binnen wenig Wochen einlösen wolte. (§. 3 et 4.) Allein er hat dieses so wenig erfüllt, daß Anwals Fr. *Ppalin* noch bis diese Stunde die Zinsen zu ihrer grösten Last bezahlen muß. (§. 4. ibique allegatum adjunctum sub n. 2) Dieses wird hoffentlich hinlänglich seyn, um darzuthun, daß der von Anwalts Fr. *Ppalin* geschehene Vorschuß kein mutuum, sondern eine Cautio realis sey.

§. 11. Hieraus wird sich nun aber mit leichter Mühe die Entscheidung der

IIten Frage herleiten lassen: ob Herr Hennings sowohl, als der Herr Amtmann Meyer, ein Recht und Befugnis gehabt haben, den Vorschuß quaest. zu cediren?

Hätte Anwalts Fr. *Ppalin* die quaestion. 2000 Rthlr. dem Herrn Hennings als ein Mutuum gegeben, so ist bekannten Rechtens, daß Herr Hennings alsdann Dominus davon

von geworden wäre, und sie folglich auch valide hätte cediren können. Da aber das Gegentheil erwiesen, und überzeugend dargethan ist, daß diese Gelder nichts anders als eine Cautio realis sind, (§. 9. 10.) so folgt ganz natürlich, daß Herr Hennings niemals einiges Recht an diesen 2000 Rthlr. gehabt oder bekommen habe. Weil nun

1) eine Cessio derjenige actus ist, *quo jus nostrum* in alium transfertur und Herr Hennings niemals ein jus an den Vorschuß gehabt hat, so hat er dasselbe auch nicht transferiren, folglich auch nicht an den Herrn Amtmann Meyer cediren können.

2) Ist eine bekannte Rechts-Regel: quod nemo *plus juris* in alterum transferre possit, *quam ipse habuit*. Also hat auch der Herr Amtmann Meyer ein jus, welches er niemals an den Vorschuß-Gelde gehabt hat, auf den appellantischen Kaufmann Cordes nicht transferiren und an ihn nicht cediren können. Hieraus folgt daher der natürliche Schlus: daß weder zwischen dem Hn. Hennings und dem Hn. Amtmann Meyer, noch zwischen diesem und dem appellantischen Kaufmann Cordes, eine Cessio des Vorschusses habe geschehen können?

Der Kaufmann Cordes will sich zwar auf einen, vom Herrn Hennings ausge-

 stellten

stellten Revers stützen; Allein der ist nicht vermögend, seine schlechte Sache gut zu machen. Denn Herr Hennings hatte kein Recht über diese Gelder zu disponiren, so wie er den Revers auch erst nach bereits geschehener Cession ausgestelt und außerdem darin sogar selbst eingestanden, daß er niemals Dominus der Gelder geworden wäre. Blos dieses eigene Geständniß mag genug seyn, die Nichtigkeit dieses ganzen Reverses zu zeigen.

§. 12. Es wird daher wohl keiner weitern Erörterung bedürfen, ob

III) Iudex primae instantiae die geschehenen *Cessionen* mit Recht als null und nichtig kassirt habe? (§. 8) indem aus dem vorhergehenden (§. 11) genugsam erhellet, daß die angeblichen Cessionen auf keine Art zu recht beständig sind.

§. 13. Die Beantwortung der

IVten und lezten Frage: Ob die von dem Kaufmann Cordes unternommene Appellation zulässig, oder verwerflich sey (§. 8) bleibt also noch allein übrig. Anwalt würde mit Recht den Vorwurf einer unnöthigen Weitläuftigkeit verdienen, wenn er sich bey einer Sache, die schon ex ante deductis vollkommen klar ist, lange aufhalten wollte. Es ist nemlich überzeugend erwiesen worden,

1) daß

1) daß der, von Anwalts Frau Principalin geschehene Vorschuß der 2000 Rthlr. N. ⅔tel kein Mutuum, sondern eine Cautio realis sey (§. 9 et 10.) und daß

2) die vorgegangenen Cessionen null und nichtig geschehen sind (§. 11) woraus

3) der Schluß gezogen worden, daß Iudex primae instantiae dieselben mit Recht als solche kassirt habe, (§. 12) hiezu kömmt nun noch

4) daß der Kaufmann Cordes, als ietziger anmaßlicher Appellant, beym Antritt der Pachtung von Casebohm und Ickendorff, auf des Magistrats ausdrückliches Verlangen, die schriftliche Versicherung hat von sich stellen müssen, daß er

a) demjenigen die 2000 Rthlr. Vorschuß quaest. nebst 5 procent Zinsen, sogleich baar ausbezahlen wolle, welchem sie durch Urthel und Recht zuerkannt werden würden; und daß er dabey zugleich

b) allen, dawider zu machenden Ausflüchten, insonderheit der Appellation und allen sonstigen Rechtsmitteln entsage. (§. 6.) ibique allegat. adjunctum sub n. 3.

Es hat folglich anmaßlicher Appellant nicht allein niemals in gegenwärtiger Sache eine Befugniß zu klagen, viel weniger zu appelliren gehabt, sondern, wenn er auch wirklich ein Recht und die Freyheit zu appelliren gehabt hätte, so hat er doch darauf ausdrücklich renunciiret, und die *interponirte Appellation* ist daher auf alle Art als unzulässig und verwerflich zu betrachten.

§. 14. Wann nun aber Hochgebohrner Reichsgraf, gnädigster Graf und Herr! aus diesen bisher angeführten Gründen Anwalts appellatische Frau Principalin sich mit der sichern Hofnung schmeichlen kann, daß diese von dem appellantischen Kaufmann Cordes eingewandte Appellation, als höchst frivola werde erkannt und von diesem höchsten Gericht abgewiesen, diesseitiger appellatischer Frau Principalin aber gar sehr daran gelegen ist, eine baldige *legale* Notiz von dieser Abschlagung zu erhalten, um dadurch desto geschwinder zu dem Ihrigen zu kommen, und von der bisherigem höchst beschwerlichen Zinsbezahlung an den Senator Schröder befreyet zu werden;

Als gelanget an Ew. hochgr. Excell. Anwalts unterthänigste Bitte, höchst dieselben wollen gnädigst geruhen: „Das *final* Decret in dieser Sache ob damnum subversans irreparabile in hohen Gnaden zu beschleunigen, und sodann über die abgeschlagenen Appellations-Processe ein *Decretum sub* agnita ex cancellaria gnädigst verabfolgen zu lassen.“

Hierüber rc.

Ew. Hochgräfl. Excellenz

unterthänigster.

Kolibri 360 GmbH
Ferdinand-Jühlke-Straße 7
99095 Erfurt, Deutschland
produktsicherheit@kolibri360.de